中國全力打造的數位烏托邦，
一座不斷進化、
從上到下集體共構的全景監獄。

監控國家

SURVEILLANCE STATE

李肇華 Josh Chin、林和 Liza Lin——著
李易安——譯

Inside China's Quest to Launch a New Era of Social Control

目錄

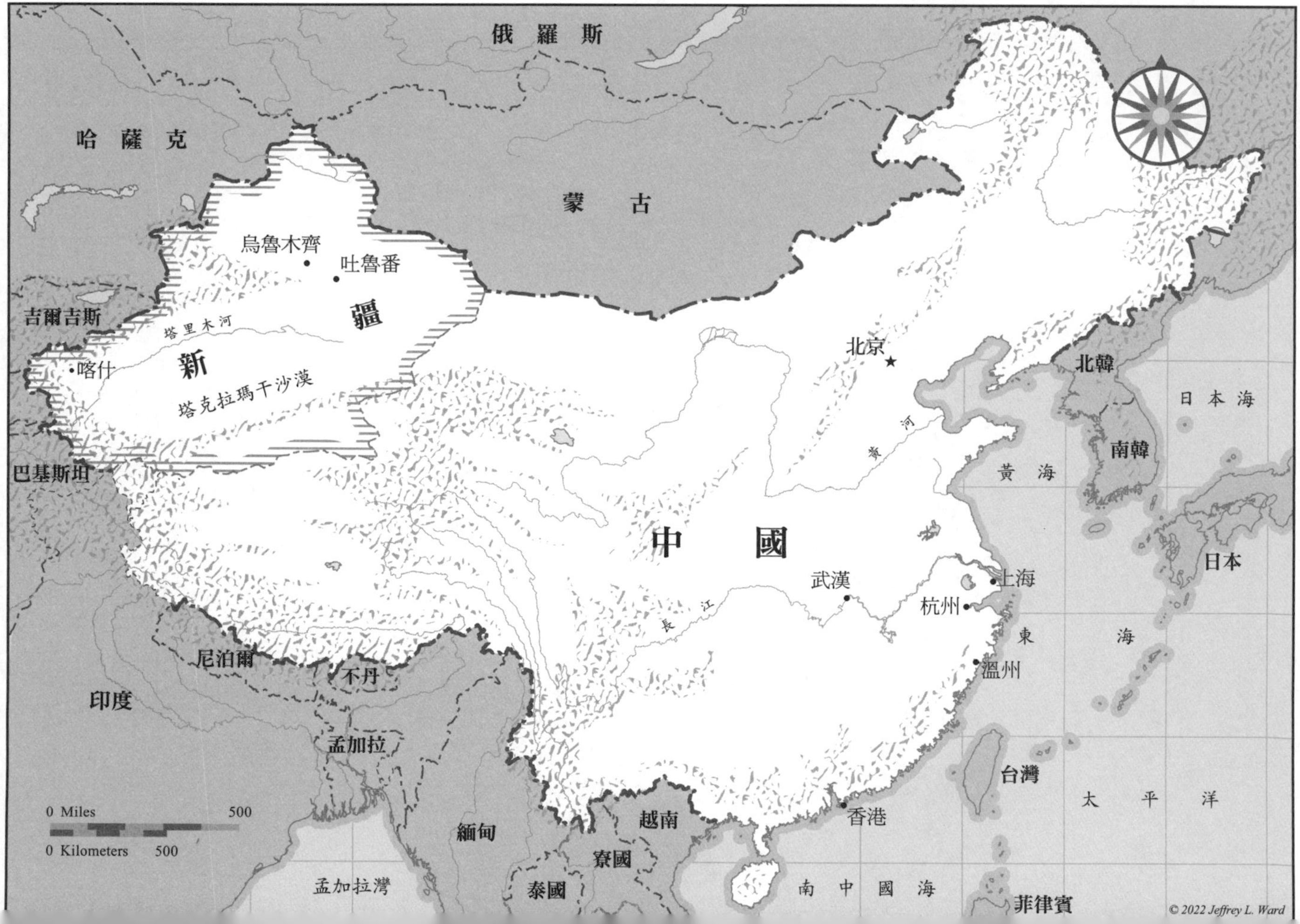
俄羅斯
哈薩克
蒙古
烏魯木齊
吐魯番
吉爾吉斯
塔里木河
疆
新
喀什
塔克拉瑪干沙漠
巴基斯坦
北京
北韓
日本海
黃河
南韓
黃海
中國
日本
武漢
上海
杭州
長江
東海
溫州
尼泊爾
不丹
印度
孟加拉
台灣
太平洋
香港
越南
緬甸
寮國
泰國
孟加拉灣
南中國海
菲律賓
0 Miles 500
0 Kilometers 500
© 2022 Jeffrey L. Ward

獻給我們的家人，以及那些在中國和其他地方被迫留在暗處，卻幫助我們舉起明燈的人們。

作者前言

本書是我們在中國、美國、非洲和其他地方長達五年的報導成果，其中大部分都是為《華爾街日報》（*Wall Street Journal*）而寫的。雖然我們是一起完成報導的，但在大多數的案例裡，我們都是單獨旅行、各自進行採訪。比如本書來自新疆內部的素材，是李肇華（Josh Chin）於二〇一七和二〇一八年為《華爾街日報》報導的成果，而林和（Liza Lin）處理了杭州的大部分報導。雖然我們加起來在中國生活、採訪的二十五年經驗，為本書的大部分內容提供了很多幫助，但我們仍盡可能不涉入這些故事。在少數的情況下，我們可能必須根據個人觀點來描述一些觀察或互動；在這種情況下會使用「我們」這個複數代名詞，而不是以第三人稱的方式來個別指涉自己，以避免怪異感分散讀者的注意力。

在本書中，我們討論指涉的對象多數時候都是中國共產黨，而不是中國政府或整個中國。雖然共產黨員人數在中國總人口數裡的比例只略高於百分之五，但該政黨在這個國家裡仍握有最高的權力，凌駕於政府和法律體制之上。它也是中國監控國家體制孵化、建構和運作背後的推力。

雖然這樣的情況並不多見，但中國和其他地方的一些消息來源，可能會因為和我們交談而遭受懲罰；為了保護他們，我們更改了書中一部分人物的名字和個人背景資料；至於親屬稱謂的表述，在此譯本則一律採用較年幼的稱謂。

緒論　家門口的反烏托邦

他們先是採集了塔依爾・哈穆特（Tahir Hamut）的血液。接著是他的聲音和指紋。最後又將他的臉部做了存檔。

那名警員指了指一張放在相機對面的凳子，塔依爾感覺到一股倦意襲來。他和妻子瑪爾哈芭（Marhaba）已經在這個沒有窗戶的地下室裡耗了整個下午，一語不發地在每個新的關卡等待，卻不敢詢問為什麼警察要找他們過去。那些警察守口如瓶，每個都面對自己的電腦，活像一個個急躁的機器人，用著帶點威脅意味的平淡語氣發出指令。

在中國其他地區，警察不過就是一群地位高尚的保全。他們沒有配備武器，而且訓練不足，你偶爾會在街上看到他們在被告知不得霸占公共空間而心懷不滿的一群退休長者面前認輸敗退。但在新疆就不一樣了。在這個國家位於中亞門戶、遙遠的最西疆裡，警察可不好惹，而且都裝備精良。和他們的任何互動，都帶著某種可能會引發暴力衝突的危險氣氛。如果時間短暫，這種緊張氣氛還可以忍受，但若要面對他們好幾個小時，那可就累人了。

塔依爾在凳子上坐了下來，看著警員擺弄那台相機。那台相機配備的不是一個大鏡頭，而是三個在黑色罩子上水平並置的小型鏡頭，罩子的長度和厚度與一根小警棍相差無幾。他拍片拍了不只十五年，卻從來沒看過那樣的東西。

那名警員要塔依爾坐直，接著調整了三腳架，直到鏡頭線和他的臉部中央完全對齊。那台相機有傳輸線連接到他對面桌上的電腦。操作那台電腦的女人用單調的聲音發出指令。轉到右邊，然後轉到左邊。然後轉過來面對鏡頭。然後往上看，再往下看。

「慢慢轉，」她說道。「但別太慢啊。」

塔依爾挺直背盯著鏡頭看。他將頭轉向右邊，然後停了一下，再轉回左邊。

「停，」那個女人說道。「太快了。重來一次。」

塔依爾重新又轉了一遍。但那名警員再次要他停下。這次太慢了。

第三次終於搞定。就在他轉動頭部的同時，他的皮膚反射著頭頂上方螢光燈的光波，而鏡頭則捕捉了那些光波。相機將光波轉化成好幾串由一和〇組成的數字，再輸入電腦裡，而電腦裡的程式則將那些數字轉成一個數學圖像。程式將數字組合起來，標示出他高挺的鼻梁和深沉的膚色——那是像他這樣的維吾爾族，和在中國占優勢地位的漢人族群之間的典型差異。那些數字記錄了他眼皮微腫的雙眼，以及薄薄的嘴唇；他熟練地擺出面無表情的樣子。電腦程式也給出了其他數字，用來代表他那向後梳齊、有些灰白、瀟灑及肩的頭髮──在烏魯木齊這樣一個位於北京以西三千多公里遠的內陸城市裡，這種大都市的時髦髮型顯得格外突出。

等他完成之後，那個女人要他張開嘴巴，然後再闔上嘴巴。塔依爾盯著鏡頭，用嘴唇圍出一個大大的「O」形，彷彿金魚在大口喝水一般。等他闔上嘴巴之後，那個女人點了點頭。

「你可以走了。」

暈頭轉向的他站到一旁，接著輪到瑪爾哈芭。她努力地以固定的速度轉動頭部。每失敗一次，她的挫敗感就愈深。最後她試了六次。等她完成之後，他們夫妻倆沿著樓梯爬上警局大廳，然後步出警局，穿過一個剛設置的安檢門，走進傍晚的烏魯木齊。

遠方的山頂上仍有皚皚的白雪覆蓋，閃耀著五月漸暗的陽光。這個時節夾在該地區的嚴冬和酷暑之間，通常是新疆一整年氣候最舒適的時間。然而漸暖的天氣，卻未能驅散籠罩在維吾爾社區上頭的那股寒氣。

新疆是一片由山嶺、沙漠和草原所組成的崎嶇地區，面積大約是美國德州的兩倍；這個地區已經漂泊在中華帝國的邊緣長達數千年之久。新疆在一八〇〇年代末正式成為中國的一部分，清朝的統治者在當時把新疆設為行省，但就算過了一百多年，那裡感覺依然像是另一個世界。這種差異在維吾爾族占多數的地區更加明顯。維吾爾族是一個突厥穆斯林族群，他們的祖先來自散落在新疆南部沙漠裡的綠洲城鎮。維吾爾族的飛地聚落給人的感覺更像是伊斯坦堡，而不是北京；

那裡有熱鬧的巴札（譯按：維吾爾語對「市集」的稱呼，源於波斯語）、用阿拉伯字母書寫的商店招牌，還有宣禮塔（編按：清真寺常設有用作召喚信眾來寺禮拜的高樓或高塔，源自阿拉伯語）召集信徒禮拜，這些東西都呈現出中國共產黨想要抹除的獨特認同。

黨中央在六個月之前啟動了幾個計畫，希望對新疆施加更強大的掌控，其程度前所未見。為此，地方政府開始在新疆全境織起一張由數位感應器組成的綿密網絡，以便更輕易地監控維吾爾族，以及該地區其他突厥裔少數民族。多年來，新疆早已充斥各種監控措施，但舊的系統需耗費大量人力。警察會為了追查某個目標對象的行動，而花好幾個星期的時間觀看錄影畫面、聽錄音檔。新的系統則使用人工智慧來解決人力缺乏效率的問題。這種系統可以同時從數百個監視器和麥克風匯入資料，然後在幾分鐘，甚至是幾秒鐘之內，就能全數掃描一遍、辨識出目標，讓維安部門可以快速出擊，在目標逃走之前逮補。

塔依爾和瑪爾哈芭開車回家的一路上，就有許多東西體現了這個正在持續擴張的監控網：嶄新的灰白色監視錄影器，像有害的藤壺一般爬滿了路燈柱和建物外牆；用鋒利鐵絲網包覆的金屬路障，將居民引導到大門口接受身分檢查；政府突然在大多數路口設置了新崗哨，手持黑色智慧型手機掃描器的警察不斷在此進出。

有愈來愈多的街區感覺起來就像戰區。

開著車時，塔依爾感到有點反胃，那是一種混合著疑惑和鬆了一口氣的感覺。他不知道警察做那些紀錄的用途是什麼，但從新疆當時的狀況來看，幾乎都可以肯定不會是什麼好事。但最重要的是，警察最後讓他和瑪爾哈芭離開，對於這點他已經謝天謝地了。

他們夫妻倆最近從南疆的朋友那邊聽到一些故事，據說維吾爾族會被警察抓走，送去某個神祕的設施裡。警察把那些設施稱作學校，但不會說那些學校裡在教些什麼。沒人聽說有哪個被送去「學習」的人可以獲准回來。塔依爾心想，烏魯木齊的維吾爾族遲早也會開始被送去那裡。

塔依爾也猜想，自己過去的經歷很有可能也會讓他消失。他是一位知名的藝術家，在新疆的知識分子圈裡很受敬重；他在保存、形塑維吾爾文化的工作中扮演具有影響力的角色，但共產黨卻把這些行為視為反抗的源頭。他有護照，也有出國的紀錄，這代表他可能曾和國外的新疆分離主義者接觸過。他年輕時也曾留下反抗政府的紀錄，比如在一九八九年的天安門廣場抗議中擔任領導人物——這個經驗甚至曾讓他被關進了勞改營。當他和瑪爾哈芭被叫去警察局時，他以為輪到他們要被抓去「教育」了。他們竟然可以走出警局，讓他難以置信。

其他人就沒這麼幸運了。在接下來的幾個星期裡，塔依爾和瑪爾哈芭看著他們社區裡的人變得愈來愈少。有天塔依爾在外頭散步時意識到，混合酵母和芝麻能夠喚起無數回憶的烤饢氣味突然消失了。那個經營烤爐的年輕男子不見了。很快地，其他年輕男子——肉販、水果販、司機——也開始消失。然後是中年男性和一些女性。人行道上原本一到週末就會擠滿人潮，此時卻變得空蕩蕩的，水泥鋪面上只看得到幾個腳印，彷彿聽得到踩踏時的回音。

不消多久，烏魯木齊的維吾爾族就開始將愈來愈常見的監控措施、生物識別數據的採集工作，和人們開始消失這件事連結在一起。由於新設的安檢門激增，居民們必須隨身攜帶身分證件、掃描臉部，才能在城裡到處走動。維吾爾族的身分證和臉部如果觸發警鈴，便會被送往警局，然後再被送去那些神祕的學校。人們開始流傳政府建立了一個系統，會依據維吾爾族對社會的「安全」程度來進行分類。

隨著時間演進，塔依爾逐漸理解去過那個警局地下室代表什麼意義。政府現在掌握了他的生物識別特徵，而且他無法改變這些特徵。有了他的臉部掃描紀錄，監視攝影機便可以從任何角度辨識出他。如果這個新的系統認定他對社會秩序造成了威脅，他根本無處可躲。

中國共產黨執政的七十多年裡，新疆一直是中國最難治理的地區；維吾爾族和漢人移民之間的族裔張力不斷撕扯著新疆，不時爆發為嚴重的暴力死傷事件。儘管困難重重，共產黨靠著拘留營、洗腦和大規模監控等結合，依然能夠完全掌控新疆。

中國共產黨在新疆的作為，是二十一世紀最令人不安的政治發展之一。中國領導人重啟了過去的極權技術，並將這些技術融進未來主義的科技之中；這麼做的目的並不是要抹除少數的宗教群體，而是要改造這個群體。這場行動是一個激進實驗的一部分：他們想透過科技重建社會控制，而這也迫使世界各地的民主國家必須對抗數位監控愈來愈強大的力量，並努力解決關於數據、安全和個人自由之間的關係的新問題。

國家監控的歷史，和國家存在的歷史一樣悠久。早在西元前三八〇〇年，巴比倫（今日位於伊拉克境內）的國王就率先使用了楔形文字和泥板，不斷更新關於人民和牲口[1]的紀錄，這是一種早期版本的大規模數據收集方式。古埃及人、羅馬人和波斯人也有類似的做法，會固定對人口進行調查，而他們的調查也隨著時間變得愈來愈詳細而複雜——套用美國政治學家詹姆斯・斯科特（James C. Scott）知名的說法[2]，這些調查就是要讓他們的社會變得「可被辨讀」（legible）。對於任何一個國家來說，能否辨讀人民，能否一眼看見誰住在哪裡、某戶家庭裡有多少人、他們

1 Garlos Gómez Grajalez, “Great Moments in Statistics: Ancient Censuses,” *Significance* (Royal Statistical Society), Dec. 2013, 21.

2 在《國家的視角》（*Seeing Like a State: How Certain Schemes to Improve the Human Condition Have Failed*）導論中，詹姆斯・斯科特描述了他對於國家強迫吉普賽人這種流動群體定居下來的研究。「我愈是研究國家為了固定流動人口所做的付出，我就愈認為，國家是為了將社會變得更容易辨識……以許多關鍵的角度來看，前現代國家其實有部分是盲目的：對於它的國民、他們的財富、他們所擁有的土地及收益、他們所在的位置以及他們的身分認同，前現代國家所知道的實在是寥寥無幾。它缺乏類似詳細紀錄領土與人民的『地圖』般的東西……」（麥田出版，二〇二三，頁二四）

擁有什麼財產和賺多少錢，對於徵稅、徵兵、發放穀物這些基本的治理行為來說，都是至關重要的。在人類歷史上，取得個人訊息這件事一直都和社會控制緊密關聯。

隨著科技進步，國家監控的技術也經歷了不少進展。人類於一八四〇年代發明攝影技術之後，身分辨別技術也出現了革命性的進展。數十年後竊聽技術的發明，則讓警察可以在神不知鬼不覺的情況下監聽私密對話。一個世紀過後，電腦的普及化和網路的興起，則讓幾乎現有的一切監控工具，都能被使用在更廣泛的範圍內，並催生了無數新的監控技術。

自從冷戰結束之後，關於國家監控的辯論主要集中在應該對其進行哪些限制。個人的公民自由（比如隱私權）和社會利益（比如公共安全或福利的公平分配）之間的平衡點在哪裡？政府至少需要收集多少個人訊息，才能正常運作？習近平領導之下的中國共產黨，則讓這個討論顛倒了過來。習近平現在提出的問題是：當政府能最大限度地獲取個人數據時，政府可以達成哪些公共目標？

沒有人知道中國共產黨現在理論上可以獲取多少個人數據。截至二〇二〇年初，中國政府已經設置了將近三億五千萬個監視器，在街道上、廣場上、地鐵站裡和商業大樓周遭錄下一切動靜。當人們走在路上時，他們的皮包和口袋裡的智慧型手機，則在源源不絕地將位置資訊傳送給電信業者，而這樣的手機有超過八億四千萬支。行動支付系統每天都在資料庫裡記錄下成千上萬筆交易數據，這個資料庫可以提供搜尋功能，以驚人的細節描繪出不斷變動的人類行為。

就在共產黨持續累積更多數據，並研發新的方法來處理這些數據時，他們也承諾要打造一個完美的社會——在這個社會裡，政府有權力使用能辨識臉部和走路姿勢的監視器、能辨識聲音的麥克風，以及誤差小於一公尺的全球定位系統，來追蹤你的一舉一動；政府官員可以檢查你的私人聊天紀錄、閱讀和瀏覽習慣、網路購物明細和旅行紀錄，還可以掃描這些數據，來判斷你是否可能有助於，或有害於社會秩序；人工智慧公司和警察合作追蹤逃犯，找尋被誘拐的孩童，並公開羞辱違規橫穿馬路的人；公共服務、對良好行為的獎勵，以及對不良行為的懲罰，也都能以數學的精準和效率來執行。

當然，這個願景的大部分都仍未實現。其中有些願景，共產黨可能只想要實現一部分而已；有些則可能永遠不會實現。但由於人工智慧的發展躍進，這個願景的一部分已經開始出現在中國各地的城市裡。今日的機器，聽、看和「思考」的能力已經來到了全新的層級，因而能以十年前看似不可能的規模收集個人數據。同樣的機器也可以協助過濾數據，藉此分析，甚至預測人類行為。

許多這些新的監控工具都是在矽谷發明出來的，科技巨擘會使用這些工具來收集使用者的行為樣態，然後再把這些數據賣給廣告商。谷歌、臉書和亞馬遜利用這項科技來盈利（美國作家肖莎娜・祖博夫〔Shoshana Zuboff〕曾令人印象深刻地把這種人類期貨的嶄新生意的其中一部分，稱為「監控資本主義」），而中國共產黨則用它來維持權力。

建黨剛滿一百週年的中國共產黨，現在正處在一個轉捩點上。創黨的領導人毛澤東於一九七六年過世之後的四十多年來，中國共產黨已經從人們的生活中逐漸退出，轉對基礎建設進行投資，並達成人類史上難得一見的經濟成長，將中國從赤貧帶往即將突破中等收入的狀態。每年兩位數的經濟成長，以及正在提升的生活水準，都確保中國人會乖乖聽話。但在過去的十年裡，經濟成長的速度已經慢了下來。激增的債務和人口壓力，都可能會讓經濟成長變得更慢。由於之前的社會契約逐漸不再堪用，中國共產黨也開始改用數位監控來幫助他們書寫一份新的社會契約。

習近平成長於毛澤東掌權末期的時代，在當時經歷了文革的意識形態狂潮。他相信只有共產黨可以恢復中國在歷史上的力量（他稱其為「偉大復興」），也堅信如果要達到這個目標，就必須讓共產黨再次成為中國人民生活的主導力量。習近平的歷史學識並不差，他知道毛澤東的烏托邦式夢想，以及二十世紀的其他極權統治者最後都沒有什麼好下場。他也知道冷戰時期最篤信監控的東德國家安全部（Ministerium für Staatssicherheit，通稱 Stasi），就算對可疑的國民累積了大量的監控資料（這些資料如果排在一起[3]，長度超過一百七十多公里），最後也依然無法及時預見自己的崩解。

習近平的不同之處在於科技。相較於東德國家安全部動用了將近十萬名特務人員，以及超過十七萬名線人，中國的國內偵察機構則是已經開始使用演算法，以及由數位感測器組成的大型網絡來進行自動化。在中國，大規模監控已幾乎可以做到即時反應。一個人的行為變化，現在可以以數位的形式被即時記錄下來，讓控制數據的人可以將每個個體描繪得更加清楚，供他們運用（或濫用）。

對於這個世界上人口最多的國家來說，此發展對中國的政治方向具有非常深刻的影響。如果共產黨的領導人過去曾經羨慕過民主政體，那是因為民主政體能讓民眾提供反饋。諸如選舉、新聞自由等民主制度，可以為民主政體的領導人不斷提供可靠的數據，讓他們知道自己的政策成效如何，也能提供修正失敗政策的機制。在習近平的統治之下，共產黨認為他們找到了一個藍圖，能讓他們打造出他們長期以來一直希望建立、可以和民主政體打對台的體制。他們相信，只要從監控數據之中挖掘洞見，就可以預測人民的意向，而不需要讓他們投票或發聲。他們也相信，只要在社會問題發生之前就先解決問題、在人民湧上街頭之前就先平息異議，他們就能牢牢壓制住反對勢力。

雖然這個願景帶點喬治・歐威爾（George Orwell）《一九八四》（*1984*）的色彩，但共產黨擁抱數位監控這件事，最好的反烏托邦參照對象其實是一部更久遠的小說：《我們》（*We*）。這部小

3　Anna Funder 在 *Stasiland: Stories from Behind the Berlin Wall* (New York: Harper Perennial, 2002) 中寫到，「『該部門』存在的四十年裡，生產出的紀錄相當於從中世紀到當時的德國史的所有史料。如果將那些檔案夾直立，然後再緊密排列，東德國家安全部對他們同胞所記錄下的資料，加起來長達一百八十公里長」（5）。Funder 還提到，截至柏林圍牆倒塌前，東德國家安全部擁有九萬七千名員工，和超過十七萬三千名的線人。

說也是歐威爾的靈感來源，其作者是俄羅斯的諷刺作家尤金・薩米爾欽（Yevgeny Zamyatin），完成於一九二一年（正好也是中國共產黨成立的那一年），故事背景設定在數百年後一個生氣蓬勃、沒有犯罪的城邦；在這座城邦裡，市民由字母和數字組成的編碼來命名、住在玻璃製的房屋裡，而且會根據被稱為「恩人」（Benefactor）的統治者所計算出來的數學方程式來行事。這個故事的敘事者，是這個國家機器裡的一個快樂的小齒輪，他把這個總方程式比擬為鐵路的時刻表，並稱其為「古老的文學遺產中最偉大的一個」。它能確保社會準時運行，而且走在可預期的軌道上。與此同時，執法大隊會留意那些像無法整除的餘數一般，不配合恩人的方程式的少數人，然後做出相應的懲罰。

習近平就是真實世界裡的那個恩人，而且他的野心並不受中國疆界的限制。二〇一六年，他在建黨九十五週年的致詞中就做過這樣的暗示，還抨擊美國政治學者法蘭西斯・福山（Francis Fukuyama）在《歷史之終結與最後一人》（*The End of History and the Last Man*）中提出的假說——自由民主主義就是人類意識形態演進的終點。「歷史沒有終結，歷史也不可能被終結，」習近平如此聲明。「中國共產黨和中國人民完全有信心，能為人類對更好制度的探索提供中國方案。[4]」

從非洲到歐洲，世界上的許多國家都對習近平正在兜售的方案展現出了興趣；在很多案例裡，他們也確實購買了中國製造、被設計來強化國家控制[5]的監控系統。這些國家包括沙烏地阿拉伯這樣的專制國家，以及烏干達這樣的混合政體（譯按：hybrid regime，指混合了專制體制和民主制度的政體），甚至也包括法國和德國這樣的先進民主國家。科技的誘惑，正在為所謂的中國方案提供入侵的道路，也讓民主國家的政府有理由開始感到擔憂。

這個正在浮現的全球競爭，也讓政治分析家連忙重拾冷戰歷史主題的書籍。政治分析家會有這樣的舉動並不難理解，因為想要挑戰美國的共產強權再次出現了。但和蘇聯相比，中國明顯更有活力，和全球體系的連結也更深。作為共產黨正在使用的科技的發源地，矽谷或許提供了一個更具啟發性的類比：在人們完全理解新的監控工具的缺陷之前，北京便趕著利用這種工具，開始向全世界兜售這些工具的功效，而北京的這種模式，竟弔詭地令人聯想起臉書創辦人馬克・祖克柏（Mark Zuckerberg）的座右銘：「快速行動，打破陳規。」現在的問題是，西方政府在面對習近平帶來的破壞時，其應對方式是否能比應對祖克柏的方式更加有效。

中國共產黨在面對新疆和其他地方對其監控野心的反抗時，一直都表現得非常強硬——尤其在Covid-19疫情之後，這種反抗也變得更加堅決。起初，這個致命的新型冠狀病毒在武漢的擴

4 來自〈習近平：完全有信心為人類對更好社會制度的探索提供中國方案〉，新華社，二〇一六年七月一日，https://www.thepaper.cn/newsDetail_forward_1492012。

5 Sheena Chestnut Greitens, "Dealing with the Demand for China's Global Surveillance Exports," *Global China: Assessing China's Growing Role in the World*, Brookings Institution, Apr. 2020.

散，似乎在嚴厲地控訴著習近平的中國方案的失敗。但隨著共產黨強力使用封鎖措施、密集追蹤每個人的行蹤來控制住病毒，而世界其他地方的染疫死亡人數又不斷創下新高，疫情反而增強了共產黨對自己的控制模式的信心，也強化了國家監控不可或缺的價值。

而這一切發生的時間點，對民主制度來說也非常不利。根據總部位於美國華府的非營利組織自由之家（Freedom House）的評分，自從二〇〇六年以來，民主運作狀況惡化的國家數，每年都比出現改善跡象的國家數還要多。二〇二一年，惡化國家數和改善國家數的差距來到了史上新高：評分退步的國家有七十三個，而進步的國家則只有二十八個。該組織發現，全世界有將近四分之三的人口（包括美國的三億三千萬人），此時都住在民主正在倒退的國家裡。[6]

在這個「民主倒退」的背景之下，中國控制疫情的成功經驗，以及其他國家開始接受數位追蹤措施的現象，都讓人們更加激烈地討論起國家監控體制的代價和好處。疫情證明，大規模收集數據能拯救性命，而不是危害生命安全。如果這些科技能為安全帶來變革，那麼它們對自由意志的意義又是什麼？我們是否正在邁向一個中國方案最為優越的世界？我們是否有方法，能在政府用機器對人類行為進行監管，以及保有個人自由這兩者之間取得平衡？

本書將探索中國共產黨進行監控的方式和原因、那些生活已經被監控改變的人的感受，以及監控對這個未來突然充滿不確定性的世界的意義，藉此揭露這個國家監控體制的新時代。有鑑於中國共產黨希望達成的目標的嚴重性，我們認為不能把這個擁有十四億人口的國家的故事，簡化成只是簡單的壓迫敘事而已，儘管這種簡化的敘事很誘人。為此，我們除了探究新疆極權統治的黑暗面之外，也會描繪中國沿海富庶地區美好的科技烏托邦，藉此呈現出同樣的演算法監控機制，會如何隨著監控對象和地點的不同，而進行脅迫或提供保護。我們也檢視了中國科技公司的特殊動機，以及中國人對隱私的概念，因為這兩件事都以令人意想不到的方式形塑了監控國家的樣貌。

在本書的每個章節裡，我們都在努力洞察兩件事：在中國成為監控國家的過程中民主國家如何成為推手，以及社會工程的願景對民主國家來說有多麼誘人。中國共產黨執行中國方案的工具與概念，有許多都是西方國家所發明，或是首先在西方國家改良升級的。中國共產黨特別的地方在於：它有意願、也有能力，將這些工具以更大的規模運用於現實生活之中。這場實驗的結果，將會提供世界重要的經驗，同時告訴我們結合大規模數據、演算法機器和國家力量，將會帶來哪些好處和危險。

6 Freedom House, "Freedom in the World 2021," February 2021, https://freedomhouse.org/sites/default/files/2021–02/FIW2021_World_02252021_FINAL-web-upload.pdf.

第一部

平台

一　「關鍵信息」[1]

二〇一七年某個清冷的四月天，也就是塔依爾和瑪爾哈芭被召去警局地下室的一個月之前，塔依爾拜訪了他朋友位於烏魯木齊的廣告公司。走進門後，他發現桌上放著一疊白色的表格。他快速地掃了一眼，視線停在表格的標題上。表格頂端寫著幾個粗黑的漢字：「人口信息採集表」。

塔依爾拿起其中一份表格。「這是什麼？」

他的朋友也不太確定。他說有個地方官員當天稍早送來了這些表格，要求每個員工都得填寫。塔依爾更仔細地看了表格。那些表格只有一頁，上頭印著好幾對方框，看起來就像俄羅斯方塊。每對方框的其中一欄是問題，另一欄則是讓填答者作答的空白處。表格最上方的方框裡，

1　本章處理新疆和維吾爾歷史的部分，引用了許多本書和幾篇學術文章。其中三本特別重要：James Millward的*Crossroads of Eurasia*, Gardner Bovingdon的*The Uyghurs*，以及Sean Roberts的*The War on the Uyghurs*。

問得都是一些無關緊要的普通問題：姓名、住址、身分證號、婚姻狀況、「文化程度」（中國對「教育程度」的委婉說法），以及聯絡資訊。

然而在那之後的問題，感覺就比較有威脅性了。

在那頁表格的稍微下方一點，「宗教信仰」的欄位為填答者提供了幾個選項：**無**、**伊斯蘭教**、**佛教**、**基督教**、**其他**，接著是另一個問題：「是否禮拜？」（**是**／**否**）。從這裡開始，問題也變得更有針對性。

每日禮拜次數：**一次**、**兩到四次**、**五次**
禮拜地點：**家**、**清真寺**、**其他**
是否主麻（週五的禮拜）：**是**／**否**
常去清真寺名稱：＿＿＿＿
是否朝覲（編按：伊斯蘭教徒到聖地麥加朝聖）：**公**（曾參加國家安排朝覲）、**私**（曾個人前去）、**打算前去**、**無**
是否有宗教教師：**是**／**否**
是否有宗教學識：**是**／**否**
接受教育地點：＿＿＿＿

教師姓名：＿＿＿＿＿＿

每個烏魯木齊的維吾爾人，都很習慣回答警察關於禮拜習慣的問題，但這份表格的問題比以往還要更具侵入性。表格接下來的部分還詢問了填答者去過哪些地方、認識哪些外國人，而且同樣關注和宗教有關的部分。填答者是否持有護照呢？是否出國過呢？多久出國一次？為何出國？是為了朝覲嗎？它也詢問填答者是否去過「二十六國」，或在那些國家有沒有認識的人；並列出一份非正式的國家清單，其中多數都是以穆斯林為主、新疆政府認定有問題的國家。清單中的國家包括以極端信仰聞名的地方，比如沙烏地阿拉伯和敘利亞，也包括土耳其（那裡住著大量的維吾爾人）、泰國（維吾爾人逃離迫害、前往土耳其途中很常見的停留點），以及我們不太清楚為何被納入的俄羅斯[2]。

2 就我們所知，中國政府並沒有正式公布這份名單。新疆警察在詢問塔依爾和瑪爾哈芭的旅遊史時，給了他們這份名單。根據塔依爾所述，名單裡的國家包括：阿爾及利亞、阿富汗、亞塞拜然、埃及、巴基斯坦、哈薩克、吉爾吉斯、肯亞、利比亞、南蘇丹、奈及利亞、沙烏地阿拉伯、索馬利亞、塔吉克、土耳其、土庫曼、烏茲別克、敘利亞、葉門、伊拉克、伊朗、馬來西亞、印尼、泰國、俄羅斯和阿拉伯聯合大公國。這二十六個國家，在二〇一七年於新疆內部流通的數據收集表格上，被描述為「恐怖主義相關」的國家，而就在那年，學者亞德良・岑茨（Adrian Zenz）認識的一位當地人也翻拍了這份表格，並將照片提供給岑茨。

表格裡還有些部分是由政府人員填寫的。其中一個的標題是「涉穩情況」（Stability-Related Circumstances），它的第一個欄位詢問，該名填答者是否屬於「特殊群體」。塔依爾認為，這個詞彙指的是被政府懷疑是分離主義分子的人。

中共花了不少心力在處理分離主義帶來的威脅。塔依爾認識的多數維吾爾人都懷抱著一個願望（或者毋寧說，一個遙不可及的夢想）：由維吾爾人，而非中共統治新疆。新疆的突厥裔穆斯林曾分別在一九三三和一九四四年兩度成功建立自己的國家。第一次的東突厥斯坦共和國（East Turkestan Republic）只維持了一年的時間就被中國的軍閥打敗。他們第二次建立的國家，名字同樣也是東突厥斯坦共和國，當時只對新疆的幾個零散地區保有脆弱的控制，後來於一九四九年被併入剛成立的中華人民共和國。六十年過後，有些維吾爾人仍會小聲地對外國訪客說：「歡迎來到東突厥斯坦。」但那絕大多數時間都只是說說而已。只有幾乎快要消失的一小群人曾攻擊過警察、引爆炸彈，而這些行動幾乎總是在回應政府的挑釁。然而中共仍然非常敏感，只要有維吾爾人不幸被抓到懷有新疆獨立的想法，就會被貼上需要「特殊」關切的潛在分離主義者標籤。

塔依爾繼續往下看。接下來的欄位對他來說就沒那麼熟悉了：這個欄位要求填入「一體化比對結果」。塔依爾記得自己讀過一些新聞報導，是關於新疆警方近期開始設置的「一體化聯合作戰平台」（Integrated Joint Operations Platform），但那些報導並沒有詳細說明細節[3]。他猜這個欄位就和那個作戰平台有關。

還有些欄位詢問填答者是否有親戚參加過「集中教育轉化」這種活動。塔依爾也不知道那是什麼，不過那讓他想起上個月他一個學生的母親曾和他說過的一些奇怪的事情。那位母親當時從喀什前去拜訪。喀什曾經是個絲路上的綠洲，位在烏魯木齊以西約一千五百公里（譯按：原文誤植為「以東」）；這位母親在那裡的一個知名旅館工作，塔依爾和瑪爾哈芭兩年前曾在那裡留宿過。抵達烏魯木齊之後，她告訴塔依爾，喀什的警察正在強迫維吾爾人交出護照。那些護照顯示去過穆斯林國家的人，全都被帶去了某個地方「學習」，沒有人知道他們到底去了哪裡。那位母親在幾天過後離開烏魯木齊，還說喀什警方對旅館施壓，要求她儘早回去喀什。警方沒有告訴他們理由。她猜可能是因為旅館的老闆，前一年曾帶著包括她在內的所有員工去土耳其旅遊。從那之後，塔依爾就再也聯絡不上她。

塔依爾繼續檢視那份表格，並將目光移到了右邊。那裡印著好幾個可以打勾的框框，上頭的標題是「關鍵信息」，看起來也是留給警方填寫的：

3　這個平台在英文裡一般會被縮寫成ＩＪＯＰ。James Millward認為，比較貼近原文的英文翻譯應該是「integrated joint warfare platform」，我們也同意他的看法，但仍決定使用其他地方最常見的譯法，以避免混淆。

□維吾爾族
□無業人員
□持有護照
□每日禮拜
□有宗教學識
□去過二十六國
□系逾期入境人員
□有境外關係人
□家有輟學兒童

在這些的下方，位於頁面右下角的地方，還有最後的三個選項：

□放心人員
□一般人員
□不放心人員

放心人員。一般人員。不放心人員。塔依爾屬於哪一種呢？幾十年以來，他自己一直覺得新疆非常安全，但他知道製作這份表格的人，在此關心的並不是他的安危，也不是任何一個維吾爾人的安危。

最讓他擔心是關於旅行的部分。因為他和他的家人一直在計劃逃離中國。

新疆占據了中國領土的整個西北部，和八個國家接壤（這個數字比中國任何一個省分或自治區都還要多）：北邊有蒙古和俄羅斯，西邊則有中亞的多數國家和印度。至於南邊，則是和西藏接壤。二十世紀初的美國探險家歐文．拉鐵摩爾（Owen Lattimore）曾把新疆描述為「亞洲樞紐」（the pivot of Asia），讚嘆那裡連結了歐亞大陸上幾個最偉大的帝國。

從西元前二世紀開始，貿易商便在後來被稱為絲路的路線上跋涉穿越新疆，在一個個綠洲之間移動，除了傳遞貨物之外也傳播思想。新疆對貿易的重要性，以及後來被發現的石油和珍貴礦藏，都讓中國統治者非常想要兼併那裡。但新疆一直以來都很難被中國控制，因為那裡實在太過遙遠，又散布著各種族群，比如維吾爾人、哈薩克人、吉爾吉斯人和蒙古人，他們和中國之間頂多只有文化和語言上的遙遠連結。

雖然中共宣稱新疆「自古以來」就是中國的一部分，但那裡曾有一千年的時間（也就是從唐朝於西元七五〇年撤出之後，一直到滿清統治者於一七五八年進駐之前），沒有被任何一個以中國為根據地的國家控制過。清朝的皇帝起初對於以軍事領主的身分從遠方統治、但當地事務由本地人負責的模式很滿意[4]。直到一八八四年，清政府才將新疆置於中國式的統治之下。從被滿清命名為「新疆」這件事，就能展現出那裡被納入中國領土的歷史有多短。

毛澤東領導下的中國共產黨，則是比歷史上任何一個朝代，都還要更將自己的意志強加在該地區上。這位中華人民共和國的創始者之所以如此想要取得新疆，不只是因為那裡的天然資源，也是因為那裡的地緣位置，可以作為中國和蘇聯之間的緩衝。為了維持對那裡的控制，他創立了一個大型的準軍事組織，名為新疆生產建設兵團（更常被稱為兵團），由退役的漢人士兵組成。兵團有三個任務：強化安全、透過現代農業來促進經濟發展，以及鼓勵漢人移民，藉此稀釋少數民族人口的影響力。兵團在最後一個目標上尤其成功。漢人占新疆總人口的比例，在一九四九年的時候還只有百分之五，到了一九七八年則成長到了超過百分之四十。

突然湧入的漢人，加上共產黨對伊斯蘭教，以及其他被北京視為「落後」的傳統文化的攻擊，都讓維吾爾人感到非常焦慮；而隨著時間演進，這些焦慮也逐漸變成一種對共產黨和漢人移民的普遍恨意。而這反過來也讓北京變得更加疑慮，覺得維吾爾人是不可信任的。

為了尋找能解決維吾爾人抵抗的方案，中共的新疆政策不斷在寬容和壓迫之間來回擺盪。

一九五〇年代初期，中共對新疆的管理相對寬鬆，因為他們採納蘇聯的信念，認為少數民族應該被賦予一定程度的自決，也應該被允許依照自己的意願加入工人革命。隨著毛澤東的政治變得更加激進，中共也愈來愈將族裔性視為「阻擋進步的障礙」[5]，開始積極地透過同化的方式來干預、消滅維吾爾人的傳統，因而激起了必須依靠軍事介入才能平定的大型抗議。毛澤東於一九七〇年代末過世後，中共再次回到蘇聯模式，鬆綁對宗教的控制，並推行肯定行動式（譯按：**affirmative-action-style**，亦即優惠性差別待遇）的政策，比如為維吾爾人的高考成績加分。但到了二〇一〇年代初，中國政府對於維吾爾人的忠誠度仍不滿意，於是開始更加依賴武力來強迫他們屈服。

在共產黨的統治之下，維吾爾人的生活經驗和世界上其他住在被占領區的人們非常類似。二〇一四年，新疆的共產黨總書記推出了內部護照的制度，限制維吾爾人在新疆內部的行動，而這

---

4 James Millward在*The Crossroads of Eurasia: A History of Xinjiang* (New York: Columbia University Press, 2009)裡寫道，在清朝的統治之下，「南部綠洲地區的地方政府，依然掌握在穆斯林菁英的手中，而清朝在取得政權的頭一百年裡（一七六〇至一八六四年），並沒有對伊斯蘭的法律制度或宗教事務進行太多干涉。」

5 Gardner Bovingdon在*The Uyghurs: Strangers in Their Own Land* (New York: Columbia University Press, 2010)中寫道，在大躍進的激進集體化運動期間，「即使是族裔性本身，也成了『通往進步的障礙』，而中共領導人也增加了對伊斯蘭教和其他『落後習俗』的攻擊行動。」

也讓人想起南非種族隔離時期針對黑人以及有色人種實施的通行證（passbook）制度。維吾爾人和南非的非白人族群一樣，只要離開居住的區域，就必須隨身攜帶卡片。這種卡片載有姓名和卡片持有者居住地的官員聯絡資訊，萬一持有者必須被遣送回去就能派上用場[6]。漢人則和阿非利卡人（譯按：**Afrikaners，南非白人移民的後裔**）和其他南非白人一樣，可以自由地四處移動。

知名的中國作家王力雄曾提出一個值得注意的類比。他曾在一九九〇年代末因為影印一份兵團的機密文件，而被關押在新疆的米泉監獄裡，並和一位維吾爾人受刑人莫赫塔爾（Mokhtar）待在同一個牢房裡長達一年的時間。莫赫塔爾之所以會被逮補，是因為他曾組織一場示威活動，抗議針對種族的不平等待遇。莫赫塔爾講述的新疆生活，讓王力雄感到非常不安，於是他出獄之後便埋首於調查維吾爾人面臨的困境。他後來在二〇〇七年出版了《我的西域，你的東土》（*My West China; Your East Turkestan*）一書，在書中總結他的調查發現。當時還是相對開放的年代，王力雄的書將維吾爾人和巴勒斯坦人相比擬，並警告新疆可能會陷入像以色列和巴勒斯坦那樣「無止盡的族裔戰爭」，因而在學術界引起了熱議[7]。

王力雄認為，新疆和巴勒斯坦一樣，衝突的根源都是複雜、深刻且非常難解的領土爭議。新疆的中國政府和以色列人一樣，經常會使用不成比例的武力來回應挑戰；至於維吾爾人則和巴勒斯坦人一樣，苦於失去對自己故鄉的控制權，而文化和意識形態上的摩擦也讓此痛苦感受更加惡化，會引爆憤怒情緒幾乎是理所當然的事情。

其中一次爆發發生於二〇一五年：當時維吾爾人在阿克蘇市的一座煤礦坑裡，持刀殺害了多達五十名工人和保安人員，其中多數是漢人。在維安人員的追捕之下，有二十八名被他們認定參與攻擊的嫌犯遭到殺害；他們將這起事件歸咎於一個外國恐怖組織，但沒有提供該組織的名字。政府也未曾解釋為何這座礦坑會成為被攻擊的對象。

巴勒斯坦並不是個完美的類比。對維吾爾人來說，中共的控制太過嚴密，讓他們無法擁有像巴勒斯坦解放組織（Palestine Liberation Organization）的組織來領導他們，也無法像巴勒斯坦大起義（intifadas）那樣，發起持續的大規模起義行動。但正如一位西方學者的看法，巴勒斯坦人的經歷依然在一個重要的面向上預言了新疆的命運：接下來幾年裡，新疆不斷在衝突和鎮壓之間輪迴，將新疆推向和約旦河西岸（West Bank）以及加薩（Gaza）類似的狀態，儘管新疆的動盪頻率遠低於巴勒斯坦，但族群之間同樣充滿根深柢固的敵意，不時爆發流血事件。

漢人對新疆的看法很複雜。多年來對少數民族的優惠政策，以及對其聚居地區的投資，都讓漢人忿忿不平。國家的政治宣傳讓很多人相信：是共產黨將藏族、維吾爾族帶入現代世界。許多

6 "The Race Card," *The Economist*, Sept. 3, 2016.

7 Joanne Smith Finley, "The Wang Lixiong Prophecy: 'Palestinization' in Xinjiang and the Consequences of Chinese State Securitization of Religion," *Central Asian Survey* 38, no. 1 (2019): 81–101.

人認為，這些少數民族居然還想從中國獨立出去，簡直是不知感恩。九一一事件發生後的反恐戰爭，以及關於維吾爾人暴力事件的報導（中國政府佯稱這些事件和外國的伊斯蘭恐怖組織有關），孕育了一波對伊斯蘭教的恐懼情緒，導致人們認為應該對新疆採取強硬措施。但輿論對於應如何解決新疆問題卻莫衷一是。二〇一四年在一起尤為嚴重、由維吾爾恐怖分子發動的攻擊事件後，兩位中國學者在網路上進行問卷調查；該調查中，有百分之四十的填答者「非常不同意」武力是短期適當的回應方式，從長期來看，也有百分之七十的填答者不同意武力是好的解決方法[8]。

二〇一六年末，對現況感到非常不滿的中共領導人在這場掃蕩維吾爾人抵抗的行動之中，悄悄地引向一個極具野心的新階段。這個計畫，標誌著中共首次嘗試中國監控公司研發的尖端工具對少數民族施加全面的控制。

好幾個月之後，政府才終於要求塔依爾填寫那份數據收集表。他不知道為什麼隔了這麼久才輪到他。一個可能的解釋是，他已經是個名人了。

塔依爾是成功的電視製作人，亦是商業片的導演。他也在知名的新疆藝術學院（Xinjiang Arts Institute）擁有教職，並進行實驗性紀錄片的拍攝。但他在新疆的知名度更多來自於他的詩作。對於中亞的突厥語族群來說，詩人受到高度敬重，被視為英雄和公共生活的形塑者，與宗教人物及政治領袖齊名。在過去的二十多年來，塔依爾都被視為維吾爾現代主義詩人界的先鋒。

他的作品富有情感深度、深入感官世界，甚至普林斯頓大學（Princeton University）的文化歷史學家喬舒亞・弗里曼（Joshua Freeman）曾說，塔依爾重新定義了維吾爾文學的疆界。到了二〇一七年，曾長時間封筆的他開始重新寫作。前一年的秋天曾寫過一首詩，名為〈團結路〉（Unity Road）[9]：以這個名字命名的街道，在新疆的每個城市裡都能找到，猶如獨裁國家版的馬丁・路德・金大道（Martin Luther King Boulevard）。這首詩捕捉到了他創作風格的一個新變化：

夜幕為紅血的人落下，
也為黑血的人落下。
黎明為健忘的人破曉，
也為復仇的人破曉。
他從火熱的墓地裡趕回來

8 Dingding Chen and Ding Xuejie, “How Chinese Think About Terrorism,” *The Diplomat*, Apr. 19, 2014.

9 Tahir Hamut, “Unity Road,” translated by Joshua L. Freeman, originally published in *Southern Review* 56, no. 1 (2020): 24–29.

在風中洗去臉上的死亡，
然後，
以一個逐漸被理解的男子的步伐踏上旅途，
從忠誠的東邊到躁動的西邊，
從悲傷的高地到歡樂的低地，
從熟悉的邊緣到未知的核心。

（英文版由喬舒亞・弗里曼翻譯）

塔依爾當時還不到五十歲，但他沉穩的性格卻讓他像是個六、七十歲的人。他的身高約一百六十七公分，以維吾爾人的標準來看並不高。儘管如此，他依然非常活躍，經常在「歐爾圖魯希」（olturush，亦即維吾爾語裡的「聚會」之意）這種傳統的文化聚會中成為眾人的焦點，討論維吾爾文學、電影、飲食和音樂；他出眾的才華，總讓人既著迷又驚訝。

塔依爾成長的年代，也是新疆相對穩定的時期。一九六九年，他生於一個由兵團經營的農場，在四個兄弟裡排行老大。他們的聚落位在塔克拉瑪干沙漠偏遠的西北隅；這座沙漠猶如一片長近千公里的黃沙之海，占據了南疆的大部分地區，裡頭有高達數十公尺、不斷移動的沙丘。他的父母都是農民，在免費住房和穩定工作的吸引下來到這座農場。他們一家人住在帶兩房的屋子，沒有電、也沒有自來水，但後方有個巨大的沙丘，塔依爾總會爬上那裡，再以立姿滑下沙丘，彷彿滑雪一般。其他時間，他和村裡其他孩子則會從聚落的倉庫偷走玉米，然後跑進沙漠將駱駝糞便當作燃料來加熱玉米粒，還會把玉米埋在沙裡製作爆米花。

在那個年代，中共所提倡的中國認同還會盡量含括少數民族。雖然幾乎不會說漢語，但小時候的他依然認為自己是個中國人。在老師的鼓勵下，他和朋友們都試著仿效雷鋒。雷鋒是一位來自中國東北的解放軍士兵，他在日記裡記載他每天做的好事（雖然幾乎可以肯定這份日記是虛構的），而共產黨則鼓吹他的無私行為應是所有中國公民的學習榜樣。他們還曾驚奇地看著中國地圖，用手指在地圖上向東劃過這個廣袤的國家，最後停在北京；如果他們負擔得起車票，這趟旅程搭火車得花上一個星期。

當塔依爾成為青少年時，他們家已存夠了錢，負擔得起電力和一部電視機。塔依爾開始著迷於中國的經典小說，以及以北京和上海為背景的電視節目。他因為實在太想親眼看看中國的其他地方，於是非常認真地念書準備高考。一九八七年，十七歲的他考入了中央民族學院——這是一所位於北京的菁英學校，負責訓練在少數民族地區工作的幹部，並對天資聰穎的少數民族學生提供教育。

塔依爾在北京開始走上一條將令他逐漸被共產黨注意到的道路。他在城裡遇到過不少漢人居民，他們的無知和自大讓他感到非常震撼；他說自己在新疆不是騎駱駝上學的時候，他們都不願意相信，看到他如此有文化素養還會大聲驚嘆。儘管如此，他依然驚奇地在北京四處探索。這座城市充滿實驗精神的活力，以及讓他備感興奮的可能性。

一九八九年春天，北京的大學生開始走向天安門廣場抗議，要求政治改革，而塔依爾在這場運動裡成了領導人物，並說服其他維吾爾學生加入抗議。政府於該年六月命令軍隊對示威者開槍後，他便逃往喀什這個遠在新疆西部的絲路綠洲城市，但很快就被命令返回北京。回到北京後，他被迫寫下一份長達兩百四十頁的悔過書。

雖然他曾在抗議行動中擔任領導人物（也可能就是因為這點），但他回到北京後還是被推舉進入了領導階層。他在大四時曾被提名為所屬系所的學生會會長，以及系所的共青團（編按：中國共產主義青年團，簡稱共青團）支部副書記。校方認為，讓一個不是黨員的學生在會議擔任共青團的代表似乎有點奇怪，但塔依爾不願入黨。最後校方幫他填寫了入黨申請表，然後再叫他過來簽字。他無法拒絕。

到了快畢業時，塔依爾又被推了一把，往共產黨機器更走近了一步。掌管中國警政系統的公安當時想招募他，但不願成為警察的他回絕了公安部的職缺，並接受了另一個較折衷的職位：在中央黨校擔任翻譯和少數民族問題的講師。與此同時，他也開始閱讀艾倫・金斯堡（Allen Ginsberg）和希薇亞・普拉斯（Sylvia Plath）等美國作家的中文譯本，並投入自己的詩詞創作之中。

在北京的幾年裡，他既是個體制內的官僚人員，也是一位前衛的詩人，然而這種雙重身分的生活卻讓他愈來愈焦慮。他在黨校裡的職位，讓他可以接觸到被禁止流通的歷史資料，而他也開始入迷地閱讀關於兩度建立東突厥斯坦共和國的資料。於是他決定不要繼續留在北京浪費時間，而前往土耳其，在無須擔心審查的情況下研究維吾爾的歷史和文化遺產。

在一九九〇年代，中國公民想獲得政府的出國許可依然非常困難，因此塔依爾透過一些方法調至烏魯木齊的黨校，並付給中間人八百四十美元（這個金額在當時可不是一筆小數目，他在北京得省吃儉用才能存到這個數字），以取得一本允許維吾爾人在中亞做生意的特別護照。他打算跨越邊境前往吉爾吉斯（Kyrgyzstan），再從那裡飛往伊斯坦堡，但他搭的巴士卻被困在暴風雪之中。當塔依爾等待暴風雪結束時，一位曾和他一起在北京上學的海關人員認出了他。正好前一天，幾個維吾爾人在烏魯木齊炸毀了一輛警車，因此邊檢人員收到了指示要特別留意試圖離開中國、可疑的維吾爾人。於是那位曾經的同窗拘捕了他。

他被送進拘留所時，身上還帶著一本筆記本，上頭寫著協助他前往土耳其的聯絡人資訊；他原本打算將筆記本沖進馬桶，卻不慎被警察逮個正著。警察後來也在他烏魯木齊的公寓裡找到一些筆記，內容是他在中央黨校和一位負責邊境防衛的官員對準軍事部隊兵力的討論。於是他們指控塔依爾試圖將國家機密夾帶出國，將他在烏魯木齊的拘留中心關了十八個月。出獄之後，他又被判處在喀什勞改十八個月。

在喀什的日子幾乎擊垮了塔依爾。每天早上七點鐘，看管人員會要他和其他囚犯走向沙漠，強迫他們高喊共產黨的口號。接下來的十二個小時，他們必須兩兩一組，將一個和冰箱差不多大的容器裝滿撿來的碎石。塔依爾會在腹部周圍繫上一條肚帶，避免身體招架不住壓力。某天晚上，他和其他囚犯被命令觀看警衛處罰一個男人，因為他撿的石頭沒有達到要求的量。警衛要求男人站在一個水池裡，然後輪流用電擊棒碰觸水池。儘管那已經是好幾十年前的事情，但那個男人的尖叫聲依然在他的腦海裡揮之不去。

塔依爾於一九九八年獲釋後，以一個少有人走的道路重獲了新生。前途茫茫的他搬回到烏魯木齊，並接受一個朋友的邀請，開始嘗試拍電影。他的第一部片《以月亮為證》（*The Moon Is a Witness*），是一部長達九十九分鐘的獨幕劇（譯按：one-act drama，亦即所有劇情在同個場景完成的戲劇），改編自一個他和朋友都很喜歡的短篇故事，內容是一個年輕維吾爾女性的生活。這部電影對抗的是新疆的保守文化，描繪了性主題和社會禁忌，比如未婚懷孕，其直白程度幾乎引發觀眾的憤慨。這部電影透過便宜、低畫質的VCD流傳開來，在維吾爾城市的地下社群變得非常熱門。受到鼓舞的他，又製作了幾部獨幕劇電影。二〇〇三年，他利用拍片的經驗在電視製作公司裡找到了一份全職工作。幾年後，他獲邀以助理講師的身分在新疆藝術學院教學生拍電影。

塔依爾在那段期間重新聯絡上了瑪爾哈芭。在嘗試前往土耳其的不久前塔依爾就認識了她，並成為好友。他從勞改營出來之後曾被體貼的瑪爾哈芭收留過一段時間，她也幫助他重建了人生。他們在二〇〇一年春天結婚。他們的大女兒阿瑟娜（Aséna）在兩年後出生，二女兒阿爾蜜拉（Almila）則是在五年後出生。維吾爾人很常用宗教人物為孩子命名。但塔依爾刻意選擇了不曾出現在古蘭經裡的名字，藉此表達伊斯蘭教在他的家庭裡只是一部分的身分認同。阿瑟娜是一頭母狼的名字，據說這頭母狼在烏魯木齊南邊的一個綠洲城市吐魯番附近的洞穴裡生下了古老突厥部族的創建者。在古突厥語裡，阿爾蜜拉則是「紅蘋果」的意思，也是突厥統治權力的象徵。

至二〇〇九年夏天，塔依爾的人生也準備迎來了另一個變化。他和自己的一個弟弟、他的小舅，一起開了一間自己的製作公司。如果一切順利，這個決定能為他在創作和財務上帶來更多的自由。然而將近四千公里以外的製造業城市廣東韶關，卻在此時發生一起事件，完全顛覆了他們的計畫。

韶關有個玩具工廠從喀什附近的小鎮引進了將近八百名維吾爾工人，然而廠裡的漢人工人卻在該年的五月開始流傳關於維吾爾人的犯罪傳聞，比如某個虛構的傳聞便指控維吾爾人強暴了兩名漢人女性。後來有天晚上，一位年輕的女性受訓人員不小心進到維吾爾男性居住的宿舍；或許是因為那個強暴的傳聞，緊張的她連忙尖叫跑走。沒有證據顯示宿舍裡的男人對她做了什麼，但一群漢人暴徒依然集結起來，衝向了維吾爾工人的宿舍，最後殺害了至少兩個人。[10]

10 當時的新聞報導，對於韶關事件的描述非常含糊。James Griffiths在*The Great Firewall of China: How to Build and Control an Alternative Version of the Internet* (London: Zed Books, 2019)這本書裡，針對現在一般被認為最接近事件原貌的描述，提供了一個不錯的總結。

這個事件點燃了新疆人們的怒火。維吾爾人要求政府嚴懲兇手。然而過了好幾個星期，政府卻依然無所作為，於是烏魯木齊的維吾爾大學生便於七月五日組織了一場抗議活動，很快就有許多人響應。沒有人知道這場抗議在何時變成一場暴力活動（維吾爾人認為是在警方開始毆打抗議者之後），但該活動很快就變得愈來愈殘暴。一群群維吾爾男子縱火燒毀汽車，並用磚塊和棍棒攻擊路過的漢人。有個外國媒體的報導引用了烏魯木齊一位麵店老闆的說法：根據他的計算，光是一條街上就有十七個漢人遭到殺害[11]。維安人員在當天夜裡使用實彈射擊回應，行動一直持續到隔天早上，警方還衝進維吾爾社區逮人。到了隔天，好幾群漢人男子帶著棍棒和狼牙棒上街尋仇，見到維吾爾人就打。根據官方統計，遭殺害的總人數將近兩百人，不過一些維吾爾權利團體後來估算，死亡人數應該至少是官方統計的兩倍。

這場騷動發生時，塔依爾正在喀什幫忙準備一個文化節的開幕式。瑪爾哈芭和他的女兒們幸運地從暴亂中逃脫，前往喀什和塔依爾會合，但他們一個半月後回到家時，烏魯木齊依然隨處都能感覺到漢人和維吾爾居民之間的緊張關係。他們返家兩星期後的一個週五晚間，一些傳言再次引爆了暴力衝突——這次的傳言是，據說有幾個維吾爾吸毒者用感染HIV病毒的注射器針頭刺傷漢人。漢人示威者再次回到街上報復。為了不讓妻子獨自走路回家，塔依爾決定去烏魯木齊市中心接瑪爾哈芭下班。但就在他前往市中心的路上，一群漢人年輕男子發現了他，他們有十來個人，一邊追著他、一邊大喊「殺死維吾爾人！」他在逃脫的時候失足跌倒，於是他們便一擁而上，對倒在地上的他拳打腳踢。好在他在混亂中翻越欄杆，衝進了附近的清真寺裡，因而得以脫身；除了他之外，寺內還有其他維吾爾人正在避難。他的右眼下方不斷流血，一直到情勢似乎平穩下來之後才去醫院就醫。醫生說他的臉部神經已經受創。那次攻擊後，他每次眨眼，臉頰就會跟著抽搐。雖然物理治療有些幫助，但他有好幾年的時間，都無法控制自己臉頰的抽動。

政府後來宣布，在這場關於針頭事件的抗議行動中，有五人遭到殺害、至少十多人受傷，但沒有指出傷亡的是維吾爾人還是漢人。這場流血事件，也讓政府開始比以往更嚴厲地打壓維吾爾人。為了控制街道，北京從其他省分調派了一萬四千名準軍事部隊人員進入新疆，並加強新疆當時剛成立的特警單位，這種戰術單位配有突擊步槍和防彈背心[12]。接續幾年中國共產黨持續加強維安措施，希望強大武力能讓新疆屈服。就在二〇一二年習近平準備掌權之際，警力的規模也創下了新紀錄，比二〇〇九年多了足足一半。

隨著施壓程度提升，過往被控制在新疆境內的暴力活動，也首次在外地爆發。北京的一場維吾爾人自殺式攻擊，以及發生在中國西南部一座城市裡殘暴的持刀攻擊事件，都讓漢人感到非常

---

11 Gillian Wong, "After Violence, Western China Looks for Answers," Associated Press, July 12, 2009.

12 Adrian Zenz and James Leibold, "Xinjiang's Rapidly Evolving Security State," China Brief (Jamestown Foundation) 17, no. 4 (Mar. 14, 2017).

恐慌，更加嚴厲的鎮壓行動隨即展開。二〇一四年，政府通過了一連串新規定，限制人們參與伊斯蘭教的宗教活動，並創立內部護照制度，讓維吾爾人在該地區的移動變得更加困難。

此外，政府也出人意料地以「煽動民族仇恨」為由，起訴了維吾爾經濟學家伊力哈木・土赫提（Ilham Tohti），他是訴求讓維吾爾人在中國境內擁有更大的自治權最具影響力的倡議者。儘管他言詞鋒利，卻從未要求過新疆獨立，和北京的關係也很好。當他在二〇一四年稍早被收押時，塔依爾和很多認識他的人都認為，他最多只會被關幾年而已。然而法院卻宣判他罪名成立，判處無期徒刑。

土赫提的判決結果對塔依爾打擊很深。過去幾年來，他一直都在掙扎著是否應該帶家人去美國申請政治庇護。想到要離開烏魯木齊，就讓他痛苦萬分。但他無法忍受像這樣一直擔憂家人的安危。隔年，他在猶豫不決的時候寫下〈我的棲地〉（My Habitat）[13]這首詩，記錄下住在這座城市裡，如何讓他精疲力竭、暴露在風險之中。

我的房子就坐落在這個有二十六棟大樓的社區
我、我的妻子和我的兩個女兒
就像四個氣球一樣飄浮在
這裡

冥想牆永遠聽不到在
這裡
鄰家女孩模仿狗叫的聲音
就像無數窗外的猥瑣看客
不斷盯著裡頭赤裸裸的祕密
一扇我每天都得打開、上了三道鎖的門
一雙我每天都得闔上的紅眼
一幢我每天都得在裡頭穿卸皮膚的四房小屋

（中文譯自迪爾穆拉・慕特立普〔Dilmurat Mutellip〕和戴倫・拜勒〔Darren Byler〕翻譯的英文版）

13 Tahir Hamut, "My Habitat," translated by Dilmurat Mutellip and Darren Byler, Apr. 21, 2015. Originally published by *Bonango Street*.

大約是在二〇一六年底，塔依爾和瑪爾哈芭開始注意到新設在自己位於烏魯木齊南部的社區裡的警察崗哨。這些崗哨首先出現在各個主要路口——它們是灰色或米白色、一至兩層樓高的預鑄亭子，窗戶被欄杆和鐵絲網纏繞著，頂端有一條藍色條紋，門上方的正中央處還有公安局的標誌（中國的五星國徽飄浮在長城上方）。這些亭子的屋頂上多數都掛著中國國旗。大一點的亭子還會用紅色的LED顯示板秀出政府的口號。短短幾個月之內，這些亭子便布滿了整個天山區（維吾爾人為主要居民，他們居住的小區多半位於此），走在路上很難不看到。

政府將這些亭子稱為「便民警務站」（convenience police stations）。門旁的海報上列了一長串裡頭提供的免費物品或服務：手機充電器、法律教育、老花眼鏡、報紙和雜誌、血壓計、自行車維修工具和輪胎打氣筒、喉糖、雨傘、輪椅、瓶裝水、開水、氧氣袋、微波爐，以及薄荷防蚊液。但其他的東西：鎮暴裝備、攻擊性武器，以及標注著「閒人勿進」的門後方的監控室[14]讓我們得以窺見這些警務站的真正目的。因為這些「便利」而受益的，其實是正在尋找更有效率的方法，藉此控制維吾爾居民的政府。

其他的變化也接踵而來。為了引導駕駛將車開往安檢門，加油站周圍設置了金屬柵欄，駕駛必須在安檢門掃描臉部才能進入加油站。巴札和公寓大樓也有同樣的措施。接著出現的還有監視器。「步槍式」（rifle-style）型號的長型監視器配有可變焦的鏡頭，被設計來對單一地點拍攝高解析度的細節。紅外線版本的監視器則被用在夜間拍攝。掛在支架上的球狀廣角監視器，則像某種反烏托邦式的葡萄柚，有些監視器的下半部甚至還能旋轉，可以追蹤街上的人們。

和許多維吾爾人一樣，塔依爾原本認為這些變化只是中共在新疆推行的一系列「嚴打」（編按：為中華人民共和國以嚴厲打擊刑事犯罪活動為目標的運動，簡稱嚴打）行動的最新進展。第一個真正讓他感覺到事情不太一樣的，則是收集數據的表格。那些表格問的問題和詢問方式，都暗示著這種攻擊比中共過去嘗試過的任何措施都還要更具系統性。等到政府開始收集更深入的數據時，就是下一個訊號了。

那是塔依爾第一次在朋友的辦公室裡，看到數據收集表格的一個月之後的某天——他感到坐立難安。某個國營的地方電視台是他製作公司的主要顧客，但這間電視台當時不斷拖延合約更新。與此同時，他的大多數員工都被召回了老家，他猜是為了進行「教育改造」——他們再也沒有回來過。

14　此處的細節，來自李肇華於二〇一七和一八年在新疆進行的採訪，當時他被關在烏魯木齊一個便民警務站好幾個小時。

由於沒事可做，再加上想要逃離一段時間，塔依爾和瑪爾哈芭決定將女兒們帶離學校，開著車向南出發，往天山另一側的吐魯番駛去，他們在那裡有間小房子。他們的計畫是躲在吐魯番小屋帶圍牆的花園裡度過一個長週末；塔依爾在那裡種了杏桃、無花果、棗子，以及幾株葡萄，算是對當地知名的葡萄產業致敬。他們的別克汽車駛上公路之後，塔依爾將手機連上音響，播放女兒們喜歡的維吾爾舞曲，一路往山區駛去。突然間，來電鈴聲切斷了音樂。

塔依爾接起電話時，車子裡的所有人都寂靜無聲。電話另一端是他們家所屬轄區的警察局的女警。她希望塔依爾和瑪爾哈芭能過去警局一趟。「要採集指紋。」她說。但這個要求並不合理，因為警方早已採過他們的指紋很多次了。不過塔依爾知道爭論也沒有用。他能做的，是至少保住這個週末。他解釋說他們正在離開烏魯木齊，並說他們週一會去警局報到。那個女人說沒問題。接下來的兩天裡，他和瑪爾哈芭坐在他們吐魯番的花園裡，不斷想著是否輪到他們要消失了。

到了週一，他們將女兒們留在烏魯木齊的公寓裡，然後開車前去警察局。裡頭的一個警察示意要他們前往地下室。塔依爾還記得前一年他來這個警局處理護照文件時，他被迫在那裡等待一個國家安全部的人員，因為那個人當時正在地下室偵訊一名嫌犯。他當時在警局大廳裡坐了一個小時，每隔幾分鐘就會隱約聽到有人的尖叫聲回音從樓梯傳上來。他此時看著那道樓梯，再次想起了那些尖叫聲。不論在下方等著他們的是什麼，那都不會是什麼好東西——但他們別無選擇。

他看了瑪爾哈芭一眼、吸了一口氣，然後開始往下走。

在那道樓梯的底端，是一條近二十公尺長、天花板十分低矮的白色走道。天花板上的日光燈讓整個空間都沉浸在冷冷的光線之中。走道右手邊是一排辦公室，左手邊則是一間間牢房。走道上有其他六名維吾爾人。他們衣裝得體，看起來都受過良好的教育。不久過後，還有其他十多個人走了進來，在他們後面排起了隊。

瑪爾哈芭和其他人交談了幾句話，然後轉向塔依爾。

「這裡的每個人都有護照，」她說。「大家最近都出國過。」

二〇一五年，伊力哈木．土赫提被判處無期徒刑過後沒多久，塔依爾為全家人都申請了護照，並帶著瑪爾哈芭去歐洲旅遊了兩個星期。他把這趟旅行規劃成一次勘查之旅，為日後永久逃離中國做準備。美國大使館的簽證官出了名的多疑，只要申請者顯露出可能打算永久留在美國的跡象，就會拒絕核發旅遊簽證。中國官員同樣也對打算出國旅行的維吾爾人抱持疑心。如果他想讓全家人都逃出中國，那麼他就得避免引起中國或美國官員的懷疑，因此必須說服雙方的官員他只是個普通的遊客。

塔依爾和妻子安排了兩次「度假」：一次是去歐洲，用來讓美國大使館的簽證官消除疑慮；另一次則是去美國，用來告訴中國官員他們還會回國、可以被信任。他們去歐洲的那趟旅行曾在土耳其短暫停留，而土耳其正是數據收集表格裡二十六個穆斯林國家的其中一個。他們在伊斯坦堡停留的那幾天，會成為他們被抓走的原因嗎？

就在隊伍緩緩前進的同時，塔依爾望向走廊左側的其中一個小房間。他在入口處附近看見了一張「老虎椅」，這種椅子可以讓人在接受訊問時無法動彈。它的扶手上有個小桌面，就像小孩使用的高腳椅那樣，還有兩個金屬環穿過桌面，連接到下方的一對鎖，以及從兩隻前桌腳向內突出的鉸鏈環。椅子一旁，還有個釘在地上的鐵鍊連結著一個金屬環。金屬環附近有個水泥凹陷處，沾著顯然是血的顏色。塔依爾再次想起那些尖叫聲，突然一陣噁心冒上喉頭。

塔依爾注意到前面的一個男子，也和他一樣正盯著同樣的地方，視線徘徊在那個鐵鏽色的凹陷處。那個男子一旁有個女子不斷拉著他的襯衫，「別看了，」她低聲說道。「別看了，別看了。」

十五分鐘之後，塔依爾和瑪爾哈芭來到了隊伍的最前端。一位員警坐在房門敞開的房間裡詢問他們的姓名，然後要他們繼續沿著走廊往前走，進到一個房間裡；房裡有兩個人坐在桌邊，桌上堆滿了針、棉花棒和橡膠管。其中一個人穿著藍色的警察制服，但衣服上沒有警徽或編號，代表這個人是在警局裡處理雜務的輔警。另一個人則是穿著便服的維吾爾女性，正用地方官員的姿態看著塔依爾。輔警一旁放著一個看起來很新的塑膠盒，裡頭的泡棉橡膠基座插著六個裝有血液的瓶子。他身後還堆著更多的塑膠盒。那個女人要他們坐下、伸出手臂，然後捲起袖子。那個輔警沒有多做解釋，逕自抓住塔依爾的手臂，然後伸手去拿一段橡膠管。塔依爾困惑地環顧四周。

「你要抽血嗎？為什麼不是護士來抽血？」他盡可能地輕聲問道。

「這沒什麼，」那個輔警說，「很快就好了。」

「萬一我感染了怎麼辦？」塔依爾回覆道，勉強笑出聲來。

塔依爾望向旁邊，看到附近一個員警翻了個白眼。他想問到底發生什麼事了、為什麼需要抽他的血，但他決定不再堅持。他捲起袖子，看著那位輔警笨拙地把針刺入他的胳膊，將黏稠的紅色液體輸送進小玻璃瓶裡。

抽完血後，他們讓塔依爾回到第一個房間裡。進到裡頭後，他可以看清楚之前只能匆匆一瞥的這個房間。裡頭有六個員警坐在三張桌子旁，每張桌子上都有電腦，連接著三種不同的設備：麥克風、指紋機和一個單眼相機，相機鏡頭的形狀是個加長型的矩形，看起來有點奇怪。當他在環顧四周時，一名警員指著一張桌子，上頭放著幾份《烏魯木齊晚報》（*Urumqi Evening News*）。他要塔依爾選出一篇長文，對著麥克風大聲朗讀出來。塔依爾選了維語版頭版一篇關於美國和北韓緊張關係的社論文章，然後坐下來開始朗讀。

塔依爾一邊念著，一邊看了一眼那台連接麥克風的電腦。一排鋸齒狀的線條水平分布在螢幕上——那是他的聲紋。他在製作紀錄片和電視節目時，曾看過這種波紋無數次，但他沒看過他們使用的這個軟體。

兩分鐘後，警察打斷了他，並要他前往下一站採集指紋——而這也是他們要塔依爾去警察局一趟的官方理由。坐在電腦後方的警察要他將每一根手指頭，按壓在一個黑色機器頂部光滑的深色玻璃板上，並滾動指面。如果他滾動得不夠、或按壓得不夠用力，那台機器就會發出刺耳的聲音。最後他來到了最後一站，那個有著奇怪鏡頭的相機正在那裡等著他。

拍完照之後，塔依爾再次想要詢問做這些是為了什麼，但又按捺住了衝動。「別在半路惹上麻煩。」他這樣和自己說。

回到警局外頭，塔依爾看著低斜的太陽從山稜線上灑落光線，接著低頭看了看自己的手表，上頭顯示的時間是下午五點。他們已經在那個地下室待了三個小時。他們全都累壞了。但重要的是，他們成功走了出來。他們還回得了家，可以回到女兒的身邊。至少他們現在是自由的。

在接下來的幾個星期裡，塔依爾注意到有些巴士會停在天山區的便民警務站旁。警察讓一群群維吾爾人（其中大多數是年輕男子）走到巴士門口，再大聲吆喝他們上車。載滿人後巴士便會駛離。起初，每天只會開走幾輛巴士而已，但頻率卻變得愈來愈高。然而過了一陣子，他到處都能看見同樣的場景：巴士日以繼夜地載走人們。長達好幾個星期的時間裡，每個便民警務站似乎每天至少都會送走一輛滿載的巴士。

隨著時間演進，天山區逐漸給人一種荒涼的感覺。塔依爾試著在腦中計算：當時天山區有超過三十個便民警務站，一輛巴士通常可以載大約五十個人，就算只有一半的警務站會每天送走一輛巴士，就算那些巴士沒有載滿，他們在一個月的時間之內也已經送走了超過一萬人。

在習慣使然之下，塔依爾不讓自己去多想，警察會如何利用在那個地下室裡從他身上收集到的資訊。住在中國的任何一個人都很習慣隱私受到侵犯，維吾爾人尤其如此。對無法控制的事情過度擔心是不智，甚至是危險的。但隨著巴士持續把人載離，全新的監控體制也開始到來。政府手上顯然擁有某種名單。如果塔依爾在那份名單裡，警察可以使用任何一通電話、他碰觸到的任何東西，甚至是他留下的幾根細髮來辨識和逮捕他。

最令人不安的，則是警察可以用他的臉進行的事情。臉部辨識科技能將人臉變成像指紋一樣的東西，但有一點非常不同：和指紋相比，臉部的特徵可以從很遠的地方進行掃描。這個辨識技術的基礎技術已經存在很多年了，但新的演算法讓它可以運作得更快、更準確。時至今日，他們可以根據一個擁有數萬人名的黑名單，在幾秒鐘之內自動同時比對數千個監視器和安檢站所拍攝到的臉部，快到可以在人們於城市裡移動時，就同步追蹤他們的足跡。在中國，這些技術可以被連結到身分證的資料庫，而這實際上就是一個擁有超過十億人的數位名單。新的技術進展也讓這個系統更能在不理想的情況下辨識人臉，尤其是當他們有目標對象臉部的3D模型時——而塔依爾在警局地下室時，就讓警方記錄下了這種模型。

接下來的幾個月裡，他們的處境明顯變得愈來愈危險。

第一個警訊在六月底左右出現：塔依爾和瑪爾哈芭發現，他們已經有一個星期，沒聽到他們其中一個最親近的朋友——卡米爾（Kamil）的音訊。卡米爾和他的妻女曾在二〇一六年去過美國，以訪問學者的身分在美國中西部一所大學待過一段時間。隨著新疆政府對維吾爾人的壓迫持續加劇，他當時正猶豫著是否應該尋求政治庇護。美國的朋友和同事都力勸他留在美國，但他在烏魯木齊的兩個學者同事為他提供了擔保；此外，如果他不回國，他們便會受到懲罰。他和妻子後來在二月份回到烏魯木齊，當時也是新的維安體制正在擴大之際。

從那時起，他們兩家人幾乎每天都會聯絡，不是透過文字簡訊，就是透過中國很流行的通訊軟體微信，一旦音訊全無便很容易讓人注意到。瑪爾哈芭用微信傳了一則語音訊息給卡米爾的妻子姆妮蕾（Munire），問她一切是否安好、卡米爾是否在家。姆妮蕾回覆說他不在家，接著就再也沒有回過訊息了。[15]

不安的塔依爾和瑪爾哈芭決定前去探視。他們一到姆妮蕾住的公寓後便問起卡米爾。姆妮蕾將手指靠在嘴唇上，然後指向天花板，再用眼睛看了公寓一圈，示意可能有人正在監聽，接著便將他們帶到樓下的公寓中庭。

到了戶外之後，姆妮蕾開始哭了起來。她一邊啜泣，一邊講述警察幾天前如何出現在卡米爾的辦公室，在沒有任何警告或解釋的情況下便帶走了他。兩天後，他在三個國安人員的陪同之下回到公寓，那三個國安人員對他們的房子進行了徹底的搜查，最後拖走了許多文件，並將卡米爾帶離。隔天卡米爾傳訊息告訴她，國安人員正在將他帶往喀什，請她幫他帶些衣服。卡米爾在國安機構大門口從她手上接下衣物時泣不成聲。國安人員告訴她要相信他們，而且不要聯繫他們詢問卡米爾的案子。從那之後她就再也沒有聽到任何消息。

一股恐懼感襲向塔依爾。他想起自己被送去勞動營時，警察曾抓了他兩個很親近的朋友，訊問了他們好幾天的時間。他猜想，他們這次也會對卡米爾的朋友做一樣的事——不過在當時那樣的環境之下，塔依爾很可能不只會被帶去警局的偵訊室，而是會被直接送去勞動營或監獄。

回到家後，他和瑪爾哈芭針對接下來可能發生的事情討論了一整晚。他挖出了汽車的行照和公寓的房契，和全家所有的銀行卡與密碼一起交給了她。他們達成共識：如果警察過來抓他，她就要把車子和房子賣掉，然後買一間比較便宜的公寓，用剩下的錢維持自己和女兒的生活。「不要聯絡任何人，也不要來找我，」他告訴她。「只要做好你需要做的事情。」如果他沒死，就會去找他們；如果他真的厄運難逃，她反正也無力回天。

他最近也從其他維吾爾人那邊，聽說警察會在夜裡敲門、直接把人從門口帶走的故事。據說有些人被帶走時，身上只穿著內衣。於是他開始會在睡前，在床邊擺著一套暖和的衣服，萬一警

15 卡米爾和妻子姆妮蕾的名字都是假名。

察在夜裡突襲，讓他必須在某個牢房裡過冬，至少還有那套衣服保暖。

幾天後，塔依爾接到了一通來自社區委員會官員的電話。他的心幾乎要從喉嚨裡跳了出來，但他在知道這通來電的用意之後，很快便鬆了一口氣。那名官員希望塔依爾能讓他進到電視製作公司的辦公室裡掃QR碼。今日隨處可見的QR碼是一種二維版本的條碼——中國很早就開始使用這種條碼，人們會用它在社群媒體上加彼此好友，或透過行動支付系統來回轉帳。在新疆，政府則要求所有維吾爾人家庭和公司行號在室內張貼QR碼，以便警察掃描，檢視登記在籍的居民和員工名單。政府人員每天都會前來掃描QR碼，確認他們看到的每個人都在名單上。

於是塔依爾開車前往辦公室，幫那位官員開門；他在掃描QR碼之後便離去了。塔依爾坐下後不久，手機再次響起。這次來電的是警察，而且這次他們的命令讓他心裡一沉：他隔天必須前去警局，繳交全家人的護照。

他回家後說了這件事，當時十五歲的大女兒阿瑟娜聽完便哭了出來。她後來告訴他，那感覺就像是她被人從大樓上推了下來。她一直對便民警務站和不斷受到監控的感覺非常擔憂，也對消失的鄰居家門被警察貼上封條感到不安。她的父母近期已經為全家人拿到了美國旅遊簽證。一想到能逃離這個窒人的地方，就讓她還抱著一點希望。那是唯一能讓日子好過一點的東西。此時她看著這個希望正在離她而去。

塔依爾早已料到這個計畫可能會失敗。瑪爾哈芭一直都對逃離的想法有點猶疑，因為她害怕離開新疆，不想把親戚留下。他們兩人已經歷過許多事情，他們也都相信自己可以在這個新的體制之下、在烏魯木齊生存下來。但看到他們的大女兒陷入憂鬱、原本快樂的模樣被強行奪走之後，塔依爾便決定要設法拿回護照。

於是他一整晚沒睡，開始在網路上搜尋能說服政府的說法。隔天早上太陽升起時，他已經找到了他心目中的解決辦法，但這個方法要成功並不容易——尤其是在共產黨持續收緊管控的時候。

二　靈魂的工程師[1]

那是二〇一七年二月某個晴朗的日子，也是塔依爾和他的家人交出護照的四個月之前，一列載著地方官員的車隊穿過了天山區，在大灣北路一個寧靜的路段停車，那裡距離塔依爾一家人的住處走路不到十分鐘。其中一輛車的後面傳出一個男子宏亮的聲音，他要人趕緊報警。

最先進行回應的警察是來自烏魯木齊TS—〇八一便民警務站；那些警察穿著特警式的黑色制服，帶著手槍和散彈槍，在寒冷的天氣裡迅速出動。一分鐘後，另外兩個站點的警察也趕了過來，分別來自TS—〇六四和TS—〇六六便民警務站。車隊停在西域國際商貿城的批發市場前，商貿城的建築上貼滿夾雜中文、維吾爾文和俄文的廣告，宣傳家電、汽車零件和皮大衣之類的產品。那裡看起來一切正常。街道的另一側則有賣酒的商店夾在蔥油餅店和清真麵館之間，

1　關於維吾爾人和漢人及中國共產黨之間的緊張關係的歷史，請參見我們在第一章列出的書單。

看起來也一切平靜，似乎沒有任何理由需要報警。[2]

一名身材勻稱、年紀稍長的男子從其中一輛車走了出來。他留著一頭不自然的黑髮，頭髮靠左俐落旁分，身上穿著一件帶有假毛領的警用棉夾克，上頭沒有常見的警徽。就這兩方面來說，他和其他數百名中共高階官員沒有什麼區別，他們大多都對染髮和平民風的聚酯纖維外衣情有獨鍾。雖然他看起來就像個典型的官員，但被召集而來的警察都知道他並非等閒之輩。他那張有著高傲顴骨、沉重眼袋的臉龐，總給人一種極度不耐煩的感覺；這張臉已經盤踞在電視和報紙的頭版好幾個星期。就在幾天前，他在烏魯木齊北部一個展覽中心裡，對著一萬名全副武裝的警察、民兵和準軍事部隊成員講話，要求他們摧毀維吾爾分裂主義的「根基與枝椏」，並讓維吾爾「恐怖分子」葬身在「人民戰爭的汪洋大海」之中。[3]

這個人就是新任的新疆黨委書記：陳全國。

早在被調到烏魯木齊之前，陳全國便以兇狠聞名。不論在工作上，還是他個人的衣裝打扮，似乎都顯露出他不屑於浪費力氣的性格。他在公開露面的影片裡，無一例外地都是站著不動；無論是講話，還是觀看舞蹈表演，他都會將雙手放在腰部前方，用左手握住右手。只有在孩子面前，他才會以祖父一般的溫暖神情擠出微笑，但眼神依舊冷酷。

陳全國的舉止，反映了幾十年來他在一條碎石路上爬行的人生經歷。他和習近平及中國政界高層許多其他老革命的後代不同，並沒有顯赫的家世背景，父母是河南中部山區平輿縣的農民。

他出生於一九五五年，當時這個國家正在經歷毛澤東災難性的大躍進時期。他在十八歲時離家加入人民解放軍，在軍中擔任砲兵，並在一九七六年，也就是他二十二歲的時候成為中共黨員，當時文化大革命已經快要結束了。中國政府在兩年後重新開啟大學，他考入了鄭州大學的經濟系，然後回到平輿擔任黨職，管理一個地方上的公社。從那以後他便平步青雲，並於三十三歲在平輿附近的遂平縣首次取得黨委書記這個職位。這個任命讓他成為後毛澤東時代裡河南省年紀最輕的縣委書記。[4]

他搬到烏魯木齊時，剛結束二〇一一至二〇一六年西藏自治區委書記的任期；在那段期間，絕望的佛教僧侶曾發起新一波抗議活動，想對抗北京的高壓統治，而陳全國則協助振壓了這波抗議活動。他在西藏取得的成功，有部分是因為他大幅縮短了警方回應抗議活動的時間。抵達烏魯

2 關於這個場景的細節，可參見〈新疆書記暗訪維穩工作：報警後警察五十四秒趕到現場〉，《新疆日報》，二〇一七年二月二十一日，https://news.sohu.com/20170222/n481360658.shtml。

3 根據天山網〈新疆舉行反恐維穩誓師大會王寧陳全國講話〉裡的引述，二〇一七年二月二十八日，http://news.sina.com.cn/c/nd/2017-02-28/doc-ifyavvsk3799160.shtml。

4 關於陳全國的背景故事，我們主要參考Peter Martin的“The Architect of China's Muslim Camps Is a Rising Star Under Xi,” Bloomberg News, Sept. 28, 2018，以及Martin在搭配這篇報導的一篇推特文章裡的清單：Peter Martin, @PeterMartin_PCM, “If one individual sums up the values gap between a rising China and the West, it may be Xinjiang Party boss, Chen Quanguo,” Twitter, Sept. 27, 2018, 8:45 p.m., https://twitter.com/PeterMartin_PCM/status/1045474636522291200。

木齊後，他也在第一時間於新疆推出了類似的措施。他很快便開始進行抽查，測量警察回應緊急事件所需的時間。二月那天在大灣北路的結果表明，他所實施的新制度已經運作良好。

在銀行搶案的電影裡，警察總有辦法在搶匪衝進汽車、準備逃跑的時候出現。但在真實世界裡，警察總是慢得多。史丹佛大學（Stanford University）的一位研究人員比較二〇一五年和二〇一六年美國五十七個城市的數據後發現，警方對最高層級的緊急呼叫，平均需要將近二十五分鐘才能抵達現場[5]。根據二〇一九年「居家安全網站」（ASecureLife.com）的一項研究顯示，德州休士頓（面積與烏魯木齊差不多大）警察的回應速度在全美名列前茅，平均能在不到六分鐘內抵達緊急事件的現場。烏魯木齊的警察則完全是另一個層級：根據陳全國的手表，即使是那兩個比較慢的單位，也都能在不到兩分鐘抵達現場。與此同時，TS—〇八一的警察們則是在五十四秒之內抵達，簡直是好萊塢電影的級別。

即便如此，陳全國依然認為他們可以再更快一些。中共控制的報紙《新疆日報》（*Xinjiang Daily*）引用了他的說法：「關鍵力量抵達的時間每縮短一秒，公共安全就能提高一個級別。」[6]陳全國並沒有說明他指的究竟是哪一種「公共」，不過很少有閱讀這篇報導的維吾爾人會認為，他最心繫的是他們的安全。

新疆的安全機制還可以怎麼樣變得更有效率？由於中共對數據的預測能力愈來愈著迷，陳全國和他的反恐專家團隊也據此給出了一個簡單的答案：他們需要在威脅出現之前，就先消滅威脅。

陳全國對警察進行反應測試的當時，中共認為自己在新疆的統治遇到了危機。在中共看來，這個危機的成因是民族主義情緒（尤其是維吾爾人的），和從國外輸入的極端宗教思想結合在了一起。北京認為，這是一種隨時能導致危機爆發的組合。

激進伊斯蘭教對新疆的影響，某程度上是種自我實現的預言。在二〇〇一年之前，中國領導人認為新疆的問題主要是民族關係緊張的產物——至少在某程度上，維吾爾維權人士也能認同這種觀點。但九一一攻擊事件發生後，這種情況開始出現了變化。中共抓住了以美國為首的全球反恐戰爭的契機，將他們和維吾爾人的對抗，重新包裝成是在打擊恐怖主義和宗教極端主義。雖然中共或多或少延續了過去管理新疆的方式，鎮壓主要針對的是維吾爾人的政治目的，但在表面上，他們把任何公開的衝突都歸咎於宗教極端主義。

維吾爾人對自治的渴望，起初和激進伊斯蘭教幾乎沒有關係。在新疆現代史上的大部分時

5 Daniel S. Bennet, "Police Response Times to Calls for Service: Fragmentation, Community Characteristics, and Efficiency," Stanford University, Nov. 2018, https://www.hoplofobia.info/wp-content/uploads/2015/08/2018-Police-Response-Times-to-Calls-for-Service.pdf.

6 〈新疆書記暗訪維穩工作：報警後警察五十四秒趕到現場〉。

間裡，所盛行的穆斯林傳統，都和瓦哈比教派（Wahhabism），以及其他滋生中東和中亞恐怖組織的基本教義派幾乎沒有相似之處。雖然維吾爾人一般會避吃豬肉，卻不太在意教義對酒類的禁令。即使是在低潮時期，維吾爾人聚會所散發出的欣喜氣氛，都和基本教義派充滿約束的文化很不一樣。中國官方的媒體也很樂於適時利用這種活力，播放維吾爾人跳舞的影片，以此證明黨的政策讓少數民族很滿足自己的生活。

由於新疆地方政府持續對維吾爾人以暴力方式來表達挫敗情緒的行為（包括二〇〇九年的烏魯木齊騷亂）貼上恐怖主義的標籤，維吾爾年輕人也開始尋找不同於中國和共產黨的身分認同，以此來進行抵抗。許多人開始使用社群媒體探索伊斯蘭教的不同教派，還有些人在網路上追蹤外國的伊瑪目（**譯按：Imam，伊斯蘭世界裡重要的宗教領袖或教長**）。[7] 政府的持續鎮壓，也導致愈來愈多維吾爾人在伊斯蘭教中尋求慰藉，包括一些過去在新疆幾乎沒有吸引力的極端薩拉菲派（Salafist）的教義。到了二〇一二年習近平掌權時，宗教狂熱在維吾爾人的抵抗行動中發揮了更重要的作用，儘管針對這個現象，北京要負起的責任和它所指責的任何一個外國恐怖組織相比，恐怕都沒有比較少。

新疆的宗教抵抗和民族抵抗的交織，對中共來說不只是意識形態的問題而已，也是個很實際的問題。新疆的位置雖然偏遠，卻位處習近平最重視的外交政策理念——「一帶一路」的核心。這個倡議是一項價值數兆美元的全球基礎建設計畫，企圖重振舊絲路時代的貿易體系，並讓中國重新成為國際商貿的經濟核心。該計畫的其中一個目標，是透過鐵路網將中國商品經由中亞輸送到中東和歐洲，而這個鐵路網和絲路的商隊一樣，也將會穿越新疆的山口。一旦維吾爾人起義反抗，可能就會破壞這些計畫和數十億美元的投資，並讓中共在國外（以及更糟地，在國內）給人一種軟弱的形象。

中共幾乎是馬上就嘗到了這個噩夢的滋味。二〇一三年九月，習近平在出訪與新疆接壤的哈薩克期間，宣布了「一帶一路」這個倡議。到了十月，一輛休旅車便在北京市中心衝過路肩、撞向人群，然後在天安門的毛澤東畫像前起火燃燒。黑色的煙霧在天安門廣場（那是全中國戒備最森嚴的地方之一）前直衝雲霄，讓人們看得目瞪口呆。警方後來證實，這輛休旅車的乘客是來自新疆的一家人，並認定這起事件是一場自殺式攻擊。到了隔年三月，位於中國西南部的昆明的火車站外，有八個維吾爾人手持長刀在擁擠的旅客之中見人就砍，造成二十九名平民死亡，還有一百四十三人受傷。這起事件之後，新疆境內又發生了其他起攻擊事件。

二〇一四年四月，習近平在新疆進行為期四天的視察。根據官媒報導，他當時巡視了警察局，並滿意地看著架上放置的防暴武器。根據後來洩露給《紐約時報》（*The New York Times*）的

7　戴倫・拜勒曾在"Ghost World," Logic, May 1, 2019中花了不少篇幅描述這個現象。

機密文件，他曾命令當地官員和警察在與分離主義分子打交道時「絕不手軟」。[8]他在最後一天會見了烏魯木齊的官員，並警告他們注意極端宗教思想帶來的危害。數小時後，兩名維吾爾人分裂分子在烏魯木齊火車站外發動了自殺式的炸彈襲擊，造成一人死亡、數十人受傷。

這些攻擊很快便成了羅夏克墨跡測驗（譯按：Rorschach test，一種讓受試者觀看墨跡，再詢問受試者覺得墨跡像什麼，藉此判斷受試者性格的心理測驗）。對於中共的領導層和許多漢族人來說，這些暴力事件再一次證明了極端伊斯蘭教對維吾爾人的不良影響。北京休旅車襲擊事件發生後不久，分布在中亞和中東的維吾爾聖戰組織突厥斯坦伊斯蘭黨（Turkestan Islamic Party），在網路上發布了一段影片讚揚這起事件。警方的報告指出，他們在休旅車內發現了汽油、兩把刀和鋼棍，「還有一面帶有極端主義宗教內容的旗幟。」

研究新疆的西方學者、流亡維吾爾人，以及在新疆活動的記者，都傾向將這些襲擊視為數十年來，維吾爾人對中共的新疆政策所累積的憤怒情緒和挫敗感的結晶。由於新疆的狀況不夠公開透明，當局又經常騷擾記者，因此我們很難辨別真相為何，但現有的證據都表明，中共對暴力事件負有最根本的責任。

有獨立研究指出，在攻擊事件發生前，只有一小部分的維吾爾人會將他們在新疆的抗爭行為視為聖戰。然而很多案例都表明，維吾爾人對嚴格的維安措施、針對一般宗教活動的限制、有利於漢人商業利益的政策、自然資源的開採，以及他們在日常生活中不斷遭漢人種族歧視的現象，都感到非常憤怒。

此外，對政府看法持疑的人也指出，突厥斯坦伊斯蘭黨從未真正聲明要對北京的休旅車攻擊事件負起責任。與此同時，這起事件的犯案者由丈夫、妻子和母親組成，也不符合恐怖分子的典型樣貌。正如人類學家肖恩・羅伯茨（Sean Roberts）所述，與其說北京的這起攻擊事件和其他類似的事件，是有組織的一場運動的產物，還不如說它們反映了「維吾爾人內部的沮喪和憤怒情緒有多麼普遍」。[9]

一些中共菁英過去曾提醒，在新疆採取強硬路線將會適得其反，並主張政策應該更關注經濟發展。習近平已故的父親就是一個例子。一九八五年，時任中共中央政治局委員的習仲勳，在管理包括新疆在內的宗教和民族問題長達數十年之後，發表了一份有力的聲明，支持更加開放的政策。「回顧歷史，無數事實都證明，在處理宗教問題上，我們的政策愈是嚴格和不靈活，實際

---

8 Austin Ramzy and Chris Buckley, "'Absolutely No Mercy': Leaked Files Expose How China Organized Mass Detentions of Muslims," *The New York Times*, Nov. 16, 2019.

9 Sean R. Roberts在*The War on the Uyghurs: China's Internal Campaign Against a Muslim Minority* (Princeton: Princeton University Press, 2020)中提及了暴力事件的不斷增加：「然而，這些現象並沒有顯示出中國維吾爾族群內部存在組織性的『恐怖主義威脅』，和突厥斯坦伊斯蘭黨或其他任何國際聖戰組織有關的威脅就更不用說了。事實上，這些事件幾乎全部都帶有地方性，其動機和目的和當地的狀況有關。」

上就愈是在打壓宗教，事與願違、適得其反的結果就會發生，」習仲勳說。「不僅不可能在政策和法律允許的範圍內引導活動，反而還會使活動偏離正常軌道，甚至讓別有用心的人利用這種狀況。」[10]

或許是因為和父親的想法不同，或許是因為認為時代不同了，習近平最後選擇了強硬的路線。從烏魯木齊回到北京後，他將宗教極端主義比喻為吸毒，並警告說這個問題如果沒有解決，便會在全中國產生漣漪效應。他曾在一次關於新疆政策的高層會議上，下令發動一場針對恐怖主義的新的「人民戰爭」，將維吾爾人的心理視為戰場，並將激進伊斯蘭教視為武器精良、只能用武力降伏的敵人。「人民民主專政的武器必須毫不猶豫、毫不動搖地揮舞起來[11]，」他說。

回顧過去，有點令人驚訝的是，習近平曾指出，中國不應該在新疆掃除、限制伊斯蘭教，還認為這種建議「帶有偏見，甚至是錯誤的」。當時他可能還一直想到自己的父親，或者一直在嘗試減少政策造成的傷害。那些攻擊事件在漢人之間掀起了一股仇視伊斯蘭教的浪潮；漢人揚言要包圍回族穆斯林，雖然回族在文化上其實比維吾爾人更接近漢族，也更願意接受中共的統治。習近平也可能只是在嘴巴上支持政府的宗教寬容政策而已，儘管每當記者或外交人員拿出宗教迫害的證據時，中國官員都會引用這個政策作為回應。

但無論如何，負責啟動這場新戰爭的官員身上，似乎都看不到這種宗教寬容的態度。二〇一四年，新疆政府發起了一場「去極端化」運動，整頓的目標不是極端主義活動，而是一般的伊斯蘭習俗。在這場運動的幾年前，新疆政府也曾發起一項名為「靚麗工程」的運動，鼓勵維吾爾婦女摘下頭巾和面紗，「讓漂亮臉蛋露出來，讓美麗頭髮飄起來」[12]。新疆政府也曾針對蓄長鬍的年輕男子發起類似的活動。這兩項訴求現在都被寫入了法律。與此同時，安全部門還草擬了一部新的反恐法，並由立法機構蓋上了橡皮圖章，擴大恐怖主義活動的定義，將試圖分裂國家的「思想、言論或行為」都涵蓋在內。

一年後，攻擊事件的發生次數急遽下降——至少從被公開報導的事件來看。但官員們抱怨道，成千上萬的維吾爾人正在祕密透過鐵路系統逃離中國，加入了國外的恐怖組織。從二〇〇九年起，確實有大量維吾爾人逃離了新疆，多數走的路線都是途經東南亞。有些人在泰國被逮獲之後被遣返回中國，有些則是成功抵達了土耳其。美聯社（Associated Press）後來證實，曾有數千名維吾爾人成功前往敘利亞，和突厥斯坦伊斯蘭黨一起受訓，並和蓋達組織（al-Qaeda）攜手對抗敘利亞總統巴夏爾・阿塞德（Bashar al-Assad）。美聯社進行的採訪指出，大多數在敘利亞作

---

10 Xi Zhongxun, quoted in Joseph Torigian, "What Xi Jinping Learned — and Didn't Learn — from His Father About Xinjiang," *The Diplomat*, Nov. 16, 2019.

11 Ramzy and Buckley, "'Absolutely No Mercy.'"

12 Timothy Grose, "Beautifying Uyghur Bodies: Fashion, 'Modernity,' and State Power in the Tarim Basin," Contemporary China Centre blog, University of Westminster, Oct. 11, 2019.

戰的維吾爾人都是在土耳其招募來的，他們對全球聖戰，甚至對敘利亞內戰的結果都沒有興趣。他們的關注仍是中國共產黨。「我們不在乎這場戰爭進行得如何，也不在乎阿塞德是誰，」一位在二〇〇九年的鎮壓行動後逃離新疆的前維吾爾士兵如此告訴美聯社。「我們只想學習如何使用這些武器，然後再回到中國。」[13]

中共的領導人認為，是時候採用新的方法了。當時的新疆政府已經悄悄試驗了好幾年，將一些反政府的維吾爾人送到專門的設施，讓他們在那裡接受心理療程；這些心理療程之前曾被用於幫助吸毒者戒毒、矯正極端宗教運動的成員。[14]這些設施的研究人員和官員表示，試驗的初期成果相當不錯。與此同時，北京的科技公司也在開發新的工具，用來自動追蹤大量人員（比如透過臉部辨識技術）、處理數據，從而預測哪些人最有可能製造麻煩。政府開始考慮將這兩項計畫結合在一起，藉此重新打造維吾爾社群，讓它能更契合中共的議程。他們找到了一個理想的人選來領導這個計畫——這個人便是陳全國。

陳全國之所以能躋身中共高層，就是因為他是中共黨內最能有效消除意識形態威脅的人。早在近二十年前，他就已經開始在河南扮演這個角色。

河南是一個橫跨黃河兩岸的炎熱內陸省分，其所在的位置，一般被認為是孕育中華文明的搖籃。從西元二十五年起，那裡曾作為漢朝的權力中心長達兩百年的時間。然而在陳全國所處的時代裡，河南早已失去了昔日的光輝。在中國，河南被視為貧窮的地區，也是孕育宗教的溫床。陳全國在河南任官期間，該地便是大量法輪功信徒的來源地。法輪功是一種在中國頗為流行的宗教運動，將動作緩慢的氣功，與佛道兩教關於修德和輪迴的信仰結合在一起。一九九九年，法輪功的一萬多名成員曾在北京包圍中央政府，尋求國家承認，讓中國的領導人物猝不及防。作為對這起事件的回應，中共開始在全國各地發起了鎮壓行動。

鎮壓行動落在了當時已是高階官員的陳全國肩上，於是他主持了焚燒法輪功書籍和CD的活動。後來他也曾協助肅清、強制再教育那些不聽話的地方黨員。[15]在此期間，河南成了全中國最熱中於建造所謂「再教育營」的省分，舉凡法輪功成員、未成年罪犯、政治異議者，和其他在共產黨眼裡不受歡迎的人，都可以在未經審判的情況下被送往那裡長達四年的時間。法輪功信徒

13 Gerry Shih, "Uighurs Fighting in Syria Take Aim at China," Associated Press, Dec. 23, 2017.

14 Adrian Zenz, "New Evidence for China's Political Re-education Campaign in Xinjiang," China Brief (Jamestown Foundation) 18, no. 10 (May 15, 2018).

15 Chun Han Wong, "China's Hard Edge: The Leader of Beijing's Muslim Crackdown Gains Influence," *The Wall Street Journal*, Apr. 7, 2019.

必須接受一種被稱為「教育改造」（塔依爾．哈穆特後來在烏魯木齊的數據收集表上也看到了這個詞彙）的新程序，被迫唱愛國歌曲、觀看宣傳影片，並在酷刑的威脅之下放棄宗教信仰。

二〇一一年，陳全國被拔擢為西藏的黨委書記。事後證明，他在拉薩與宗教異議者對抗的經驗非常寶貴。沒有人比藏傳佛教的流亡領袖達賴喇嘛更能破壞中共的國際形象，他如搖滾巨星一般的名聲，讓西藏獨立在全世界成為一件備受矚目的訴求。達賴喇嘛曾在多年前放棄西藏獨立的訴求，改為主張西藏應爭取更大程度的自治，但他鼓勵人們進行的非暴力抵抗運動，卻在近期演變成令人不安的新樣貌。

為了抗議政府對藏人宗教、語言和生活方式的限制，中國境內至少有十多名藏人（其中多數是年輕的僧侶和尼姑）於二〇一〇年（也就是陳全國到來的前一年）自焚。他們仍在悶燒的遺體的照片傳遍了世界各地，對中國的形象造成了很大的破壞。中共對此似乎束手無策。西藏幅員遼闊，居民散布在由蜿蜒道路連結的城鎮和村莊裡，在這些村鎮之間移動可能需要好幾個小時，有時甚至要好幾天。等西藏當局抵達自焚地點時通常為時已晚，火苗早已點燃，而智慧型手機拍攝的影片也早已傳到了網路上。

陳全國馬上就展開了改革。他並沒有讓警察聚集在大型、中心化的警察局裡，而是建立規模較小的站點，並將它們散布於整個西藏地區，這也是後來塔依爾住家附近冒出的便民警務局的前身。這些站點使用「網格式的管理模式」，亦即一種將社區劃分成好幾塊，以便進行監控的作法。[16]各個站點會連接上監視器網絡，讓警察可以追蹤可能試圖自焚的藏人，並在藏人自焚時迅速使用滅火器撲滅火勢。接著他們就可以審問存活下來的自焚者，取得其他可能懷有類似計畫者的名字。

陳全國來到西藏的那年，自焚的藏人達八十多個，到了第二年，自焚人數下降至不到三十人，第三年更下降到十一人，再隔年是七人，此後便一直保持在個位數。二〇一二年，陳全國曾在官媒記者的陪同下遊覽拉薩，當時他得意洋洋地向某個當地店主誇讚他所提倡的價值觀。「便民警務站是人民的守護天使。」他如此說道。陳全國厚臉皮地將一般市民的利益與共產黨的利益混為一談，但對他來說無所謂。反正他的目標受眾在北京，而且他們很快就會理解這種做法的意義。

二〇一六年八月，隨著西藏已被牢牢控制住，中共領導層任命陳全國負責管理新疆。這個職務任命標誌著一個里程碑：共產黨掌權近七十年來，從來沒有哪個官員，曾在中國西部的這兩個偏遠地區都擔任過最高領導人。陳全國於烏魯木齊到任後沒多久，在概述其政策方針的演講中承諾，他會「把維穩工作放在第一順位」。這意味他將「及早、迅速和徹底地拘留〔嫌犯〕」。他還

16 Adrian Zenz and James Leibold, "Xinjiang's Rapidly Evolving Security State," *China Brief* (Jamestown Foundation) 17, no. 4 (Mar. 14, 2017).

呼籲採取更複雜的控制措施，讓政府能「在棋盤上做出合適的強制行動」[17]。

陳全國並沒有浪費太多時間。他在上任後的頭四個月裡，便建立了四千九百個便民警務站（以人均數量來看，新疆的派出所數量是芝加哥的二十倍），其中絕大多數位於維吾爾人的社區。接下來的一年半裡，他又下令建造了至少兩千八百座便民警務站。[18]每個警務站都會連上一個監視攝影機的網絡，並連接警務站附近的公司行號裡的塑膠警報按鈕；只要看到可疑行為，那些公司行號的老闆就可以按下按鈕通報。很快地，當地警察回應報案的速度提升至前所未見的水準。

與此同時，陳全國也已經開始進行數據收集工作，而這至少在理論上，也會讓警察回應報案的速度變得不再重要。

我們經常能在歷史上看到這樣的例子：即使是出於中性或正向目的所收集到的數據，事後也可能會被用於不幸，有時甚至非常可怕的目的上。歐洲於二十世紀初進行的人口普查，曾要求人們標注自己的宗教信仰，然而這些資料後來卻讓納粹的親衛隊（Schutzstaffel，簡稱SS），可以在他們於二戰期間占領的每個國家裡，找出主要的猶太人社群。美國於一九四〇年進行的人口普查，是截至當時美國最具企圖心、範圍最廣的一次，卻在兩年過後協助美國政府辨識日裔居民，讓政府可以將他們送往二戰拘留營。

陳全國於二〇一七年在新疆發起的調查工作，反映了人們對數據控制社會的力量的理解是如何演變的。美國和歐洲政府於二十世紀上半葉進行的人口普查非常廣泛，被設計來使用在各種用途上。但陳全國的目標只有一個：預測哪些人最有可能對黨的利益構成威脅。

陳全國開始在城市裡分發數據收集表格，也就是警察交給塔依爾的那種。鄉村地區的工作則比較困難、也更加緊迫，因為抗拒中共的最強大力量就來自鄉村地區。陳全國曾在西藏下令，要求一批批城裡的黨員到農村暫住，在那裡傳達政府指令，並進行「感恩教育」，教導當地人珍惜共產黨統治下的生活。早在陳全國上任之前，新疆就已經開始複製這種政策，而他上任後則修改了作法，讓下鄉的人收集關於村民的資訊。他派出超過一百萬人散布在新疆的農村地區，其中多數為漢人，他們會帶著電熱水壺或食用油這類禮物，不請自來地進入維吾爾族和哈薩克族的家中，稱呼自己是「大哥」或「大姊」。

17 參見《新疆日報》，〈堅決貫徹以習近平同志委書記的黨中央治疆方略緊緊圍繞社會穩定和長治久安總目標推進各項工作〉，二〇一六年九月十八日，http://cpc.people.com.cn/n1/2016/0918/c117005-28721669.html。

18 Wong, "China's Hard Edge."

華盛頓大學人類學家戴倫．拜勒（Darren Byler）在調查「家庭」探訪計畫的過程中，發現了一本指導「親戚」如何在喀什地區探訪的手冊。這本手冊的開頭，是一套非常基本，大部分內容都不證自明的指南，教導使用者如何展開拜訪；這本手冊之所以要收錄這些指南，原因就是漢族官員在與維吾爾家庭互動時，不時會表現出鄙夷的態度。手冊開頭的守則包括：

一、進門要先敲門。
二、見到人要打招呼。
三、進門時要有禮貌。
四、舉止得體。
五、抱抱孩子。
六、尊敬老人。
七、用雙手接東西。
八、上菜後說謝謝。
九、避免強迫他們做任何事。
十、離開時要說再見。

這些黨員的任務是收集資訊（亦即塔依爾填寫的那種表格所詢問的資訊），但政府也鼓勵黨員尋找分離主義傾向的各種跡象。這份手冊要求他們不要直接進入訊問的環節，而是要在交談時自然而然地插入相關的問題，而且也不要預期只拜訪過一、兩次，就能讓一個家庭透露他們的真實想法。手冊還鼓勵大哥、大姊們多留意可能反映問題的跡象，比如某個家庭成員看起來有點慌亂或在逃避對話、家門外停著不屬於該家庭的車輛、房裡的物品「明顯不符合」他們的收入和社會地位、家中放著很多刀或斧頭、對一般的電視節目不感興趣，或是使用宗教裝飾等。這份指南也建議，可以在孩子玩遊戲的時候向他們提問，因為「孩子們不會說謊」。

有些下鄉黨員使用的方法，並沒有被列入手冊裡。有些參與者後來告訴拜勒，如果他們認為正在和某個特別狡猾的家庭打交道，可能就會試探家庭成員，誘導他們透露自己的真實感受。比如會對丈夫遞上香菸或啤酒、對不同性別的家庭成員伸手進行問候（這在維吾爾社群裡是個大忌），或帶絞肉來建議大家一起包餃子。如果該家庭不收下啤酒、拒絕伸出手，或詢問絞肉是不是清真食品，就會被標記為心態不健康、過於傳統。「所有這些都是重要的證據，」拜勒寫道。「所有蛛絲馬跡都會被記錄下來。」[19]

19 Darren Byler, "China's Government Has Ordered a Million Citizens to Occupy Uighur Homes. Here's What They Think They're Doing," China-File, The Asia Society, Oct. 24, 2018.

一旦收集到情報，警方便需要一種可以將情報變成武器的方法。於是陳全國開始尋求「一體化聯合作戰平台」（Integrated Joint Operations Platform）的協助。

這個平台曾於二〇一五年短暫出現在公眾視野裡，當時中國最大的國有軍事承包商之一，亦即中國電子科技集團公司（CETC，簡稱中電科）的總工程師告訴彭博社（Bloomberg News），該公司正在建立一個「統一的訊息環境」，藉此繪製恐怖分子嫌犯的肖像，並向警方報告異常行為。[20]許多年以後，人權組織「人權觀察」（Human Rights Watch）透過政府和公司的文件發現，新疆使用的數據管理平台，就是由中電科的子公司提供給當地警方，而且基本上就是當年工程師對彭博社描述的那個恐怖分子預測系統。[21]

中國借鑑了美軍「一體化聯合作戰」（integrated joint operations）的概念。美國的軍事指揮官於二〇〇〇年代初期，將注意力從冷戰轉移到了反恐戰爭上，開發出讓不同部隊協同作戰的新方法，以應對美軍在伊拉克和阿富汗遇到的更靈活、更難以預測的敵人。在討論現代戰爭時，美國和中國的軍事專家都會提到「C4ISR」這個令人費解的詞組，也就是「指揮、管制、通訊、資訊、情報、監視和偵察」幾個詞彙的縮寫。這個詞組，指的是將決策者（也就是軍事術語中的「命令和控制」）與通訊設備、高性能電腦、情報收集，以及數位監控和偵察連結在一起的「系統體系」（system-of-systems），形成一個單一、高效，可以用來對抗暴亂的機制。中電科在新疆的平台也採用了相同的概念：從該地區收集到的大量監控數據，以及透過人員收集來的情報，將會流入一個中心化的數據庫，而警察和官員則可以使用這個數據庫來辨別潛在威脅。

根據政府的採購公告，新疆警方於二〇一六年八月開始安裝這個平台，也就是陳全國在新疆到任的那個月份。人權觀察曾對警方用來和該平台互動的一款智慧型手機應用程式進行逆向工程（**reverse-engineer**），發現那些數據不只來自監視攝影機和真人進行的情報收集。舉凡來自安檢站、社區訪客管理中心、用來偵測智慧型手機和電腦唯一識別碼（**unique ID numbers**）的**Wi-Fi**「嗅探器」（**Wi-Fi "sniffers"**）的資訊，以及關於郵件投遞、用電和去加油站加油的紀錄，也都會流入這個平台。這個應用程式也鼓勵警察手動收集資訊，記錄遇到對象的車牌號碼、銀行帳戶、家庭成員的姓名和身分證號碼，以及社群媒體帳號，並留意他們的手機裡是否有「可疑」的軟體。[22]所有這些資料，都和生物識別標記有關，而烏魯木齊警方在那個地下室裡對塔依爾和瑪爾哈芭所採集到的資料，就是其中一個例子。

該平台就像一個黑盒子，沒有人知道它究竟是如何處理那些海量數據的，但它最重要的功能之一，是根據每個人對社會秩序構成的威脅程度來進行排名。二〇一九年，「國際調查記者同

20 Shai Oster, "China Tries Its Hand at Precrime," Bloomberg News, Mar. 3, 2016.
21 "China: Big Data Fuels Crackdown in Minority Region," Human Rights Watch, Feb. 26, 2018.
22 "China's Algorithms of Repression: Reverse Engineering a Xinjiang Police Mass Surveillance App," Human Rights Watch, May 1, 2019.

盟」（International Consortium of Investigative Journalists）取得一份新疆警方的內部通知，該通知顯示，該平台曾於兩年前的夏天，在一個星期內製作出一份名單，列出超過兩萬四千名「可疑人員」。在反恐的脈絡中，其中一些人之所以可疑的原因，至少從表面上看似乎頗為合理。這些原因包括：冒用身分證、傳播瓦哈比教派思想，以及知道如何製造炸彈。但也有些原因顯得不太公平，甚至有點武斷，比如：「熱情地」為清真寺募款、遷出或遷入某個地方、離家很長一段時間之後返家、從國外回來、與外國人有聯繫，以及「無緣無故不願享受惠民政策，或不參加政府或黨組織的活動。」[23]

當可疑人員名單上的某個人通過安檢站時，該平台便會透過應用程式向附近的警察發送以顏色分類的警報。針對可疑程度較低的人員（比如被拘留者的親屬），應用程式會發出黃色警報，提示警方阻擋該人員、收集更多訊息，或將他們留待審訊。可疑程度較高的人（比如曾因參與二〇〇九年烏魯木齊騷亂而入獄的人）則會觸發紅色警報，立即遭到拘留。[24]

如果黨的唯一目標是要預防恐怖主義，那麼這些做法基本上不會奏效。數據科學家的研究表明，想要以合理的準確性預測恐怖攻擊，幾乎是一件不可能的事情[25]，原因是即便在極端思想盛行的地區，也只有一小部分人（不到百分之一）會跨越紅線，完全投身恐怖主義。所有基於如此少量數據的演算法預測工具，都注定會失敗。恐怖主義相關活動的數據（也就是新疆的平台被用來收集的數據）並不能解決問題，無論這些數據的數量有多大。「你需要酵母才能製作麵包，」

一位反恐專家在回應中電科宣稱他們可以進行預測的說法時，如此告訴彭博社。「添加再多的麵粉，都無法彌補酵母不足這件事。」

然而我們很快就會發現，陳全國想做的，不只是預測恐怖攻擊而已。

要了解陳全國的計畫，我們必須先短暫回到二〇一五年：當時新疆的地方官員啟動了一項試點計畫，將為了改造法輪功成員而發展出來的策略，也用在抵抗政府的維吾爾人身上。

官員們並沒有把激進的維吾爾人送進監獄，而是召來那些被國家認可的宗教領袖，與他們會面。官員們說，透過結合宗教教育和心理諮商的方式，宗教領袖能向他們的目標灌輸對伊斯蘭教、法律和愛國主義的正確理解，被改造的人最後會依據中國憲法進行宣誓，同意國家優先於宗教群體。

23 "The China Cables," International Consortium of Investigative Journalists, Nov. 24, 2019.
24 Yael Grauer, "Revealed: Massive Chinese Police Database," The Intercept, Jan. 29, 2021.
25 Javier Parra-Arnau and Claude Castelluccia, "On the Cost-Effectiveness of Mass Surveillance," *IEEE Access* 6 (2018): 46538–46557.

這個實驗非常成功：鳳凰新媒體這個總部位於北京的新聞機構，還在一個關於新疆的系列節目中，對這項實驗進行專題報導。這則報導不時穿插維吾爾人微笑和跳舞的庫存照片，並引述一位官員的說法：他對僅僅二十天的會面能取得如此大的成就表示非常驚嘆。他還說，一些人在知道了近期發生的暴力攻擊事件之後便「當場淚流滿面，意識到極端思想把他們變成了什麼樣的人。」

新疆官員開始建造專門的「再教育營」，藉此對他們眼裡特別狂熱的穆斯林進行改造。陳全國於二〇一六年底到任的當時，有些再教育營已經落成，而陳全國則進一步擴大了這些設施的建造計畫。到了隔年春天，新疆各地的城鎮和村莊都在以瘋狂的速度建造新的再教育營。根據政府的招標和預算文件，這些營區在第一年裡的翻新和建設費用就超過一億美元。[26]

後來的政府文件也顯示，監控平台和建設熱潮之間存在明確的連結。在國際調查記者同盟所取得的那份警方內部通知，也就是在二〇一七年夏天的那個星期裡被標記為可疑人物的兩萬四千人裡，有三分之二曾被警方拘留。其中有數百人遭到正式逮捕，並被送進監獄裡服刑，還有一萬五千人被送往陳全國新建的其中一個設施。

有些設施的建造計畫，是用新的安全圍欄和監視器系統來改造職業學校。還有些設施則是完全新建，彷彿是一夜之間就在農村地區和城郊拔地而起。這些設施在投標文件中被稱為「職業技能教育培訓中心」，但建造單位卻不是教育局。那些採購公告都來自警察和司法部門，也就是負責國家安全的機構。

到了二〇一七年下半年，隨著居住在海外的維吾爾人開始轉述親人被帶走的傳聞，關於這些設施的消息，也開始在中國境外流傳開來。中國官員起初否認這些設施的存在。但隨著維吾爾人失蹤的報導激增，政府也開始將那些設施形容為職業寄宿學校，「被煽動、被脅迫或被引誘去參與恐怖主義或極端主義活動」的人，以及「構成真實危險，但沒有實際造成傷害的人」，都會獲邀前去學習漢語和新技能，藉此改善他們的生活。官員們說參加課程的人都是自願的。

然而我們在二〇一七年底發現的一個設施，卻表明事實並非如此。該設施位於喀什郊區一條樹木扶疏的泥土路上，在該年早些時候提交給承包商的計畫中，該設施被稱為「法制教育中心」。從外觀看來，它不像我們見過的任何一所學校。營區的各個角落都設有監視塔，監視塔之間則是高約六公尺、漆成白色的圍牆，圍牆頂部設有附銳利刀片的鐵絲網。圍牆內的園區，有三排長得一模一樣的白色建築，每棟都有四層樓高，還裝設了鐵窗。中央大門的寬度能讓一輛大客車通過，而入口的左手邊，則有一個閃著紅白藍三色燈的小警察局。手持散彈槍的警察在外頭一

26　這個數字是學者亞德良．岑茨於二〇一八年估算出來的，並和我們該年從新疆政府網站和線上文件中收集到的六十五個縣級政府部門預算資料進行過交叉確認。這些資料的原始出處，有許多都已經無法取用。

邊踱步，一邊盯著聚在馬路對面、想詢問家人行蹤的維吾爾人。[27]

入口右側的牆上用紅色的粗體字寫著：「各族人民像石榴籽一樣緊緊抱在一起。」石榴是一種紅寶石色的水果，一團團種子之中藏著深紅色的汁液，這種水果被共產黨用來象徵（他們希望看到的）新疆的和諧社會。然而在那個設施外頭，石榴卻像是一個更暗黑的隱喻，讓人不禁聯想到擠在小房間裡的被拘留者。

我們坐著計程車經過那句標語，看見一群穿著公務制服、佩戴徽章的男子，站在離派出所不遠的地方。我們下了車，詢問他們這是什麼樣的學校，需要如此高的維安級別。「你問這樣的問題並不安全，」其中一名男子說。「請你現在離開。」我們的司機是當地的維吾爾人，我們不想給他帶來麻煩，於是決定聽從建議離開那裡。

根據衛星空照圖，該設施的規模和嚴密程度，在我們造訪過後仍在持續擴大。那裡起初的計畫是建造總面積約兩萬三千平方公尺的「教學樓」，和五個美式足球場加起來差不多大。但在接下來的幾個月裡，施工人員又興建了一座巨大的停車場、宿舍、更多的圍牆和警衛塔，以及大約一萬兩千五百平方公尺的拘留設施。[28]

這個營區，看起來就像法輪功學員被送去的河南勞教所的放大版，塔依爾．哈穆特年輕時也曾在這種勞教所裡待過一段時間。法國新聞社（Agence France-Press，簡稱法新社）收集到的採購文件，可以讓我們一窺這些設施內部的情況。這些文件是法新社記者在政府審查人員開始大規模刪除資料之前備份下來的，文件裡列出了驚人的設備清單。位於新疆南部和闐的一個營區，需要兩千七百六十八根警棍、五百五十支電擊棒、一千三百六十七對手銬，以及兩千七百九十二罐辣椒噴霧。其他營區則開出了以下的需求清單：紅外線監視系統、刀片鐵絲網、電話監控系統、防暴盾牌、頭盔、催淚瓦斯、防暴網發射器、電擊槍、長矛、警棍、被稱為「狼牙」的尖刺棍，以及塔依爾曾在警察局地下室見過的那種老虎椅。烏魯木齊的官員則是曾發出緊急請求，要求為某個設施的工作人員提供電擊槍。他們認為，「在某些不需要使用一般槍枝的情況下」，非致命武器可以降低造成嚴重傷害的可能性。[29]

多年過後，陳全國提供的是何種「教育」也開始變得顯而易見。哈薩克政府進行祕密遊說之後，少數被關押在難民營中的哈薩克族獲得釋放、離開中國，並開始講述他們的經歷。一名曾被拘留的人描述道，他有次被綁在椅子上長達九個小時，並被訊問自己和外國宗教團體的關係。後來他和其他被拘留的人會在凌晨五點被叫醒，被迫晨跑四十五分鐘，並大喊「共產黨好！」早餐

---

27 李肇華和《華爾街日報》影像記者Clément Bürge一起製作的一部短紀錄片中，曾經出現過這個集中營的片段："Life Inside China's Total Surveillance State," Dec. 21, 2017, https://www.youtube.com/watch?v=OQ5LnY21Hgc。

28 Jeremy Page, Eva Dou, and Josh Chin, "China's Uighur Camps Swell as Beijing Widens the Dragnet," *The Wall Street Journal*, Aug. 17, 2018; Shawn Zhang, "Satellite Imagery of Xinjiang 'Re-education Camp' No. 3," *Medium*, May 20, 2018.

29 Ben Dooley, "Inside China's Internment Camps: Tear Gas, Tasers and Textbooks," Agence France-Presse, Oct. 25, 2018.

是麵包和幾乎沒有味道的湯。其餘的時間則被政治學習課程占滿，比如閱讀共產黨的文件、觀看習近平的影片，和唱愛國歌曲。他們被告知不得在齋戒月期間進行禮拜或齋戒。

一位名叫薩伊拉古・索伊特拜（Sayragul Sauytbay）的哈薩克婦女說，她曾被迫在營區裡工作，培訓他們的「政治教育者」。她向加拿大報紙《環球郵報》（*The Globe and Mail*）描述道，該設施是「一個山裡的監獄」，那裡的每項活動（甚至包括上廁所）都會受到監控。「沒有人敢放聲說話。每個人都沉默著，沒完沒了地沉默著，因為我們都怕一不小心就會說錯話。」[30]有些被拘留的人則說自己曾遭到酷刑對待，或被迫吃下豬肉。我們無法證明這些說法是否屬實，但其他從不同營區被釋放出來的人，也都曾提到過類似的經歷。一些進入營區時本來就有健康問題的人（尤其是老人），則是死在了營區裡，家屬在領取他們的屍體時幾乎不會獲得任何解釋。

在新疆各地，維吾爾人聚居的城鎮，以及城裡以維吾爾人為主要居民的社區裡，則開始變得愈來愈像鬼城。每週都會有人失蹤、被送到營區裡。商店和餐館開始關門，而曾經充斥喧鬧講價聲的巴札也安靜了下來。居住在國外的維吾爾人，開始交換他們透過微信聽說親人被帶走的消息，直到最後家鄉的親友都因害怕在微信上說出可能引起平台注意的話，而斷了音訊。

陳全國於二〇一七年初發起要掃蕩「可疑」人員時，曾下令要警察和武警「圍捕所有該圍捕的人」。[31]中國政府拒絕透露這些營區關押了多少人，但具有挖掘中國政府網站經驗的德國研究員亞德良・岑茨（Adrian Zenz）曾獨立進行估算。他的估算有部分是根據一份洩露給日本新聞機構的文件，他據其「推測」，被關押的人大約在幾十萬到一百萬出頭之間，也就是新疆穆斯林人口的近十分之一。[32]由於接下來幾年新疆又洩露出了更多的訊息，因此這個預估數字仍會上修。

隨著外界對陳全國的集中營有愈來愈多的猜測，人們也開始質疑起中共建造這些集中營的目的。「情況非常可怕，也讓共產黨聲稱自己正在追求『法治』的說法變得十分可笑，」紐約大學很受敬重的中國法學者孔傑榮（Jerome Cohen）寫道。「這讓人聯想到希特勒初期對猶太人進行的攻擊。」有些居住海外的維吾爾人，也開始擔心北京可能會像納粹那樣發動一場大屠殺。任何一個人聽到共產黨關於新疆的論述，大概都不難理解他們的焦慮。

30 Nathan VanderKlippe, "'Everyone Was Silent, Endlessly Mute': Former Chinese Re-education Instructor Speaks Out," *The Globe and Mail*, Aug. 2, 2018.

31 Austin Ramzy and Chris Buckley, "'Absolutely No Mercy': Leaked Files Expose How China Organized Mass Detentions of Muslims," *The New York Times*, Nov. 16, 2019.

32 Adrian Zenz, "'Thoroughly Reforming Them Towards a Healthy Heart Attitude': China's Political Re-education Campaign in Xinjiang," *Central Asian Survey* 38, no. 1 (2019): 102–28.

新疆當局開始使用帶有疾病色彩的字眼，以第三帝國（Third Reich，即納粹德國）的修辭方式，來描繪他們心目中冥頑不靈的維吾爾人。新疆的共青團宣稱，那些被送往集中營的人都「感染」了極端主義思想，需要接受治療。[33]南疆城市和闐的官員則發布了一份文件，命令官員將他們發現患有「意識形態『病毒』」的人，都儘速送往再教育設施「住院治療」。[34]

儘管這種措辭方式充滿不祥的意味，集中營的存在也令人非常震驚，但新疆似乎不太可能重演猶太大屠殺的悲劇。[35]中國政府非常精明，知道他們不可能在二十一世紀的今日大規模屠殺宗教少數群體而不被發現。這種罪行的污點，將摧毀北京將中國建設成可敬的全球強權的雄心。殺害維吾爾人也不符合中共幾十年來將自己宣傳為關心少數民族福祉的形象。如果深入研究中國關於民族政策的辯論，我們確實也能發現，中國領導人的心目中存在幾種不同的解決方案。

雖然從表面上來看，中共仍堅持採用蘇聯管理少數民族的模式，但它其實已經悄悄開始改變想法。這種轉變始於二〇一〇年代初期，當時一群黨內的知識分子開始批評蘇聯模式，認為該模式會危害社會團結。[36]他們認為，為少數民族提供的特殊待遇會引起漢族不滿，而這種不滿情緒，在二〇〇九年烏魯木齊發生騷亂，以及二〇〇八年拉薩類似的騷亂之後，似乎也愈演愈烈。二〇一一年，兩名抱持這種想法的知識分子寫了一篇論文，呼籲制定「第二代」民族政策，而這個新政策大體上受到了美國「大熔爐」理想的啟發；他們認為，這種政策有助於美國「維持民族團結，強化活力和社會秩序。」該論文還鼓吹共產黨應該取消對少數民族的特殊待遇，藉此「強化他們身為中國人的意識，同時削弱將漢族與少數民族區分開來的民族認同感」。[37]

這個新願景的其中一個擘畫者，是一位名叫胡聯合的反恐專家。大約就在陳全國從拉薩調任烏魯木齊的同一時期，胡聯合也被派去新疆協助領導一個負責管理民族事務的機構，而這個人事安排本身也是個訊號，透露了一件事：習近平支持胡聯合的想法。胡聯合一直沒有在公眾面前曝光，讓人很難知道他在這個新職位上做了什麼。不過他於二〇一〇年為北京市政府官方報社所撰寫的一篇文章，依然透露了他的立場。他寫道，中共需要將其對穩定社會的追求視為「一項全面的系統打造計畫」，並引用一個對中共監視手法產生巨大影響的研究領域（第三章對此將有更多介紹）。他繼續寫道，若想維持穩定，最好的方法就是「標準化人們的行為，並解放他們，藉此

33 “Xinjiang Political ‘Re-education Camps’ Treat Uyghurs ‘Infected by Religious Extremism’: CCP Youth League,” Radio Free Asia, Aug. 8, 2018.

34 Chris Buckley and Austin Ramzy, “China Is Detaining Muslims in Vast Numbers. The Goal: ‘Transformation,’” *The New York Times,* Sept. 8, 2018.

35 Jerome Cohen, “China Sends Uyghurs to Re-education Camps as a ‘Preventive Measure,’” JeromeCohen.net, Mar. 27, 2018.

36 James Leibold, “The Spectre of Insecurity: The CCP’s Mass Internment Strategy in Xinjiang,” *China Leadership Monitor*, Mar. 1, 2019.

37 Hu Angang and Hu Lianhe, “Di’erdai minzu zhengce: Cujin minzu jiaorongyiti he fanrongyiti,” Xinjiang Shifan Daxue Xuebao, no. 5 (2011), http:// www.shehui.pku.edu.cn/upload/editor/file/20180626/20180626195224_5647.pdf.

建立良好的秩序」。[38]對於曾自稱民族主義者的胡聯合來說，這個行為的標準無疑要由人口占多數的漢族人來制定。針對新疆的穆斯林，「解放」指的則是要讓他們擺脫自身文化的束縛。

對行為進行標準化的概念，也反映了共產黨的核心信念：條件反射比說服更加有效。澳洲總理麥肯．滕博爾（Malcolm Turnbull）的幕僚約翰．加諾特（John Garnaut）曾在北京擔任駐地記者多年，他在二〇一七年向澳洲政府官員提出的內部報告中指出，中共的領導人長期以來一直認為，他們可以對人們施加完全的控制，藉此「對人類的思想進行制約，就像巴甫洛夫在莫斯科的實驗室裡學會對狗進行制約那樣。」在毛澤東掌權的時代裡，毛會讓作家和藝術家扮演馴狗師的角色，傾心於作家和藝術家在大規模塑造信仰和行為上的集體力量。加諾特指出，就此而言，毛澤東擁有和史達林（Joseph Stalin）一樣的信念——後者曾在一九三二年的一次演講中，將作家讚譽為「人類靈魂的工程師」。[39]

但文學和藝術的宣傳，只是共產黨用來鎮壓反對派的其中一項工具。他們還使用了其他更直接的方法。這種做法在韓戰期間首次為外界所知：當時的報導指出，有美國戰俘在被關押在中國戰俘營時，承認自己犯下了駭人聽聞的罪行。不過那些戰俘是在被剝奪睡眠、單獨監禁和全天候的宣傳灌輸之後才認罪的。中國官員將這個過程稱為「洗腦」（washing the brain）。過了一段時間，「洗腦」（brainwashing）這個說法也開始出現在英文語境裡。

在新疆，陳全國和胡聯合更喜歡後面這個方法。隨著運動逐漸展開，當地官員也開始公開指出，這些營區是在對被關押在裡面的人進行「洗腦」。[40]藉由瓦解、並重建維吾爾人的自我意識，中共試圖消除他們靈魂中讓他們進行抵抗的元素。中共沒有消滅維吾爾人，而是嘗試對他們進行改造。

在二〇一七年夏天的當時，塔依爾．哈穆特對中共的改造計畫基本上仍一無所知，但他已經意識到，如果他的女兒們繼續留在新疆，很可能會毫無未來可言。

在得知必須交出家人的護照後，塔依爾和瑪爾哈芭決定要進行一個計畫——而那似乎是唯一有可能讓他們擺脫陳全國正在緊縮的掌控的方法。他們決定讓阿瑟娜假裝身體狀況惡化，需要在美國接受治療。為了準備讓阿瑟娜出國留學，他們早在兩年前就曾讓她假裝罹患一種耳部疾病，

---

38 James Leibold, "Hu the Uniter: Hu Lianhe and the Radical Turn in China's Xinjiang Policy," *China Brief* (Jamestown Foundation) 18, no. 16 (Oct. 10, 2018).

39 John Garnaut, "Engineers of the Soul: Ideology in Xi Jinping's China," transcript published by Sinocism.com, Jan. 17, 2019.

40 Adrian Zenz, "'Wash Brains, Cleanse Hearts': Evidence from Chinese Government Documents About the Nature and Extent of Xinjiang's Extrajudicial Internment Campaign," *Journal of Political Risk*, Nov. 2019.

讓她可以休學一年，有更多時間提升英語能力。這個做法這次要成功會困難許多，但這是他們能想到的最好的方法。

塔依爾在網路上搜尋時，曾讀過中國孩童去美國接受癲癇治療的故事。這是一種外觀上看不太出來的疾病，因此他們只需要醫療紀錄，來證明阿瑟娜患有這種疾病就可以了。隔天塔依爾去警察局繳交護照時，他告訴警官他的女兒出現了癲癇症狀，並說他們的護照上之所以有美國簽證，是因為他們打算去美國尋求治療。

那位警官說他仍然需要拿走護照，但他們可以在七月申請取回。這讓他們獲得了兩個星期的時間可以張羅文件。

假造罹病紀錄不是件容易的事，但只要有足夠的金錢和人脈，就依然能夠辦到。塔依爾開始帶著禮物和現金請求別人幫忙——這點忙能讓他一輩子銘記在心。他弄到了一張假的腦波圖，然後在當地一家醫院裡找人在偽造的醫療紀錄上蓋上官方印章，表明阿瑟娜有定期就診。他最後花了近一萬美元。這在新疆不是筆小數目，而且他們原本計劃用這筆錢在美國落腳安家，但他們別無選擇。七月十日，他將這些文件交給警方。

一個星期過後，警方告訴他們新的政策下來了：只要是出國過的家庭都無法拿回護照。塔依爾打了通電話給他認識的國家安全部職員，看看他們能否做些什麼。只要盡一切努力，肯定有人會願意收錢幫助他們。然而那位國家安全部的官員卻說他幫不上忙，他們已經做出決定了。

塔依爾陷入了沮喪之中。由於他的員工已經消失，他承包的大部分案子也都被取消，因此他只能關閉自己的節目製作公司。當地的警察仍需要定期掃描公司的二維碼，他便把辦公室的鑰匙給了他們，讓他們自己進去。為了打發時間和消除焦慮，他開始繞著附近的籃球場慢跑，每天跑二、三十圈。沒慢跑的時候，他也看書、看電影。有時他會在住家附近散步，和認識的人簡短交談，但那些談話內容很快就變得非常單調。所有人都在討論誰不見了。

到了七月，陳全國所建立的監控國家體制，此時就像幽靈一般盤旋在維吾爾人上空。它隨時可能從黑暗之中現身，將人們拖入未知的世界。警察在人行道上設置了辦公桌，命令行人交出手機，然後將它們插入名為「反恐之劍」的掃描設備，該設備可以搜索超過五萬三千種關於伊斯蘭教或政治活動的符碼。[41]如果某個人的手機裡有古蘭經、像「WhatsApp」這樣的加密聊天應用程式，或是用來繞過中國網路過濾器的虛擬私人網路（VPN），就會被帶走接受訊問。就連土耳其電影人物的照片，也足以讓手機的主人被拖進警察局裡。

待在家裡也沒有比較安全。警方開始每天拜訪一些家庭，掃描他們的二維碼，確認他們家中是否有政府不希望看到的客人。有時他們會搜索房間、檢查書架、翻箱倒櫃找尋宗教類的文件。

41　Darren Byler, "Chinese Infrastructures of Population Management on the New Silk Road," in *Essays on the Rise of China and Its Implications*, ed. Abraham Denmark and Lucas Meyers (Washington, DC: Wilson Center, 2021), 7–34.

為了避免麻煩，人們會將古蘭經丟掉或藏起來。瑪爾哈芭愈來愈懷疑二維碼裡藏著監聽裝置。雖然那個二維碼明明就印在紙上，但塔依爾無法說服她。而且就算二維碼沒有安裝竊聽器，他也無法肯定沒有麥克風藏在其他地方。

心理壓力開始令瑪爾哈芭難以承受。持續不斷的身分檢查和愈來愈嚴格的限制措施，都讓她失去了耐心，她開始質疑那些在街上攔截她的警察，要求他們告訴她為什麼政府要對維吾爾人進行如此嚴格的監控。塔依爾和他的女兒們都擔心，她有天會因為反應太過激烈而被警察帶走。

塔依爾還有另一件事要擔憂。花了這麼多錢出國、創造出阿瑟娜的「癲癇症」之後，他們的家庭存款越來越少。沒有工作的塔依爾擔心，他們很快就會坐吃山空。他們賣掉了房子，租了一個比較小的單位。二維碼也跟著他們到了新家。塔依爾搬到新家後便不再刮鬍子，幾乎一整天都穿著短褲和拖鞋走來走去，甚至在戶外也是如此。他的家人開始擔心他的狀況。他們從鄰居那邊聽說，有些原本很健康的人會因為壓力而患上憂鬱症，甚至心臟疾病。他們擔心如果塔依爾的情緒繼續低落下去，他的身體最後可能也會出問題。

好在新的希望終於出現了。八月初，塔依爾打了通電話給警方，詢問能否取回阿瑟娜的醫療文件。

「現在情況變了，」那名官員說。他們開放了一個窗口，讓有特殊情形的人可以申請取回護照。「但現在已經是八月中旬，暑假要結束了，還來得及在開學之前去一趟嗎？」

塔依爾像是重獲了新生，告訴那名官員沒問題。

於是他們一家人重新申請取回護照，再次開始等待的過程。然而十天過去之後，他們依然沒有收到任何消息；瑪爾哈芭心想他們又再次遭到了拒絕，於是前往北疆的伊犁探望親戚，而塔依爾則和女兒們待在家裡。

隔天早上電話鈴聲響起時，塔依爾和女兒們正在沙發上睡覺。瑪爾哈芭在電話裡說，她又接到了警察的電話——這次警察告訴她，他們可以去領護照了。

塔依爾聽了之後忍不住大笑，笑聲大到吵醒了女兒們。他們三人在沙發前手舞足蹈，接著塔依爾衝下樓坐進他的別克汽車。阿瑟娜提醒父親，要他別在路上被攔下了。「爸，小心點。我們贏了，」她說。「別太著急。」

塔依爾來到一棟由幾個部門共用的新政府大樓，匆忙地走進大廳，掃視了大廳裡的一排服務窗口，最後看到一個窗口標著「公安局」。他走到窗前遞上自己的身分證。女警回來時，手上只拿著兩本護照，是他和瑪爾哈芭的。當他繳交全家人的護照時，警察讓他把阿爾蜜拉的護照留在家裡，但要求他交出阿瑟娜的護照。塔依爾告訴女警，應該有三本護照。

「我用你的名字只找到這兩本護照。」她說。

塔依爾感到一陣恐慌。「我們要去美國讓我的女兒接受治療，怎麼可能沒有她的護照？」

但她依然堅稱只有兩本。

塔依爾盡可能地保持冷靜和禮貌。「您能再檢查一次嗎？」

那名女警看了看她面前桌上的一份文件。那份文件是個名單，上面列出了獲准取回護照的人名。當女警在檢視名單時，塔依爾看見文件上蓋了六個部門的章：當地的派出所、當地的國家安全部辦公室、天山區公安局、烏魯木齊市公安局、公安局的外事辦公室，以及新疆自治區的公安廳。他難以相信，這麼嚴格的層層審批居然有任何人可以通過。

「哦，你說的沒錯，」女警說。「是三本。」

她挑出阿瑟娜的護照，將護照遞給塔依爾，並讓他在一張表格上簽字，確認他收到了護照。塔依爾想盡快將護照帶離大樓，但他忍不住在離開前偷偷看了一眼護照返還名單上的名字。名單上一共有五、六十人，其中大多數是哈薩克族，只有少數幾個是維吾爾人。他轉身以最快的速度走了出去。

回到大樓外面後，塔依爾打了通電話給瑪爾哈芭，要她盡快回到烏魯木齊。他們打了電話給旅行社，買了兩天後起飛的機票。隔天他們開始打包行李。非常幸運的是，他們賣掉公寓的錢當時也匯入了銀行戶頭。他們只能攜帶可以帶上飛機的東西，而且需要把任何可能讓他們無法離開中國的敏感物品都留下來。這意味著他們必須留下幾乎所有書籍，以及累積多年的影片素材。為了安全起見，他們也決定放棄大部分的家庭照片，包括塔依爾於一九八九年擔任學生領袖時的照片。

計程車抵達時，塔依爾和瑪爾哈芭警告女兒們不能哭。計程車司機如果是漢人，又看到她們在哭，可能就會起疑報警。

到了機場，他們從計程車上卸下行李，前往安檢處。一名警衛示意要塔依爾走一條配有全身掃描儀的特殊通道，進行額外的安檢。瑪爾哈芭則帶著兩個女兒和大部分行李，走另一個正常的入口。一名警察看見她們提著包，於是走到阿瑟娜和阿爾蜜拉面前。「這麼多行李，你們要去哪裡？」他問。就算他們已經幾乎拋棄了所有的財產，他們帶的東西還是太多了嗎？他們每個人都事先排練過萬一被攔截下來要說什麼。女孩們知道她們不能說自己要出國。

「我們要去北京度假，」阿瑟娜說。

瑪爾哈芭接著按設定好的劇本回應。她說，慶祝齋月結束的開齋節就要到了。「女孩們喜歡吃東西，但北京沒有適合我們的食物，所以我們自己帶，」她說。「幾乎所有東西都是吃的。」

警察看了看女孩們，然後點點頭，揮手讓她們通過。一個小時過後，他們的飛機正在往跑道的方向滑行，準備飛往四小時航程以外的北京。飛機加速起飛之後，他們看著烏魯木齊和天山錯落的群峰消失在自己腳下。塔依爾終於鬆了一口氣，但他只能鬆懈片刻。接下來還有更多的安檢在等著他們。

他們一家人在北京過了一夜，接著一早起床準備飛往美國。在北京首都國際機場的邊檢區排隊時，塔依爾的心情非常緊張。由於他們的護照上印有「維吾爾」的字樣，他們知道坐在壓克力透明板另一邊身穿藍色警察制服的女人可能會多看他一眼，也許還會看第三眼、第四眼。可能還有其他人，正在透過她身後隔板上的監視器盯著他看。

輪到他時，塔依爾透過壓克力透明板上的一個洞口遞出自己的護照，而瑪爾哈芭和女兒們則在他身後排隊等候。那個女人將護照刷過掃描器，傾身看著電腦螢幕，然後接起電話。片刻過後，一名穿著西裝的男人走了過來，與女人講了幾句話，但聲音太小他聽不見。

塔依爾開始感到有點不安，接著穿西裝的男人突然笑了起來，他們一起湊近女人的電腦螢幕查看。男人又對女人說了幾句話，接著便離開了，完全沒有看向塔依爾。鐙、鐙兩聲，女人在塔依爾的護照和登機證上都蓋了章，然後還給了他。瑪爾哈芭和女兒們在他後面也順利通過了，沒有遇到任何問題。

他們一家人在波士頓轉機時，迎接他們的是各種新奇的體驗。他們首先注意到的是氣味：免稅店的香水、剛出爐的麵包、星巴克咖啡——這些誘人的香氣，都讓人聯想到財富和幸福。阿瑟娜和阿爾蜜拉迫不及待地享受一切，立刻衝向了星巴克。阿瑟娜的一些朋友去過很多地方，他們之前曾在微信上張貼照片，他們在照片中笑著將印有綠色美人魚標誌的杯子舉在臉旁。那個杯子看起來很神奇、幾乎像是來自神話故事一般，現在卻在她們的面前。女孩們還要塔依爾買可頌麵包給她們吃。她們一邊坐著吃奶油糕點，一邊驚嘆於經過她們眼前的旅客們：黑人、白人、棕色人種、黃色人種，有胖子、也有瘦子，有的衣冠楚楚，有的衣著暴露。簡直就像電影裡的場景。

全家人在美國安頓下來之後，塔依爾逐漸發現，他就是在陳全國關上大門之前，最後一批離開新疆的知名維吾爾知識分子的其中一個。似乎每個星期都有學者、音樂家或詩人失蹤的消息。他們大多數人都和塔依爾一樣，至少也都在體制內兼職工作，但這未能為他們提供任何保護。塔依爾意識到，自己能在壓迫政策初期，趕在陳全國的監控機器完全啟動、開始運作之前就開始制定逃亡計畫，可以說非常聰明，或非常幸運，或者兩者兼是。不過他很快也會意識到，沒有哪個維吾爾人能完全逃離這種監控和壓迫，即使是成功離開中國的維吾爾人亦然。

第二部

回到未來

三　人與機器[1]

塔依爾逃到美國、試圖逃離中國的監控國家的將近六十年前，另一位逃亡者則顛倒過來，準備踏上和塔依爾相反方向的旅途，卻在洛杉磯港被一群記者包圍住。

錢學森是加州理工學院噴射推進領域的教授，也是傳奇性的數學家西奧多・馮・卡門（Theodore von Kármán）的門生；錢學森和卡門兩人，都是美軍長程飛彈計畫的締造者。自從一九五一年起，他就一直隱身在公眾視野之外，被聯邦政府禁止離開洛杉磯郡的範圍。那是他多年以來第一次對美國媒體講話，也會是最後一次。

1　本章在描繪錢學森的生命軌跡時，大量引用了Iris Chang的*Thread of the Silkworm*，以及由California State Polytechnic University, Pomona的Zuoyue Wang對錢學森生平的研究（未出版）。Thomas Rid的*The Rise of the Machines*和Ronald Kline的*The Cybernetics Moment*則提供了珍貴的參考資料，能讓我們了解控制論的歷史和重要性。記者Mara Hvistendahl和安全分析師Samantha Hoffman的文章，對於理解錢學森對中共及其控制系統的影響也非常重要。

當錢學森和家人站在西側港區和東側港區之間的碼頭上，面對記者的輪番提問時，他們的頭頂上飄浮著幾片稀疏的雲朵。在鎂光燈的映照下，這位工程師穿著俐落的深色西裝、領帶繫緊，筆直站在舷梯附近；他的妻子和兩個孩子都站在他的身邊。他的臉部表情和衣著一樣完美：眼神平靜、嘴角微微上揚，似笑非笑地，透露出一種矜持的自信。克里夫蘭總統號（SS President Cleveland）是一艘建造於二戰期間、長達一百八十多公尺的輪船，原本用於運載士兵，後來被改裝用來運載一般乘客；當時這艘船正靜靜地停泊在那裡，準備將他們載往橫濱，然後再前往香港。錢學森打算從香港越過邊境，進入中華人民共和國；這個在一場激烈內戰後誕生的國家，當時建國剛滿五年不久。

記者們紛紛湧向港口記錄下這個時刻：他們認為錢學森返回中國這件事，代表美國為了擺脫共產主義滲透而經歷的漫長混亂時期終於要結束了；這場行動，已經讓卡門和蓬勃發展的美國航太領域的其他幾位知名人士，都感到既受傷又沮喪。事實上，那些記者在那裡也見證了中國在工程領域的新時代的開端；這個開端不只會讓這個年輕的共產國家擁有自己的導彈和太空計畫，也為習近平的中國方案鋪平道路。

現在回看，錢學森會在中美兩國於技術和意識形態上發生衝突的過程中扮演一定角色，似乎是命中注定。他出生於一九一一年的杭州——中國的最後一個王朝，就是在他出生那年滅亡的。他曾獲得獎學金前往美國學習航空科學，教授們很快就對他的嚴謹態度和想像力留下了深刻的印象。卡門稱他是「無可爭議的天才」，並將他推薦給陸軍航空軍（譯按：Army Air Forces，即美國空軍的前身）；儘管他並非美國公民，但在第二次世界大戰期間，美軍依然允許他參與一些機密性的計畫。他在三十七歲時被任命為加州理工學院新成立的噴射推進研究中心的創始主任，該中心由古根漢（Guggenheim）家族資助創立。

然而他的職涯在不久之後便一落千丈。隨著威斯康辛州參議員約瑟夫・麥卡錫（Joseph McCarthy）深入展開一場運動，企圖清除美國政界裡的共產主義殘餘勢力，聯邦探員也在一九五〇年六月前往錢學森位於加州理工學院的辦公室拜訪他，說他們在一份共產黨員的名單上看見他的名字，而這份名單出現的當時他還只是一名研究生。雖然錢學森矢口否認，但軍方還是撤銷了他的安全許可。受到羞辱、無法繼續從事機密工作的錢學森，曾試圖與家人一起返回中國，但海關人員扣押了他的行李，指控他試圖將機密文件帶往北京。錢學森在牢房裡待了兩個星期，並在接續幾年不斷遭到聯邦政府監視。

由於聯邦調查局在追蹤他的行動，因此他大部分時間裡都躲在洛杉磯的家中，埋首在一個新的研究領域之中——這個領域，為資訊與控制之間的關係帶來了革命性的理解。這個領域被稱為控制論（cybernetics）；正如學者托馬斯・里德（Thomas Rid）後來的描述，該領域「可以說是機器的意識形態（ideology of machines）」。[2]它對二十一世紀的電腦運算、電信技術、神經科

2　Thomas Rid, *Rise of the Machines: A Cybernetic History* (New York: W. W. Norton, 2016), 6.

學、軍事戰略、人工智慧，以及其他數十個至關重要的學科帶來深遠的影響（儘管這些影響現在可能幾乎都被人們遺忘了）。錢學森從中看到了一個新方法，可以用來重新想像工程師該如何解決複雜的問題；他在一九五四年出版的一本書裡描述了這個方法，而這本書後來也將會變得非常重要。

就在該書出版的隔年，北京得知錢學森已不再對美國抱有任何期待。中國悄悄與美國政府進行談判、要求釋放他，據說他們還用在韓戰期間俘虜的十一名美國飛行員當作交換條件。美國海軍副部長丹・金博爾（Dan Kimball）後來曾說，迫害、驅逐錢學森是「這個國家做過最愚蠢的事情」並稱這位科學家對美軍的價值「抵得上五個師的兵力」。[3]

當時一位記者看著錢學森準備離美，問他是否打算返回美國。「我沒有理由回美國，」錢學森說。儘管他在加州和麻州待了二十年，但他高亢的聲音仍帶有一絲口音。「我想了很久。我將盡我最大的努力去幫助中國人民，建設一個能讓他們有尊嚴地過著幸福生活的國家。」也許是為了讓美國讀者明白他們失去了什麼，錢學森還表示，他想糾正人們認為他不過是個火箭專家的看法。「我的職業被稱為應用科學家，我的職責是幫助工程師解決問題，」他解釋道。「火箭科學只是這個領域的一小部分而已。」[4]

抵達北京不久後，錢學森幾乎從零開始建立了中國的彈道飛彈計畫。但正如他所說的，他也將自己的想法應用在火箭技術以外的範疇裡。在他後來的研究生涯裡，他開始把控制論的原理當作一個複雜系統的啟動平台，將人類與機器融合在一起，藉此解決他認為最重要的工程問題：人類社會。這個想法非常大膽，也帶點傲慢和烏托邦式的愚蠢。它還激發了共產黨領導人的想像力：這個概念後來成為監控國家的核心概念。這位導彈科學家最後確實為他的祖國帶來了一定程度的尊嚴和幸福，但也造就了許多惡名和苦痛。

毛澤東和共產黨於一九四九年上台時，他們也承接了中國過去所有朝代都曾面臨過的挑戰——不論是哪個王朝，最後都會被這個挑戰擊敗。這個挑戰就是：如何在廣闊的領土上，維持對大量人口的統治。要征服這個帝國當然並不容易，但要管理這個帝國就更加困難了。

中國各個朝代走向滅亡的方式不盡相同，但在許多案例裡，開始衰退的原因都是同一個問題：訊息流通障礙。現存最古老的全面人口普查紀錄，可以上溯至西元二年：漢代（中國境內人

3 引用自Iris Chang, *Thread of the Silkworm* (New York: Basic Books, 1995), 200。

4 引用自"Jet Propulsion Scientist Sailing to Red China: Dr. Hsue-Shen Tsien Ends Long, Honorable Career Here to Help People of Own Nation," *Los Angeles Times*, Sept. 18, 1955. 這份泛黃的報導，現在被保存在上海的錢學森博物館裡的一個壓克力板後面。

數最多的漢族，其族名就是來自漢朝）的朝廷曾指派官員，針對當時生活在今日被認為是中國核心地帶的地區裡的所有五千七百七十萬人，編製一份書面的紀錄。根據歷史記載，中國的皇帝在接下來的幾個世紀裡，也都會下令定期進行人口普查。但在普查以外的期間，他們通常都與世隔絕地住在宮殿裡，仰賴龐大的官僚體系告訴他們宮殿外的狀況。腐敗無能的官員經常會扭曲統治者接收到的訊息，而這也會進一步帶來偏執和錯誤的決策，有時甚至會導致政權瓦解。

毛澤東是學歷史的，據說他的床上有大半面積被書籍覆蓋住，總是沉迷於皇帝因為和老百姓的世界脫節而被推翻的故事。於是他在掌權之後，便努力確保共產黨的眼線無所不在。黨營報紙的記者大軍會向各省的最高領導人提交機密的「內部參考」報告。擁有三十萬人任職的公安部，則會在全國各地搜索間諜和其他內部威脅來源。公社以及城裡工作單位的黨支部，也會追蹤居民生活的方方面面，舉凡飲食、醫療，到教育、娛樂，都在共產黨的掌控之中。

然而過不了多久，中共自己也陷入了災難性的挫敗之中。中華人民共和國成立不到十年之後，毛澤東堅持要實施一系列異想天開的產業政策，也就是所謂的「大躍進」，直接導致中國爆發大饑荒。這場饑荒在中國境內至今仍被委婉地稱為「三年困難時期」；當時一些農村公社即使面臨大旱，也仍必須將大部分穀物運往北京，以滿足不可能達成的生產目標。作家楊繼繩在講述這場可怕的災難時，曾引用一名記者的說法，這名記者在饑荒開始導致人民死亡之後，曾搭乘公共汽車穿越河南省的農村：「窗外看得見路邊的溝渠裡有一具具屍體，但公共汽車上沒有一個人敢談論饑荒。」楊繼繩光是在河南就發現了二十起被記錄下來的人吃人事件，至於人吃人的傳聞就更多了。這場饑荒的最終死亡人數，估計約為三千萬人。

饑荒爆發之後，北京的領導人原本應該要能得知這件事。然而傳達訊息的共產黨官員卻沒有反映實情，而是像歷史上的那些官員一樣，只傳達他們認為毛澤東會想聽的話。地方官員掩蓋了饑荒的報導，而報紙則假造了照片；那些照片裡的農作收成非常密實，連小孩都能站在上頭。與此同時，由公安部門運作的國內特工網絡，則是忙著官僚內鬥，又苦於經驗和能力不足，導致他們偶爾會在不知情的情況下對彼此進行監視。[5]

經濟學家阿馬蒂亞·森（Amartya Sen）有個很知名的觀點：饑荒從未發生在民主制度運作良好的國家裡。他認為，只要有新聞自由，以及輸掉選舉的可能性，就足以讓民主國家的領導人感到害怕，並在大規模饑荒發生之前就採取行動。然而中國的審查制度和官方宣傳，卻讓一般人和官員無法意識到，這場災害其實是全國性的。「當饑荒正在發生時，資訊也同樣稀缺，」阿馬蒂亞·森於二〇〇一年的訪談中如此說道。審查制度「不只會矇騙社會大眾，最終也會矇騙整個國家。」[6]

---

5 請參見Michael Schoenhals, *Spying for the People: Mao's Secret Agents, 1949–1967* (Cambridge: Cambridge University Press, 2013).

6 David Barsamian, "Amartya Sen," *The Progressive Magazine*, Sept. 29, 2011.

中共的中央委員會直到一九五九年夏天，也就是危機爆發的好幾個月之後，才終於正式承認中國存在糧食短缺的現象。即便如此，領導階層依然不願相信生產數據是假造的。「今年有個特殊的現象，那就是生產大幅增加和糧食大幅短缺的現象同時存在。」某位中共領導人曾如此說道。毛澤東複雜的情報收集機器因它所服務的政治體制存有缺陷而出現了短路。

值得注意的是，雖然文化大革命讓中國走向另一場危機，但中國共產黨依然得以持續掌權。從一九六六年開始的十年裡，毛澤東創造了對他的個人崇拜並搭上了紅衛兵吹捧他的浪潮，藉此來為自己提供保護，讓自己不會因為之前的失敗政策而遭到內部批鬥；他鼓動紅衛兵展開一場狂熱而殘忍的行動，清除掉中國內部的不良政治勢力。毛澤東在兩、三百萬人因為殺戮和自殺而死亡後，最終在一九七六年過世，而中國共產黨也開始尋找不那麼毀滅性的新方法，來執行他們已故領導人那句知名的訓誡：「為人民服務。」

在這個改革的新時代裡，錢學森是個令人不安的人物。在中國的科學界裡，有些人認為他必須為大饑荒承擔部分責任。儘管錢學森完全沒受過農業領域的正式訓練，但他曾在一九五八年發表過一篇文章，宣稱中國只要增加足夠的肥料和勞動力，就能讓農作收成提升二十倍。許多中國的知識分子都認為，錢學森的這篇文章讓毛澤東更加確信要實施大躍進的政策。

但錢學森也創建了中國的飛彈計畫。一九六六年，他和中共的一位最高軍事領導人主持了中國的第一次核彈試驗，並在四年後協助發射了中國的第一顆衛星。他很快便主張，他用來推動這些進展的概念，也可以讓共產黨應用在中國社會上。在毛澤東死後開啟的開放風氣之中，他不是唯一一個想發聲的人，但他的成就，讓他的聲音必定能被北京的最高層聽見。[7]

錢學森的許多想法，都可以追溯到特定的一本書：《控制論：關於在動物和機器中控制和通訊的科學》（*Cybernetics:Or Control and Communication in the Animal and the Machine*，以下簡稱《控制論》）。他是在被聯邦調查局監視，整天關在洛杉磯的書房時注意到這本書的。這本書的作者是美國神童數學家諾伯特・維納（Norbert Wiener）。這本出版於一九四八年的書檢驗了一個現象：不論是機器還是生物，複雜的體系都會以非常類似的方式使用資訊，藉此進行控制。

維納在《控制論》裡介紹的概念，來自他之前為了改善防空瞄準系統（anti-aircraft targeting systems）而進行的研究，該系統曾在第二次世界大戰期間被用來對付德國的戰鬥機。他的理論是，如果對飛行器過去的行為進行數學分析，就能據此建立模型，推測飛行器未來的路線。由

7 引用自Yang Jisheng, *Tombstone: The Great Chinese Famine, 1958–1962*, translated by Stacy Mosher and Guo Jian (New York: Farrar, Straus and Giroux, 2012), 336。

於飛行器的動向是由飛行員決定的，因此這個計畫也讓維納相信，他可以用數學來預測人類的行為。

維納研究的核心問題，是人類要如何在一個容易陷入混亂的世界裡找到正確的方向。[8]他在反饋迴路（feedback loops）之中發現了答案。他觀察到，所有的動物在和環境互動時，會使用周遭環境源源不絕的資訊流（或反饋），在心中建立一個模型，藉此推測接下來可能會發生的事情。他們會根據每則新的資訊來調整模型，希望能更好地預測未來，不論這裡的未來指的是下個月，還是下一個毫秒。

以一個試圖接住隊友傳球的籃球選手為例。雖然對經驗老到的選手來說似乎並非如此，但接住空中傳球的機制其實非常複雜。影響籃球動向的因素可能有上百個：速度、角度、旋轉；防守球員的指尖如果輕輕碰了球一把，也可能會改變球的軌跡。各種未知因素加在一起，讓我們很難明確解釋球的動向。然而選手會仰賴反饋迴路，在心中為球的軌跡建立一個模型。當籃球飛在空中時，選手的眼睛會不斷對腦部傳送關於籃球位置、速度和軌跡的最新訊號，而腦部則會將這些訊息轉化成一連串的肌肉抽動，以調整手臂姿勢。與此同時，選手手上的皮膚也會將籃球在空中移動的感官訊號傳回腦部，好讓它判斷肌肉收縮的力道是否正確。這些數據會在每個瞬間來回傳送數十次，每個迴圈都能讓選手微調自己對籃球軌跡以及身體位置的感知，直到那顆球傳到手上為止。剛開始學打籃球的人，便會在每次漏接之中切身體驗到傳球過程的複雜性。但對於經驗老到的選手來說，這一切都是自動發生的。

貓從高處落地，以及獵人開槍射殺野鴨，也都有類似的動態過程。此動態過程，也描繪了某些機械系統的運作方式。關於機械系統，維納最喜歡的其中一個例子，就是船隻的轉向舵機（steering engine），這個發明於十九世紀末的裝置，可以確保大型蒸汽船的船舵隨著船長的方向盤位置進行調整，而不受船隻重量或水況的影響。為了達到這個目的，這種裝置使用一種對摩擦非常敏感的液壓閥，會根據通過的水壓來自動調整船舵的位置。「控制論」一詞的英文詞源，其實就是希臘語的「cybernētēs」，也就是「舵手」的意思。

維納的核心洞見是，若要理解世界是如何運行的，那麼理解訊息的流動就是關鍵所在——這在當時是個革命性的洞見。控制論將動物的自我調節（self-regulation），類比為出於某個目的而運作的機器，這種觀點在許多領域都激發了新的研究，比如人類學和義肢製造領域，後續也幫助人類迎來了資訊時代。從一九五〇年開始，控制論便成為一種流行文化現象，激發了藝術家和科幻作家的想像力（並將「賽博格」（cyborg）和「賽博空間」（cyberspace）等詞彙引入英語）。它

8　維納將資訊理解成熵（也就是混亂）的對立面。他曾在*Cybernetics: Or Control and Communication in the Animal and the Machine*, 2nd ed. (Cambridge, MA: MIT Press, 1961)之中寫道：「正如資訊在一個系統裡的數量可以用來測量他的組織程度，熵可以用來測量混亂程度；它們是彼此的負數。」

也對系統工程產生了深遠的影響——系統工程是一個快速發展的領域，涉及複雜系統的設計和管理，也是從二戰期間的武器開發計畫之中發展出來的。

控制論的概念之所以能被引入系統工程領域，錢學森便發揮了重要的作用。在他看來，大多數工程師太過專注於自己狹窄的專業領域，缺乏想像力來從事突破性的工作。他認為控制論可以幫助他們進化，為他們提供一個框架，讓他們後退一步看看複雜系統某個部分的變化，會如何引起漣漪、影響到其他部分。他在自己的《工程控制論》（*Engineering Cybernetics*）的序言中寫道：「以概要和有組織的方式來看待事物，往往能為舊的問題帶來有用的新方法」；該書後來被工程界視為一座里程碑著作[9]，探討如何利用維納的思想來開發自動化技術，用不可靠的部件建構出可靠的系統。

今日上海交通大學的錢學森博物館裡，有個壓克力玻璃櫃裡掛著《工程控制論》的幾頁初稿，上頭的字跡又小又工整。錢學森的大學學位，就是在上海交通大學取得的。館內的各種展示品，都在頌揚著他透過自己書中的概念在中國所取得的成就。館內最重要的展示品，是他於一九六五年建造的東風彈道飛彈的全尺寸複製品；這個複製品有三層樓高，在地下室聳立著。這款飛彈確立了中國作為核武國家的地位。

博物館二樓則有個比較少人參觀的展區，其中一個展板畫出了錢學森想像出來的一個系統的示意圖，該系統的目的是將人類知識與電腦建模結合起來，藉此解決複雜的經濟問題和社會問題，比如不斷發生的通貨膨脹和政治貪污。他將其稱為大成智慧工程（meta-synthetic engineering）。

維納對於將他的理論擴展到這些用途上，一直抱持著謹慎的態度。傳奇性的人類學家瑪格麗特・米德（Margaret Mead）和葛雷格里・貝特森（Gregory Bateson）不斷提議，要將他的想法應用在解決社會問題上，但這些提議都遭到他的回絕。因為維納認為，我們並沒有足夠的高品質數據，可以讓控制論「對當前的社會疾病帶來可見的治療效果」。[10]

美國於接下來二十年的發展，似乎證實了維納的擔憂。加州曾於一九六〇年代邀請當地的航太公司來投標，利用系統工程來為交通、刑事司法和社會福利等領域的管理注入科學效率。加州州長帕特・布朗（Pat Brown）表示，他們希望利用「將人類送上月球的技術，來幫助爸爸準時上班」。[11]然而幾乎所有這類努力，最後都未能改善現狀。加州大學社會學家艾妲・胡斯（Ida R. Hoos）曾檢視他們失敗的原因，她認為這些計畫證明了一件事：社會系統的效能是用價值來衡

9　H.S. Tsien, *Engineering Cybernetics* (New York: McGraw-Hill, 1954), viii.

10　請參見Norbert Wiener, Cybernetics: Or Control and Communication in the Animal and the Machine (New York: Wiley, 1948) 第一版的緒論（11）。

11　引用自Ida Hoos, "A Critical Review of Systems Analysis: The California Experience," Internal Working Paper No. 89, Social Sciences Project, University of California, Berkeley, Dec. 1968, 2。

量的，但價值無法簡化為數學。她寫道，雇用一名系統工程師來解決運作不良的社會系統，就像「只因為某個水力工程師的專長是幫浦系統，就打電話請他來治療心臟一樣。」[12]

錢學森似乎並沒有聽說過加州這場失敗的實驗。就算他聽過，大概也沒有放在心上。一九八一年，他和一位名叫宋健的科學家合作（宋健也是他的門生），對他的書進行更新，並在書中明確闡述為何他認為可以將系統工程應用在解決社會問題上。「在社會主義的條件下，一門新的科學終將會誕生：那便是社會控制論。」他們在新版的序言中如此寫道，並形容維納早期的懷疑態度「太過保守」。他們寫道，社會控制論在資本主義社會之中確實無法成功，因為資本主義社會（套用恩格斯〔Engels〕的說法）太容易受到以市場為基礎的生產方式的「無政府狀態」影響。然而實行社會主義的社會就不一樣了。它們可以被設計成能自動進行自我修正的社會。[13]錢學森和火箭科學家宋健提出了一種以控制論反饋概念為基礎的社會導引系統，這個概念和導彈用來自動追蹤目標的概念是一樣的。

他們提出這個理論時，正好遇上了一個完美的時間點。錢學森和宋健完成這本書的再版工作時，中國共產黨正好也進入他們最具實驗性的階段。鄧小平在一場短暫的黨內鬥爭中脫穎而出，他是一位實用主義者，嘴上經常掛著他四川老家的一句諺語——不管黑貓白貓，能捉到老鼠就是好貓。西方的財富和力量說服中共領導人推動市場改革，甚至還讓他們試著在政治上推動自由化。與此同時，他們也試驗了錢學森的想法：一種新的、更加系統性的、由上而下的控制模型。

最大的試驗當時已經啟動了。一九七八年，宋健前往赫爾辛基參加一個系統科學的研討會。他在那裡得知羅馬俱樂部（the Club of Rome）的存在，該俱樂部是一個對人口增長感到擔憂的科學家團體；他們擔心，人口增長會耗盡地球資源、破壞經濟進步。該團隊開發了一個複雜的數學模型，能用它認為的最佳科學方式，得出管理人口和分配資源的方案。這種方法在西方受到了批評，因為它把人類群體當作實驗室裡的一群群果蠅來看待。但宋健發現，要在北京推銷這種方法並不困難，因為北京領導人當時已經開始擔心中國的人口增長將會失控。[14]

中國的一胎化政策究竟在多大程度上是宋健帶來的結果，至今仍未有定論，但這位錢學森的門生無疑協助推動了該政策的成形。宋健和他的團隊向中共領導階層提交的預測顯示，如果不進

12 Hoos, "A Critical Review of Systems Analysis," 7.

13 引用自Wang Feiyue, "Cong gongcheng kongzhi dao shehui guanli: Kongzhilun Cybernetics benyuan de geren renshi yu zhanwang," *Kongzhi Lilun yu Yingyong* 21, no. 12 (Dec. 2014), 1624。

14 關於宋健在建立計劃生育制度中的角色，Susan Greenhalgh, "Missile Science, Population Science: The Origins of China's One-Child Policy," *China Quarterly* 182 (June 2005)有大量的描述。

行干預，中國的人口將在下個世紀之內膨脹到四十億人以上；他們預計這個人口規模，將會導致資源和環境遭到嚴重破壞。他們計算出中國人口的理想規模約為七億人，並發現如果要在二〇八〇年之前實現這個目標數字，需要盡快將女性的生育率降至接近一胎的水準。一九八〇年，中國共產黨在全國各地都推行了計劃生育制度，只允許包括少數民族和農民在內的某些夫妻生育一個以上的孩子，但對於大多數人來說，計劃生育都以殘暴的方式被嚴格執行。

這個新政策的副作用非常可怕：強迫墮胎數和結紮數激增，而在中國這個重男輕女的社會裡，有無數女嬰因此遭到遺棄或殺害。同樣災難性的是，那些規畫者的估算後來也被證明是錯誤的。大量人口造成的成本並沒有宋健設想的那樣嚴重，而該政策又讓隨著社會發展而自然下降的出生率變得更低，導致中國的成年勞動人口變得太少，無法支撐今日快速老齡化的社會。然而這個錯誤直到幾十年後才被人發現。在當時，中國的領導階層都認為宋健的想法很棒。

一九八四年，宋健利用了這個勢頭，在向中共高層提交的一份極具影響力的報告中，主張採取更廣泛的措施。他寫道，如果中國社會想要實現最美好的未來，系統工程的廣泛應用就不只是非常重要，而且還是必要條件。這麼做也意味著，他們必須擁抱資訊技術的最新進展。「只有充分掌握訊息、數據、系統分析、決策模型等概念，才能真正擁有『遠見和智慧』，產生順應歷史潮流的勇氣和大膽願景。」[15]為了控制中國社會這個龐大而複雜的系統，中共需要建立良好的預測模型。構建這些模型需要收集大量數據，而諸如電腦這樣的新興科技，則可望使這個過程變得更加容易。宋健借助了他的老師的見解，開始闡述大規模數位監控的論據。

與此同時，中共針對自由化進行的實驗則帶來了好壞參半的結果。放鬆管制雖然刺激了經濟，但通貨膨脹率卻在一九八〇年代末開始失控，一度高達百分之三十。當時的知識分子和學生開始接觸到先進民主國家的商業產品和文化產品，紛紛舉行抗議活動，呼籲進行政治改革。一九八九年四月十五日，廣受歡迎的改革派領導人胡耀邦因心臟病去世，引發了天安門廣場的民主運動。胡耀邦曾經是中共的總書記，但在逝世的兩年前被保守派對手拉下台。數千名學生湧入了天安門廣場，並在那裡死守著。他們立起了一座石膏像對自由女神像致敬，並將其命名為民主女神。除了北京之外，其他三百多個城市也都爆發了要求民主改革的抗議活動。鄧小平後來在北京實施戒嚴，但居民們卻集結起來試圖阻止解放軍入城。

共產黨降低對中國社會的控制後，也開始擔心自己會不會被民意趕下台。六月三日晚間，北京的領導階層命令部隊回到城裡，授權他們「使用任何手段」來對天安門廣場進行清場。中國政府從未統計有多少人死於士兵射出的子彈；倖存者則估計，死亡人數介於數百至數千人之間。不

---

15 Song Jian, “Xitong gongcheng yu guanli tizhi de gaige,” People’s Daily, Sept. 13, 1984, cited in Samantha R. Hoffman, “Programming China: The Communist Party’s Autonomic Approach to Managing State Security,” PhD thesis, University of Nottingham, 2017.

論死亡人數究竟是多少，這場抗議活動，以及終結這場抗議的暴力行動，都在中共的內心深處劃開一道傷口，迫使他們改變策略。在那之後，中共雖然仍持續進行市場改革，卻再也沒有進行過任何認真看待的政治自由化實驗。

錢學森則早已做好利用這個機會的準備。胡耀邦去世那天，他在中國社會科學院主辦的期刊發表了一篇文章；事後回看，這篇文章似乎成了令人毛骨悚然的預言。他在文章中將中國社會描述為一個由經濟、政治和意識形態子系統所組成的超級系統。他警告道，期待某個子系統出現變化，卻不會對其他子系統造成連鎖反應的這種想法，是非常愚蠢的。「如果文明的這三個面向發展得不協調（亦即「無法在不發生衝突的情況下順利運轉」的中共官腔說法），從系統科學的角度來看，就會將整個社會體系從有序推向失序、混亂，然後崩潰。」他寫道。[16] 坦克於六月份撤出北京後不久，中國共產黨認為自己的政權已經脫離崩潰的邊緣，而錢學森也公開譴責了民主運動，並把一位鼓動學生的知名天文物理學家稱為「民族敗類」。

隔年，錢學森管理社會的思想又邁進了一步。他在《自然雜誌》（*Chinese Journal of Nature*）的一篇文章裡，將人類社會描述為「開放的複雜巨系統」的其中一例，而人類的神經系統，以及像銀河系這樣的星系，也都屬於類似的系統。[17] 這些龐大的系統由數百萬個子系統組成，這些子系統會彼此互動，也會和外界互動。與較小的封閉系統（比如用於控制火箭和衛星的系統）相比，想只用數學來預測、控制它們會困難許多。「就算是超級電腦也無法勝任這個任務，」錢寫道，「而且未來也不會有足夠的運算能力能完成這項工作。」他認為解決方案是：把（某些類型的）人加進來，社會學家、經濟學家、政治學家、地質學家、心理學家——所有領域的專家——都應該接受系統科學的訓練，配備數據能力，並參與打造出精密的模型，以便預測和最佳化社會變動的複雜性。他預測，這種社會工程的「大成智慧」（**meta-synthetic**）方法，將會把自然科學和社會科學結合成一門全新的學科，帶領人們走向社會主義的夢想境地。

當中國在天安門事件後蹣跚而行，人們對錢學森的讚譽不斷湧現。他於一九九一年被授予一級英雄模範獎章，這是中國科學家所能獲得的最高榮譽。大約在同個時間，政治宣傳部門的官員則發起了「向錢學森學習」的運動。中國最高級別的政治領導人培訓學院，也就是位於北京的中央黨校，此時也開始教授他的思想；有些學者認為，他影響了當時的中國國家主席江澤民的政治理論。甚至還有一顆小行星以他的名字命名。[18]

中國共產黨確實有很好的理由來讚頌錢學森。中共於一九八九年突然面臨的危機，讓很多中國人想起了一句老話：「星星之火可以燎原。」大部分的人之所以知道這句話，是因為毛澤東曾

16 錢學森，〈社會主義文明的協調發展需要社會主義政治文明建設〉，《政治學研究》第五卷（一九八九），頁三。

17 錢學森，〈一個科學新領域——開放的複雜巨系統及其方法論〉，《自然雜誌》，第一卷（一九九〇），頁五二六。

18 請參見Pang Yuanzheng, "Yige yingxiangle jidai zhongyang lingdao jiti de zhongyao sixiang — lun Qian Xuesen shehui xitong gongcheng sixiang yiqi lilun gongxian," *Liaoning Xueyuan Xuebao*, no. 1 (2014)。

在一封知名的信中引用過——當時上海的共產黨員遭到了屠殺，因此黨內的一部分人也開始懷疑革命能否成功，於是毛澤東寫了那封信來提振黨員士氣。這個比喻曾經能鼓舞人心，現在卻成了一道警語。當時的共產黨，剛從領導人過世而引發的大火中倖存下來，中共高層意識到，下一個火花可能來自任何一個地方：可能來自黨內或黨外，也可能來自國內或國外。錢學森為中國帶來的關於社會管理的思想，不只提供了救火的方法，或許還能從源頭就防止火災發生。

錢學森在這個領域的影響力，於二〇〇〇年代初期就開始變得愈來愈顯著；當時共產黨制定了初期版本的「網格化管理」系統，藉此幫助警察對城鎮社區進行更嚴格的控制。該系統將社區劃分為一個網格系統，以此促進訊息的流通，讓執法者可以快速採取行動、解決問題。網格上的每個方格都配置了一位管理者，其職責是向警方報告社區動態、在必要時拍攝照片和影片，並在麻煩似乎即將出現的時候就進行介入。這一連串為了建設數位基礎設施所做的努力，被統稱為「黃金工程」，將網格化管理帶入了數位時代。它們也反映了錢學森和宋健對於使用數據收集，來掌握系統性問題本質的重視。

其中最有影響力的計畫就是「金盾工程」，該計畫的內容，主要是利用資訊來消除威脅。其中關鍵的環節是一個經過微調的系統，它使用美國和加拿大的尖端防火牆技術來過濾政府不歡迎的網路內容；另一個關鍵環節，則是建造一個將公安部和全國各地警察局連結起來的電腦網絡，並結合國家線上數據庫。該數據庫裡收錄了全國所有成年人的身分證號碼和個人資訊。在此基礎上，共產黨希望建立起一個監控系統，將個人網路使用追蹤、閉路攝影機和數位身分證等功能整併在一起。這些計畫最終也必須納入語音和臉部識別技術——這比它們被用在鎮壓維吾爾族上，還要早了整整十五年的時間。[19]

二〇〇八年，也就是錢學森過世的前一年，時任中共領導人胡錦濤前去他家拜訪。當時胡錦濤的聲勢如日中天——北京即將首次舉辦奧運會，而上海則在籌備世博會（World Expo）。中國的經濟成長數據讓所有經濟學家瞠目結舌。中國科學家當時剛剛發射了一艘無人太空船「嫦娥一號」，啟動了新的月球探測計畫。胡錦濤認為，中國的成功在很大程度上要歸功於黨對「科學發展」和社會穩定的重視，而這些也就是錢學森在天安門廣場危機前夕發表的文章裡所強調的主題。

胡錦濤向虛弱，但臉上掛著微笑的錢學森鞠躬，並握住這位科學家的手，給予他應得的讚揚。「錢老，您在科學生涯中建樹很多，我學了以後深獲教益，」胡錦濤說道。他回憶起自己一九八〇年代曾在中央黨校學習錢學森關於系統工程的理論，尤其是他主張要從整個系統的觀點來處理複雜問題，而非單獨地關注個別問題。「這很有創見。」胡錦濤說。[20]

19 請參見Greg Walton, *China's Golden Shield: Corporations and the Development of Surveillance Technology in the People's Republic of China* (Montreal: Rights & Democracy, 2001)。

20 〈胡錦濤看望科學家錢學森吳文俊紀實〉，新華社，二〇〇八年一月十九日。

錢學森過世後，他與門下學生提予共產黨的洞見，至今仍在幫助共產黨維持控制，並以讓全世界震驚的方式高速發展。雖然今日的中國人大多數都已經意識到，毛澤東和其他人一樣，只是個有血有肉的人，但一位中國科學家卻曾在二〇一八年告訴《科學》（*Science*）雜誌，「對於中國科學界來說，錢學森如今在他們的心目中，就是新的神。」雖然在天安門事件發生之後，錢學森的預言似乎成真了，但將他的學說付諸實踐其實並不容易。在胡錦濤掌權的時代裡，網格化管理和金盾工程都曾多次故障，有時甚至讓北京領導人緊張不已。一直要到一位強大的新總書記於二〇一二年十一月四日上任之後，中共才會開始認真重振這個控制手段。

四　中國夢

當習近平在此起彼落的閃光燈中大步走上人民大會堂的講台，進行他擔任中共新任領導人的首次演講時，對於中國的許多人來說，他仍然是個神祕的人物。這個挺著大肚子、面帶冷淡微笑的五十九歲男子，於五年前被中共元老選中，坐上了黨內的最高職位，並成為國家主席，但沒有人知道他上任之後會做什麼。他二〇〇九年訪問墨西哥市期間，曾出人意料地發表過一次帶點攻擊性的演說，猛烈抨擊那些「吃飽了沒事幹的外國人」，說他們對中國的批評並不公平，因而引起了一陣風波。但除此之外，他一直都處於眾人目光的邊緣，低調地等待這一刻的到來。

習近平進行這場演說前的幾個星期裡，北京的氣氛變得愈來愈懸疑，人們都在猜測他將如何應對中共正面臨的挑戰。貪腐問題在習近平之前的領導人統治下變得愈來愈氾濫，嚴重損害了共產黨的信譽。與此同時，中國經濟和社會的結構走向也改變了政治地景，國內外的觀察人士都警告，這種趨勢可能會讓共產黨難以維持平衡。幾乎所有經濟學家都預測，中國的經濟增長率很快就會跌到百分之六以下，大幅低於許多人認為共產黨為了維持社會穩定必須達到的百分之八的門檻。共產黨也在努力應對網路上一個奇特的新現象，這個現象當時像野火一樣蔓延，展現了不滿情緒被放大後能帶來的可怕力量——這個新現象就是社群媒體。

早在十五個月之前，推特上就開始流傳一些匿名訊息，呼籲人們在中國十幾個城市裡串連抗議活動，目的是為了借鑑阿拉伯之春（Arab Spring），發動一場「茉莉花革命」。抗議活動的消息後來傳到了微博，亦即一個類似推特的社群媒體平台，在短短兩年之內就積累了一億四千萬名用戶，在中國成為受過教育的都市居民的虛擬廣場。在北京和上海出現的數百名抗議者，其人數遠遠不及警察。

就在幾個月之後，另一場更嚴重的危機出現在二〇一一年的夏天：兩列高速行駛的列車在雷雨之中，於沿海城市溫州的郊區相撞，造成四十人死亡、一百七十人受傷。在官員的指揮之下，施工人員將部分被毀車廂解體、就地掩埋，而這個過程的照片則在微博上被網友快速傳播。網路審查的速度幾乎難以跟上微博用戶指責政府隱瞞真相的速度。一位匿名的微博用戶當時寫下一則評論，在中國的網路上被瘋狂轉發：「今天的中國本身就是一列在雷雨中行駛的動車，你我不是看者，你我都是乘客。」

曾推翻前蘇聯共產政府的各種「顏色革命」（color revolutions），長期以來一直都讓中國共產黨非常擔憂。二〇一〇年，北京的領導人充滿戒心地看著臉書和其他西方的社群媒體平台，如何助長了阿拉伯之春的抗議活動，這波抗議浪潮席捲了北非和中東大部分地區的獨裁政權。中國政府當時已經封鎖了臉書和推特，但沒想到中國本地的社群媒體平台依然能對他們帶來威脅。

數十年來，中國領導人一直在採用外國記者和研究中國的西方學者所稱的「蒙混過關」（muddle through）的方式，拼湊出政策理念和政治訊息，勉強保持國家資本主義引擎的運轉。隨著共產黨面臨到新的壓力，很少有人認為他們能繼續這樣蒙混下去。此外，共產黨當時也處於令他們非常擔憂的歷史現實：一黨專政的預期餘命，在當時已經接近尾聲。一般來說，中國領導人最多只會執政兩個任期，而習近平也將於二〇二二年結束他的第二個任期，屆時中華人民共和國在世界上便已存在七十三年了。在所有一黨專政的國家裡，只有蘇聯存續的時間比這還長——當蘇聯於一九九一年因為米哈伊爾·戈巴契夫（Mikhail Gorbachev）的改革而解體時，這個國家在世界上存在了七十四年。

當觀眾於二〇一二年十一月參加習近平的就任典禮時，很顯然地，下一代的中國領導人必須帶領國家往更加審慎的方向前進，但作風隱密的共產黨卻對他們的計畫守口如瓶。西方的政治人物、商界人士和研究中國的學者都強烈希望，中國正面臨的壓力和不確定性，會促使習近平在更大程度上，採行共產黨在鎮壓天安門廣場的示威活動之前，曾於一九八〇年代嘗試過的自由主義。他們的理由是共產黨太龐大、太腐敗、無法掌控進一步的變化，因此只能放鬆管制，藉此解決國家當前的問題。

一些密切關注中國政治的人則警告道，他們發現習近平帶有民族主義的傾向，並指出他在墨西哥的衝動發言就是證據。但也有許多人堅定認為，他會追隨已故父親習仲勳的腳步。習仲勳是一位受人尊敬的中共領導人，曾幫助鄧小平於一九八〇年代推動市場改革——這件事讓一些人相信，他的兒子也會成為一個推動自由化的領導人。

然而當習近平走上人民大會堂的紅色地毯時，眾人的期待卻被困惑情緒取而代之。他和其他六名新一屆的政治局常務委員出現的時間，比原定晚了整整一個小時。對於一場被嚴格場控的活動來說，這種延遲很不尋常，讓人們不禁猜測，是否在就任典禮前的最後一刻爆發了什麼危機。習近平走向前去，接著把頭靠向麥克風，用輕鬆而謙遜的語氣，講出他成為世界上人口最多的國家的領導人後的第一句話：「抱歉讓你們久等了。」這句話引起了觀眾們驚訝的笑聲，也緩解了現場的緊張氣氛。

在接下來的演說中，習近平以不尋常的坦率態度，對這個國家的現在和未來進行了評斷。他說：「在新形勢下，我們黨面臨著許多嚴峻挑戰，黨內存在著許多亟待解決的問題。」他最後呼籲「記者朋友」幫助中國更多地了解世界，而世界也需要更多地了解中國。對於那些在這場活動中尋找理解未來中國的線索的樂觀人士來說，習近平演說的語氣，彷彿就像是更開放、更人性化的時代即將到來的序言。

後來人們會發現，這種印象並不正確。幾天過後，習近平便用令人不禁聯想起墨西哥市那段談話的語氣，開始闡述他的民族主義願景；在這個願景裡，中國將會重返昔日的榮景，而共產黨就是這個任務的核心角色。他在天安門廣場邊上、位於人民大會堂正對面的國家博物館裡的鴉片戰爭文物展覽前，發表了後來被稱為「中國夢」的演講。

這個背景是他精心挑選的。清朝政府曾因為鴉片貿易，而和英國陷入長達三年的衝突，最後於一八四二年以清帝國的慘敗告終，並開啟了在中國被稱為「百年國恥」的衰弱時期。習近平說，「回首過去，我們全黨同志都要牢記，落後就會挨打。」他接著繼續說道，共產黨此時需要幫助中國人民展望未來。「我們相信，實現中華民族偉大復興，就是中華民族近代以來最偉大的中國夢。」[1]

早在川普（Donald Trump）開始在紅色棒球帽縫上「讓美國再次偉大」字樣的三年之前，習近平就已經用中文提出過類似的口號。接著在二〇一三年夏天，一份祕密的共產黨公報被洩漏公開，能讓我們在未經過濾的情況下，一窺是哪些意識形態在推動著他的願景。

該公報是該年發布的第九次公報，其正式標題為〈關於當前意識形態領域情況的公報〉；大多數人都將其稱為「九號文件」。這份文件在中共高層裡廣泛流傳，列出了對中國夢不利的意識

1 全文翻譯可參見 *China Copyright and Media* blog: https://chinacopyrightandmedia.wordpress.com/2012/11/29/speech-at-the-road-to-rejuvenation/。

形態威脅，比如西方的憲政民主、普世價值、公民社會、新自由主義、新聞自由，以及對中共版本的歷史的批評。該文件指出，「憲政民主話題由來已久，近來的炒作更加頻繁」，並對那些提出批評、認為黨的領導已經凌駕於中國憲法之上的人提出警告。「他們的目的是以西方憲政民主否定黨的領導、取消人民民主……最終實現改旗易幟，把西方的政治制度模式搬到中國。」該文件還指出，官員們必須警惕這些影響，抓住一切機會消滅它們。[2]

這份公報只是一個前兆而已。在接下來的幾年裡，習近平勾勒出的意識形態不只是反西方而已，而且還倒退到早期中國政治問題叢生的那個年代。他認為，由毛澤東發動革命所開啟的偉大歷史工程裡，中國夢就是最新的階段；這個歷史工程讓共產黨有理由去重申，自己在中國各方面都占有最重要的地位。全面監控將會成為這個願景的骨幹，讓共產黨能預測人民的需求，同時根除九號文件裡所指的勢力對中共政權的威脅。

改革開放之後，中國便開始和作為政治人物的毛澤東保持距離，將他物化成某種庸俗的符號。雖然他的肖像仍掛在天安門上，但他的臉更常被鑲在小巧方形的金色塑膠框裡，懸掛在北京計程車的後視鏡上，作為預防交通事故的護身符。然而習近平不只試圖為毛澤東平反，甚至還開始在某些方面模仿他。他成了「一切的主席」，主掌每個重要的委員會。隨著時序演進，高階官員和官媒也開始將他稱為「國家的掌舵者」，致敬了「偉大的舵手」這個毛澤東曾於文革時使用過的稱號。

然而在某些重要的面向上，習近平又和毛澤東不盡相同：他更有條理，比較少誇大其詞，對中國的未來也抱持著很不一樣的看法。研究中國的白明（Jude Blanchette）曾寫道，「習近平的願景是紀律嚴格的政治秩序，這和毛澤東宗教式的激進主義相差甚遠。」[3]習近平還獲得了毛澤東從未設想過的科技，讓他能夠想像一個更加精確的政治願景。

習近平似乎很早就意識到了這個優勢的重要性。二〇一三年，他在擔任國家主席後的首次大型演講中宣布，將中國打造成科技強國是當下最重要的任務。「西方國家能在近代稱霸世界，一個重要原因就是他們擁有先進的科技，」[4]他說。在AI（人工智慧）等具有重要戰略意義的技術上成為領導者，對外將有助於中國與美國競爭，對內則可以幫助共產黨建立一個新的控制體系，以確保其自身的福祉。而錢學森數十年前以維納理論為基礎所發展出的社會工程藍圖，便為這個進程提供了框架。

2 全文翻譯可參照 Asia Society's China File: http://www.chinafile.com/document-9-chinafile-translation。

3 Jude Blanchette, *China's New Red Guards* (New York: Oxford University Press, 2019), Kindle Location 3138.

4 Chris Buckley and Paul Mozur, "What Keeps Xi Jinping Awake at Night," The New York Times, May 11, 2018.

好幾個世代以來，科技一直都是中國統治階級關注的目標。

每個中國小孩都在學校裡學過，蔡倫這位東漢太監如何在西元二世紀發明了造紙術，以及聰明的中國人後來如何率先發展出印刷術、火藥和指南針。然而這個國家在科技上的失敗，也同樣深深地刻劃在中國人的集體精神之中。由於帝國的傲慢態度和制度慣性，十九世紀初的清朝未能跟上當時剛進入工業化時代的西方國家的技術進步；許多人都認為，這就是中國迎來百年國恥的原因之一。毛澤東於「大躍進」期間追求工業自給自足所帶來的災難與隨之而來的饑荒，也再次強化了一個印象：中國已經失去（甚至可能已經永久失去）了支撐其昔日榮景的科技力量。

中國雖然一度科技上取得領先，卻注定要落後西方技術一截的觀念，一直到二十一世紀初都還很常見。在資訊科技爆炸式擴張的鼓舞之下，西方的菁英和中國菁英一樣堅信，西方的科技水準注定會優於中國。就像十九世紀末西方列強曾用現代步槍、大砲和輪船削弱清帝國的統治者那樣；發達國家的許多人都認為，他們可以利用網際網路來撬動共產黨的獨裁統治。這種想法至今最令人難忘的一次表述，當屬時任美國總統柯林頓（Bill Clinton）於二〇〇〇年在約翰霍普金斯大學（Johns Hopkins University）的一場演講。柯林頓當時正在推動中國加入世界貿易組織（World Trade Organization），但有些態度較為謹慎的人，卻對於邀請一個獨裁政權進入全球化俱樂部持反對的態度。柯林頓認為，如果中國加入全球化浪潮，便可以讓中國進一步向網際網路開放，進而也向自由和法治的理想開放。他苦笑著說，共產黨可能會試圖控制網路空間，但這種想法「就和嘗試把果凍釘在牆上沒什麼兩樣」。[5]

這句生動的比喻，很快就在華府的外交政策專家之間流傳開來，因為他們堅信，網際網路是一股無法阻擋的民主化力量——這個信念在當時幾乎無所不在。白宮就像整個已開發世界的放大版，更加相信北京不知道自己正在陷入什麼樣的境地。在很長一段時間裡，他們的觀點似乎都正確無誤。

然而接下來的十年裡，中國政府卻投入了數十億美元和難以估量的時間，企圖將果凍釘在牆上，建設、升級了網路過濾系統。在後來被俗稱為「防火長城」（Great Firewall）的牆內，中國政府基本上創造了一個平行的網路空間，這個空間裡有中國版的谷歌（百度）、中國版的亞馬遜（阿里巴巴），以及中國版的臉書和推特（微博），這些公司每個都受惠於北京的政策，而且最終也必須聽從於北京的命令。不過雖然有這些投資和努力，共產黨看起來仍經常像隻灰狗，在追逐

5 關於果凍的這段講稿，是柯林頓政府的演說撰稿人保羅・奧祖拉克（Paul Orzulak）的作品，他告訴我們，他之所以會想到這個比喻，是因為他聽到官員在討論「要讓中國做出決定」（譯按：原文為nail China down，而nail down也有將某個東西釘牢的意思）有多困難。當奧祖拉克在柯林頓的國家安全顧問山迪・柏格（Sandy Berger）的講稿中嘗試使用這段話時，另一位白宮的演說撰稿人在講稿上激賞地寫道「佳句！！！太棒了！」後來他們決定將這句話留到柯林頓的演講中使用。請參照Clinton Presidential Records, National Security Council collection, OA/Box no. 4022, Clinton Presidential Library。

著它注定永遠無法追上的目標。當中國的審查員才剛搞懂如何管理網路留言板之後，網路上又出現了部落格；就在他們剛剛掌控部落格之後，微博、影音網站和聊天應用程序又隨即出現。其中一位中國的部落客先驅——毛向輝（Isaac Mao），曾在二〇〇九年的一次訪談中表示，審查機構「贏得了每一場戰役，卻輸掉了整場戰爭」。[6]到了習近平準備掌權的時候，共產黨已經建立了世界上最複雜的審查機器，基本上成功控制了數億網路用戶對資訊的取用。但針對溫州列車事故的憤怒情緒，以及社群媒體上爆發的焦慮，表明了中共仍在努力釘住網民在線上活動的一塊塊果凍殘渣。

於是習近平決定轉守為攻，從而改變了當時的狀況。二〇一三年七月，也就是習近平就任國家主席的幾個月之後，他前往由國家資助的中國科學院，呼籲中國頂尖的研究人員將他們的集體智慧用在整理中國的數據上。「大數據是工業化社會的『免費資源』，」他如此和他們說。「誰控制了數據，誰就掌握了主動權。」[7]這是一個由國家主導的新戰略的第一步，而這個新戰略就是要把握技術創新，並將這些創新融進中國夢的核心之中。

二〇一六年，習近平公布了一個發展大數據的國家級計畫，並在一年之後又公布了ＡＩ技術的發展計畫，讓這個戰略的輪廓變得更加清晰。這些計畫參照了美國在總統歐巴馬（Barack Obama）執政期間所發布的科技藍圖。共產黨的目標是將政府資金結合私人投資，藉此打造出價值近一千五百億美元的ＡＩ產業，並在二〇三〇年之前將中國轉變為世界上的科技領先者。

美國和中國都把強化國家安全這個目的，當作推動該計畫的動機。但中國和美國有個不同之處：中國強調這些科技擁有不小潛力，可以用來對社會進行最佳化。根據中國的ＡＩ發展計畫，中國最重要的目標之一，就是構建一個由智慧城市、智慧法院、智慧學校、智慧醫院，以及智慧政府機構所組成的版圖，協助解決「社會治理的熱點和困難問題」，並「讓社會運行更加安全、更有效率。」[8]

關於中共對ＡＩ的運用，其中一個最早的案例，就是用來平息網路上的異議。在北京的壓力之下，中國的網路公司建造了混合的過濾系統，把由真人擔任的「內容管理者」和機器審查結合在一起。將大量數據投入新的運算法之後，他們現在可以掃描數百萬條訊息，並自動標記任何

6　Loretta Chao and Jason Dean, "China Is Losing a War over Internet," *The Wall Street Journal*, Dec. 31, 2009.

7　"Guojia dashuju zhanlue — Xi Jinping yu 'Shisanwu' shisi da zhanlue," Xinhua, Nov. 12, 2015, http://www.xinhuanet.com / politics/2015–11/12/c_128422782.htm.

8　中國ＡＩ發展計畫的全文翻譯，可參見New America: https://www.newamerica.org/cybersecurity-initiative/digichina/blog/full-translation-chinas-new-generation-artificial-intelligence-development-plan-2017/。

可能跨越中共紅線的訊息。更重要的是，他們還可以掃描圖像、PDF文件和影片；在此之前，這些都是必須手動完成的艱鉅任務。機器審查仍然可能會遺漏某些敏感內容——尤其如果那些內容正好牽涉到機器仍未被訓練要識別的新主題。在這種情況之下，真人審查員就會介入清除內容。貓捉老鼠的遊戲仍在持續，但共產黨表現得愈來愈好。

習近平還擴大了對現實世界的科技控制。他上台後沒多久，中共的高階安全官員便開始和警方以及負責資訊科技的部門合作，加速推出一個名為「天網」（Skynet）的大型監控計畫，要求全國各地的城市都安裝高解析度的監視器，以便進行即時監控。隨著時序演進，一些城市的警察部門也開始將天網的監視器連上新的臉部識別系統，利用它們來追緝使用假身分證的逃犯。二〇一六年，中共中央委員會對天網的成果顯然十分滿意，因而又批准了「銳眼」（Sharp Eyes）計畫，這個新計畫將監視器的安裝範圍擴大到了農村地區。

雖然監控攝影機在中國並不是什麼新鮮事，但這兩個計畫的擴張規模相當驚人。不只在新疆，就連在遙遠的西藏寺院外面，以及散布在全國各地的偏僻村莊裡，監視器的數量都增加了好幾倍。官媒的報導指出，人口眾多、以辛辣食物和熊貓而聞名於世的四川省，其警察機構在一年之內，便在四千八百個村莊和其他住宅區裡安裝了銳眼系統。其他省分的報導也顯示出類似的爆炸式增長。非營利組織「亞洲協會」（Asia Society）的研究人員仔細研究公開招標文件後發現，截至二〇二〇年，中國政府光是在銳眼計畫上的支出就高達約二十一億美元。[9]

中國政府的目標是在二〇二〇年底之前，在中國所有「重要公共場所」都安裝攝影監控設備——這個目標應該基本可以實現。[10]但這個新的監控網絡不只是規模變大而已：它們比之前更有組織、相互連結得更好，可以將資料傳給指揮中心，讓地方政府不用花費太多力氣，就能收集、分析覆蓋廣泛的監控影像。

隨著中國的監控能力逐漸擴大，習近平也要求高層領導人「充分利用」ＡＩ的進展和爆炸增長的數據，「提高我們感知、預測和防範風險的能力」。[11]這是錢學森從一九八〇年代以來就一直在提倡的方法。錢學森今日早已去世，而他的門生宋健也已經退休，但新一代的科學家和學者已經出現，準備好要帶領共產黨進入新的時代。

9　Jessica Batke and Marieke Ohlberg, "State of Surveillance," China-File, Asia Society, Oct. 30, 2020.

10　〈關於加強公共安全視頻監控建設聯網應用工作的若干意見〉，國家發展改革委員會，2015（996號）。原始連結已遭刪除，可在以下網址取用：https://web.archive.org/web/20160616221428/https://www.ndrc.gov.cn/zcfb/zcfbtz/201505/t20150513_691578.html。

11　習近平於二〇一七年十二月在政治局一場關於大數據的內部會議中的談話。〈習近平：實施國家大數據戰略加快建設數字中國〉，新華社，二〇一七年十二月九日。http://www.xinhuanet.com/2017-12 /09/c_1122084706.htm。

孟天廣狹窄的辦公室位在清華大學校園一個塵土飛揚的角落裡，裡頭堆滿書籍和紙張。坐在椅子上的他將身子向前傾，摹想著一個閃亮動人的未來。那是二〇一六年初，也就是中共公布大數據計畫的一年過後。剛在政治系成為助理教授的孟天廣，是一位來自中國頂尖大學、前程似錦的年輕學者；除了他之外，還有許多其他學者，也正忙著滿足政府的需求，了解如何利用數據來預測各種問題，比如交通問題、養老金需求激增，以及網路用戶的情緒變化等。「政府非常希望根據預測來制定政策，並利用預測來制定應急的規畫，」他的眼睛裡閃爍著興奮的光芒。「這在中國非常重要。」

孟天廣擁有一張明亮的臉龐，臉上掛著燦爛的笑容和一副細框眼鏡；他坦然地討論著自己的工作內容（其中大部分都是為政府提供建議），令人耳目一新。中共高層對外國媒體的敵意與日俱增（尤其是在西方媒體報導新疆狀況之後），對於研究數據和治理的中國學者來說，接受採訪已經成了一件存在政治風險的事情。也因此，外人幾乎無法了解，目前正在建議共產黨如何監控的研究人員，心裡究竟在想些什麼。然而在我們和孟天廣見面的當時，氣氛還沒有變得太糟。孟天廣和該領域的其他人一樣，對於眼前的各種可能性感到十分振奮，也很樂於討論它們。

孟天廣學術生涯的開端頗為典型。他在北京大學（相當於中國的哈佛大學）獲得了政治學的博士學位，並以訪問學者的身分在美國的哈佛大學從事一年的研究。他於二〇一三年取得博士學位之後，在清華大學政治系找到了博士後的職缺。他曾在學術生涯初期撰寫過關於民主轉型理論以及社會階級如何影響政治態度的論文。但就在他從事博士後工作的一年之後，清華大學和其他頂尖大學一起響應了中共對大數據的熱愛，成立了一個新的數據科學研究所（Data Science Institute）來招募該領域的人才。孟天廣也被捲入了這股浪潮之中，並展現出他在這個領域的天賦。

孟天廣之前的其中一個研究領域，也就是他對政治信任（political trust）這個概念的關注，正好和中國政府對數據的興趣非常契合。中國的大型網路公司非常希望討好北京當局，於是主動向大學的研究人員提供了大量的社群媒體數據，供他們進行研究。孟天廣決定利用這些數據，來衡量中國的「威權體制」（這是他的說法）對網絡輿論波動的反應程度。

儘管他的背景是傳統的政治學，但這個新的方向讓他必須學習錢學森所推廣的社會工程方法。孟天廣表示，中國政府的目標是建立一個系統，來自動偵測社群媒體對話中負面變化的跡象，從而增強人們對黨的信任，並利用這些資訊來進行決策。比方說，這樣的系統可以掃描微博，找出過去曾和地方環境抗議相關的某些關鍵詞組合，比如「腐敗」、「污染」和「工廠」，並在貼文裡的關鍵詞數量達到一定門檻時，提醒貼文涉及地區的省級官員，讓官員可以在居民走上街頭之前提前介入，緩解地方上的擔憂。

美國安全分析師薩曼莎・霍夫曼（Samantha Hoffman）於二〇一七年發表的博士論文，就是以這種由數據驅動的全新社會控制方法為主題；這篇很有啟發性的論文，題目是「編程中國

（Programming China）」。霍夫曼在她的研究中發現，共產黨的「社會管理」理想，在毛澤東死後便不斷演變，加入了「紅蘿蔔加棍棒」的複雜組合，或者套用她的說法——「拉攏與強制」（co-optation and coercion）。研究中國的學者一般認為，中共會不斷在強加意志的鎮壓時期，以及考慮人民期望的鬆綁時期之間來回更替。但霍夫曼認為，中共的目標和這種說法存在微妙的不同。「並非在不同的時期只出現其中一種模式，」她寫道。「而是兩種模式同時攜手運作」。與此同時，中共也不斷在監測內部威脅和外部威脅的相互作用，關注外來的思想和活動如何可能加劇問題。

霍夫曼在尋找新框架來理解她的觀察時，偶然發現了一篇關於自我調節的「自主」電腦系統的論文。該系統由美國科技巨頭IBM於二〇〇〇年代初開發，目的是應對現代電腦計算不斷增加的複雜性。由於IBM找不到足夠的資訊科技真人管理員來維持新系統的運作，因此便開發能自行感知、解決基本操作問題，藉此對自己進行最佳化的電腦。這個概念帶有控制論的色彩，從人類的自律神經系統中汲取了靈感。自律神經系統控制著包括心臟在內的人體器官，會在一個人感覺受威脅的時候，觸發「戰或逃」（fight or flight）的求生本能機制，大量分泌腎上腺素。

自動糾錯的概念和霍夫曼在中國看到的案例很類似。她引用的其中一個例子是社會信用體系（Social Credit System）。中共於二〇一四年開始廣泛推動這個計畫，希望將定期更新有關金融、社會和政治行為的衡量標準，結合成一個單一機制，並通過獎懲並行的方式，鼓勵企業和個人維持誠信。這個系統既複雜、又存在缺陷（第十一章有更多關於這點的說明），但其概念概括了中共規範社會的方法。霍夫曼認為，從理論上來說，這個系統可以自動地讓人們更有誘因去服從，並預防不和諧的情況出現。

霍夫曼將這個概念的起源，追溯到錢學森對社會控制論的推廣，以及宋健一九八〇年代初主張社會管理可以透過科技來實現自動化的論點。她認為，中共已經擁有了將這些想法付諸實踐的工具和數據，現在的他們正在建造新的東西。「中國正在發生的事情，無法以傳統的方式來進行分類。」她寫道。但那仍然是威權主義，只不過變得更加穩定和靈活。

到了二〇一七年，中共對ＡＩ和大數據的興趣，已經在中國境內掀起了一波研究熱潮。孟天廣表示，清華大學每年都會從社會科學院、公共行政和經濟管理學院招收一百多名碩士生加入數據科學實驗室。所有其他的頂尖大學也都有類似的做法。中國的研究人員都在侃侃而談大數據即將開啟的新世界。「整個人類歷史最終都會以數據的形式存在。」中央黨校的一位教授曾在二〇一五年的一篇研究論文[12]中寫道（中央黨校就是塔依爾曾在一九九〇年代任職的那個菁英培訓學校）。另一位黨校的教授則在一份名為《電子政務》（*E-Government*）的中國期刊上撰文，預測

---

12 Lü Zhiqing, "Dashuju shidai xia zhengfu zhili fanshi chonggou," Jingji Yanjiu Cankao no. 45 (2015) 45.

在不久的將來，「世界上的一切」都會數位化，可以將數據與數學模型相結合，讓社會的每個機制都能盡善盡美。[13]

其中一些最熱切的貢獻，來自政治思想教育領域的學者；這些學者關心的課題是，如何讓中國的年輕人接受馬克思主義和中國領導人的政治著作。

其中，任職於成都的電子科技大學的兩位學者便認為，大量收集社群媒體和其他類型的數據，能讓學校為每個學生的政治傾向創建出「精確的檔案」，並利用這些檔案針對每個不同的個體，製作出更有可能讓他們相信社會主義優越性的訊息。[14]在他們的想像裡，還可以使用數據視覺化來描繪學生對課程的看法、興趣和課業上的疑問。

孟天廣不太確定大數據能否實現共產黨想要實現的一切目標，但他依然相信這個大方向是正確的。如果將數據和治理結合，便能開闢出這樣一個充滿可能性的世界。「無論如何，」他說，「這都比傳統的時代還要好。在過去，我們沒有數據，政策是基於個人的判斷來決定的。」

在某個程度上，要反駁他的論點似乎並不容易。中共面臨的許多問題，不論是在網路上，還是在街上爆發的許多抗議活動，都是在回應地方官員的濫權、貪婪、腐敗和玩忽職守，而允許對法律體系進行政治操弄的政權，也助長了這些地方官員的行為。建立一個有如自律神經系統的政治體系，可能是個有點太過理想化的夢想，但即便只是部分實現的版本，也能讓共產黨比以往更有效率地管理這個國家。

為了迎接二〇一八年的到來，習近平在他的個人辦公室裡，錄製了一段新年賀詞影片。和往年一樣，他穿著深色西裝、繫著紅色領帶，坐在畫面的正中央，將雙手交叉放在一張擦得像鏡子一樣光亮的巨大木桌上。他的右肩後方掛著一面中國國旗，而正後方則是一幅以長城為主題的水墨畫，搭配他梳得非常整齊的頭髮，這是個十分上相的背景。唯一明顯的區別，出現在水墨畫兩側的書架上。

近年來，官媒會加強報導自稱愛書者的習近平，每年年初在書架上放了什麼書。那一年的選書很能說明某些趨勢。馬克思主義的文獻《資本論》（*Das Kapital*）和《共產黨宣言》（*The Communist Manifesto*）一旁，放著兩本關於ＡＩ技術的書：一本是未來學家布雷特．金恩（Brett King）所寫的《智能浪潮》（*Augmented: Life in the Smart Lane*，台譯《擴增時代》），該書展望當預測性科技的時代到來時，人類生活可能會變成什麼樣子；另一本則是電腦科學家佩德羅．多明

13 Di Yun, "Zhongguo dashuju zhili moshi chuangxin ji qi fazhan lujing yanjiu," Dianzi Zhengfu no. 8 (2018).

14 Li Huaijie and Xia Hu, "Dashuju shidai gaoxiao sixiang zhengzhi jiaoyu moshi chuangxin tanjiu," Sixiang Zhengzhi Yanjiu no. 9 (2015).

戈斯（Pedro Domingos）的《終極算法》（*The Master Algorithm*，台譯《大演算》），這本科普書對讀者介紹機器學習，並想像一種通用的學習演算法，能從數據中引申出所有過去、現在和未來的知識。（多明戈斯後來曾告訴德國的《明鏡》（*Der Spiegel*）雜誌，當他得知自己的書被放在習近平的書架上時，他感到「既興奮又害怕」[15]；金恩的說法就沒那麼曖昧，他在推特上寫道：「當你發現中國的國家主席在讀你的書時，那真是個美好的一天。」）如果之前還不夠明顯，那麼這些書便發出了一個明確的信號：習近平決意要將未來的技術，嫁接到中共的革命根源之上。

我們很難知道習近平是否像一些黨內的政治學家和馬克思主義理論家一樣，也熱中堅信數據能洞察一切、控制一切。但他開啟第二任國家主席任期的一年過後，他手下的官員們都熱切地響應了他呼籲人們利用這個「免費資源」的呼聲。中國對ＡＩ研究中心和新的數據科學家培訓計畫投入了數十億美元。中央的規畫者正在嘗試使用演算法，來預測社會福利計畫所承受的壓力。地方政府也開始建立數據的收集平台，用來匯集社會信用紀錄。

安全機構則走得更遠。就在習近平新年談話的幾個星期之前，一份官媒的報導指出，光是在天網計畫實施的四年之內，中國就安裝了超過兩百萬個新監視器，「讓罪犯無法隱藏自己的行蹤」。這篇報導還指出，除了監視器之外，政府還使用了ＡＩ和大數據來進行預測性的維安工作。「它不僅遍布全國，還引領整個世界。」[16]

中國是世界領導者的這種說法並非空穴來風。不論是在中國境內，還是身在海外的中國數據科學家，都參與了ＡＩ領域最好的研究（而且經常是這些研究的主持人），例如臉部和語音識別，而就監控而言，這也正是最有用的領域。當時的中國擁有近八億網路使用者，每天都能產生海量的數據供科學家研究。

這個世界上最大的獨裁國家似乎正在大步向前邁進，對他們由科技驅動的社會控制模式非常有自信，他們似乎已經永遠消滅了科技可能將中國轉變為熱愛自由的多黨制國家的幻想。同一時間，世界上最強大的民主國家（譯按：亦即美國）則在試圖對抗全球化的罪惡，以及社群媒體造成的高速歪曲，這些都提高了中國的自信。《華爾街日報》記者鮑勃．戴維斯（Bob Davis）和魏玲靈（Lingling Wei）曾寫過一本書，名為《大國攤牌》（*Superpower Showdown*），主題是當時正在加劇的中美衝突；他們在書中提到，習近平開始將川普時代的美國政治制度稱為「一盤散沙」，太容易因為政黨衝突而陷入不穩，因此很難取得任何有意義的進展。

儘管習近平試圖將中國政治恢復到毛澤東時代這點，讓一些人感到十分驚訝，但共產黨顯然已經在朝著加強國家控制的方向前進好一段時間了。當西方正在從二〇〇八年金融危機的深淵中

15 Christoph Scheuermann and Bernhard Zand, "Pedro Domingos on the Arms Race in Artificial Intelligence," Der Spiegel, Apr. 16, 2018.

16 "'Tian wang' wang shenme," *Renmin zhoukan*, no. 20 (2017) 20, https://web.archive.org/web/20200515220622/;http://paper.people.com.cn/rmzk/ht%20ml/2017-11/20/content_1825998.htm.

解脫出來時，中國領導人則是忙著在防火牆後面，建立一個由中國搜索引擎、影音網站和社群媒體平台所組成的封閉世界，這些平台能讓人誤以為自己擁有各種選擇。曾任美國有線電視新聞網（CNN）駐北京分社社長、現為維基媒體基金會（Wikimedia Foundation）負責全球倡議的副會長麥康瑞（Rebecca MacKinnon）認為，中共的這個計畫催生了一種政治控制的新形態，她將其稱為「網絡威權主義」（networked authoritarianism）。她寫道，和短短的十年前相比，中國網路用戶「能獲得更多樂趣、感到更加自由，而且也不再那麼害怕政府。」但她認為，與此同時，共產黨依然保留了控制權，而且能利用網路來偵測反政府的跡象。

政治學家法蘭西斯・福山曾在二〇二〇年的一篇文章中指出，習近平領導之下的共產黨正在採取下一步行動。他寫道：「首先要認識到，我們正在面對的這個國家，和二十世紀中葉的蘇聯很類似，它們都是野心勃勃的極權國家。」但中國和蘇聯的不同之處在於：習近平更擅於利用積極的誘因，而且「擁有二十世紀的極權主義者根本無從取得的科技工具」[17]。

谷歌、臉書和亞馬遜都使用了一些工具來重塑資本主義，而中國的領導人也希望使用同樣的那些工具來重新定義政府。在理想的未來裡，只要擁有足夠的數據和正確的演算法，他們就不必像史達林、墨索里尼和其他二十世紀的暴君那樣，動用暴力來強加自己的意志，而是能像谷歌的廣告商那樣，預測要在何時、何種方式，來推動國民按照中共偏好的方式行動，同時也可以抹除異議。中國將不再存在自由或壓迫，只會剩下最佳化。

共產黨不太可能實現如此完美的控制概念，但隨著習近平進入第二個任期的中期，他似乎已經下定決心，要盡可能地在這條道路上走得更遠一些。他能多接近這個理想，在很大程度上取決於那些不完全在中共控制範圍之內，而且擁有強大力量的企業實體。

17 Francis Fukuyama, "What Kind of Regime Does China Have?" *The American Interest*, May 18, 2020.

五 小大哥們[1]

那是二〇一六年十月一個霧氣濃重的秋日。數十名中央政治局和政法委員會（共產黨裡一個負責監管警察和法院的強大機構，一般簡稱政法委）的高層官員，聚集在北京一個如洞穴般的會堂裡，聽取一位受邀講者的演說。這場演說，是孟建柱於該年四月開啟的一系列研討會的其中一場，目的是讓黨員跟上執法的最新趨勢。孟建柱當時是政法委書記，也曾擔任過公共安全部的部長。這是孟建柱半年內第四次將他們召集起來，也是第一次有講者來自政府部門之外。

孟建柱開場之後，這位穿著俐落藍領襯衫和黑色長褲的講者走向了講台。他身高大約一百六十公分，帶點孩子氣的髮型掩蓋了他五十多歲的真實年齡；任何一個關注中國科技產業崛起的

1 本章是多年來報導中國互聯網產業，以及和數十名在該產業工作或和該產業關係密切的員工和投資人交談的成果。幾位希望匿名的中國律師，在解釋內容和數據法規的幽微細節時提供了特別多的協助。

人，都能立刻辨認出他有點淘氣的舉止。在中國，幾乎所有人（以及這個房間裡的所有人）都認得出來，這位講者就是馬雲。

馬雲是個急性子、滿懷熱情的人；當過英語老師的他，後來成了「阿里巴巴控股集團」的創辦人。該集團於一九九九年在一個公寓裡成立，起初是一個電子商務網站，但很快就在中國的科技業成為巨頭。阿里巴巴於二〇一四年在紐約證券交易所上市時，募得了兩百一十八億美元，那是截至當時為止，美國史上規模最大的一次首次公開發行（IPO）。創立近二十年後，中國有超過九億名消費者會在阿里巴巴的線上零售平台上購物，其中包括阿里巴巴最受歡迎的電子商務平台——「淘寶」，那裡什麼東西都買得到，從廚房用具到摺紙裝飾都一應俱全。[2]阿里巴巴也有自己的餐飲外送網絡、經營一個很多人使用的行動支付系統，並營運著全中國最成功的雲端運算事業。到了二〇二〇年，阿里巴巴的市值來到了八千億美元——這個令人瞠目結舌的數字，反映了該公司握有數億消費者的喜好、習慣、活動和財務狀況的大型資料庫。

在中國以外的地方，馬雲則成了「新」一代中國商人的看板人物，打破了經營規模膨脹的國有企業、穿著無領黑外套的古板中年男子的刻板印象。他喜歡在群眾面前表現自己。二〇〇九年，他曾塗著深紅色的口紅、頭頂龐克風格的白色羽毛假髮走上台，在數千名仰慕他的員工面前演唱〈今晚你感覺到愛了嗎？〉（Can You Feel the Love Tonight?）。隔年，他在另一個舞台上穿著《魔鬼終結者》（Terminator）風格的黑色皮衣、戴著一副太陽眼鏡，與加州州長阿諾・史瓦辛格

（Arnold Schwarzenegger）會面。他經常乘坐自己的私人飛機，前去參加瑞士達沃斯（Davos）的世界經濟論壇（World Economic Forum），讓全世界的菁英驚嘆於他自學的英語，並捐錢幫助非洲的創業計畫和尼泊爾的震災援助計畫。

他在北京的聽眾則不太一樣——那是一群更加重要的人物。那個星期五在現場聚精會神聽講的聽眾裡，包括幾位中國最有權勢的官員，比如當時的中國公安部部長郭聲琨（他很快便會取代孟建柱成為政法委的書記）、中國最高人民法院院長周強，以及中國的最高人民檢察院檢察長曹建明。他的演講也在線上同步對全國超過一百五十萬名警察、法官和檢察官進行轉播。

馬雲這場演講的主題是大數據。他告訴聽眾，像阿里巴巴這樣的公司所累積的大量數據，正在改動社會的方方面面。執法方面也不例外。馬雲認為，警察每天都耗費心力在現實生活之中追捕小偷小盜，但如果警察可以監控嫌犯的數據，而非嫌犯的足跡，情況會變得如何呢？「大數據會留下蹤跡，就算肉眼看不到的也是如此，」他說，而且這些蹤跡通常更容易追蹤。更棒的是，他告訴那些全神貫注的官員們，大數據意味著警察不再需要苦於解決發生於過去的犯罪事件。「只要擁有足夠的資料和運算能力，就能預測問題、預測未來，和判斷未來。」他說。[3]

2　阿里巴巴新聞稿，二〇二一年八月三日，https://www.alibabagroup.com/en/news/press_pdf/p210803.pdf。

3　〈馬雲：數據時代是預測未來的時代〉，中央廣播電視總台，二〇一六年十月二十二日，http://tech.cnr.cn/techgd/20161022/t20161022_523213660.shtml。

為了說明最後這點，馬雲以一個準備進行炸彈攻擊的恐怖分子為例。「買高壓鍋很正常，買計時器也很正常，甚至買火藥和滾珠軸承也都很正常，但如果一個人同時買了這些東西，那就不正常了。」藉由演算法的建立，他們可以發現可疑的購買行為模式，並將這些行為通報給政府。「未來的政治和法律體系離不開網路，也離不開大數據，」他說。「壞人根本走不進廣場。」我們不確定馬雲所說的「廣場」指的是否就是天安門廣場，但他傳達出的訊息主旨非常明確：阿里巴巴的數據可以協助共產黨，避免他們的權力受到威脅。

馬雲的演講讓人印象深刻。孟建柱在他之後走上講台，讚揚大數據將打開人類的「第三隻眼」，改變人們看待世界的方式。他警告道，政法委需要接受這些顛覆性的技術，否則恐怕會成為落伍的人。

八個月過後，政法委又舉行了一場演講，這次的講者是另一位科技公司的企業家：馬化騰。馬化騰和馬雲沒有親戚關係，卻是馬雲最激烈的競爭對手之一。他是騰訊控股的創辦人，該公司創立於中國網路剛剛興起的時期，當時只是一家山寨即時通訊的新創公司，後來卻逐漸發展成一個龐然大物，在遊戲、音樂、影音和社群媒體等領域都有涉足。騰訊最受歡迎的產品是微信，這是一款涵蓋所有功能的應用程式，將文字、視訊和語音聊天的功能，和公眾號頁面與行動支付結合在一起，就像WhatsApp、Instagram和Apple Pay的混合體。二〇一七年馬化騰對政法委進行演講的當時，微信擁有近十億用戶，其中大多數人幾乎每天都會使用它。

就性格來說，馬化騰與馬雲正好相反，他既內向，又低調，幾乎像是隱形人一般。但他傳達出的訊息是一樣的。「數據就是生產力，讓數據多跑腿，民警就能少跑腿，」他如此說。「如果有足夠多的有效數據，用合適的演算法，就可以挖掘、利用大數據分析異常行為，最終找到嫌疑人。」[4]他在演講裡使用了數據工程師的晦澀行話，可能不如馬雲那樣激動人心，但對於坐在演講室裡的人來說，那並不重要。真正重要的是他的現身，以及那所代表的合作意願。

共產黨雖然擁有極大的權力，但它控制社會的野心，仍高度仰賴中國經濟裡唯一不受國家掌控的領域的企業。中國的科技巨頭十分特別，他們都是在有高牆保護的花園裡成長茁壯的。他們經常誇口自己比臉書、谷歌和亞馬遜更深入了解使用者的生活；作家肖莎娜．祖博夫曾知名地將臉書、谷歌和亞馬遜，稱為「監控資本主義」的先驅。和矽谷相比，中國的科技公司和國家之間的關係也更加密切，仰賴政府對公司發展和存續的支持。

4 "Ma Huateng gei 150 wan zhengfa ganjing shangle yitangke jiang ruhe yonghao heikeji," Sina, June 10, 2017, https://tech.sina.com.cn/roll/2017–06–11/doc-ifyfzhpq6540913.shtml.

與此同時，和全球資本主義的所有企業一樣，他們也被對利潤的強烈渴望所驅動著，而這種渴望未必和國家利益一致。對於共產黨來說，這讓他們既是無價的資產，也是深切焦慮的來源。

共產黨和中國科技公司之間的特殊關係是中國網路的產物，其運作方式和其他地方的網路並不相同。中國擁有世界上最多的網路使用者，經常上網的人數超過十億人（相比之下，人口規模和中國相似的印度，其網路使用者的人數約為八億兩千五百萬人），近百分之九十七的中國網民主要透過行動裝置上網。[5]但他們和美國的智慧型手機用戶不同：後者能將幾乎整個全球資訊網都裝進口袋，而前者則活在一個幾乎只有中國人的虛擬世界裡，透過數位版本的細胞膜和嚴格的過濾標準，和其他網路空間隔離開來。

早在網路發展初期，共產黨就已經開始使用審查制度和寬鬆的智慧財產權執法，為這種奇異的環境奠定基礎。當防火長城將美國的網路巨頭拒於門外之際，中國政府也透過減稅、容易取得的融資機會，以及租金折扣等方式，餵養著前景最被看好的那些抄襲美國網路巨頭的本土業者。經歷一連串駭客攻擊之後，谷歌於二〇一〇年決定終止在中國提供經過審查的搜尋服務，而從那之後，谷歌便遠遠落後於中國的搜索引擎首選百度。

二〇一三年，美國國家安全局（National Security Agency）的前承包商員工愛德華・斯諾登（Edward Snowden）披露，美國政府的駭客從中國的電信業者竊取了數百萬條簡訊，並侵入了一台連接到北京清華大學重要的骨幹網的電腦，這起事件在中國科技發展進程的下個階段裡發揮了關鍵的作用。中共在震驚之餘，也開始依照「安全可控」這個新口號重建中國的網路基礎設施，並更加積極地保護中國的網路空間，以避免受到來自外國的影響。他們發起了一個新的行動，根除被中共稱為美國「衛兵」的ＩＢＭ、思科（Cisco）和微軟等公司的產品，並用中國的替代品取而代之。[6]幾年後，當美國的雲端運算公司前來敲門時，在他們眼前的是一扇用數據安全和投資規則鎖死的鐵門，這扇鐵門確保了只有中國公司才能處理中國的數據。

在防火長城內，共產黨則賦予科技公司驚人的空間。只要遵守審查制度，網路公司基本上就能為所欲為——這個現象，和能源、交通等其他關鍵的經濟領域形成了鮮明的對比，因為共產黨會確保自己直接控制的國有企業，能在各個領域取得壟斷地位。這種做法造就了一場古羅馬格鬥一般你死我活的競賽，讓無數相互模仿的新創公司在塵土中流血、製造出足夠的壓力，最終產生出真正的創新。阿里巴巴和騰訊將創造力和無情的商業敏銳度融為一體，最終在這個競賽場上取

---

5 所有關於中國網路使用者的數據，都來自二〇二〇年版的官方〈中國網路發展數據報告〉，於二〇二一年二月由中國互聯網信息中心發布，http://www.cnnic.cn/hlwfzyj/hlwxzbg/hlwtjbg/202102/P020210203334633480104.pdf。

6 二〇一三年，《人民日報》出版的一本雜誌在封面故事中警告，「八個衛兵」已經「毫無阻礙地滲透進中國了」。這則故事描繪的意象，借自「他正在看著你」這幅美國於二戰期間推出，用來斥責軸心國士兵的宣傳海報。這八個衛兵分別是思科、ＩＢＭ、谷歌、高通、英特爾、蘋果、甲骨文和微軟。請參見 Carlos Tejada, "Microsoft, the 'Guardian Warriors' and China's Cybersecurity Fears," *The Wall Street Journal*, July 29, 2014。

得了主導地位。

起初，這些公司彼此之間沒有什麼關係。阿里巴巴專注於電子商務，而騰訊則把力氣集中在QQ上，亦即該公司於一九九〇年代末推出、公然抄襲美國線上（AOL Inc.）的一款桌上型電腦即時通訊產品。但隨著兩家公司都將各自的帝國擴展到新領域，競爭也變得更加激烈。除了少數例外，幾乎所有前景看好的新秀中國科技公司，遲早都會被拉進這兩家巨頭公司的勢力範圍，或乾脆被直接吞併，因為這兩家公司都在盡可能地爭奪中國網路世界的領地。最後，這兩家公司都發現自己陷入了一場激烈的鬥爭，目的只是為了爭奪一種資源，那便是用戶數據。

這場為了洞察中國消費者行為的鬥爭，主要是透過行動支付展開的。阿里巴巴於二〇〇八年推出了支付寶這個線上支付系統的行動版本，並和水電的供應商達成協議，讓消費者使用支付寶在淘寶上購買新的淋浴蓮蓬頭，並在同一個應用程式上繳交水費。下一個重大的創新則來自騰訊：二〇一三年，該公司將微信這個當時還很簡單，但很受歡迎的通訊應用程式，和他們山寨模仿PayPal的騰訊支付結合在一起。升級後的新微信，讓使用者可以透過掃描QR碼的方式進行購物和轉帳。這意味著商販只需要將QR碼印在紙上，並貼在顧客可以掃描的地方，就可以接受行動支付。在中國這個充滿現金交易、從未真正接受信用卡的國家，這是一項變革性的發展。

今日的中國，無論在城鎮還是鄉村，幾乎每一個人，都是透過支付寶或微信來處理一切交易，不論是購買街頭小吃、訂機票，還是投資貨幣市場基金。光是在二〇二〇年，中國人便使用行動支付系統進行了超過一千兩百三十億筆交易，總值達六十七兆五千億美元，幾乎是當年萬事達卡（MasterCard）全球信用卡和簽帳卡總支付額的十一倍。[7]

儘管這項技術對中國經濟非常有價值，但它對監控的貢獻可能更大。若想了解人們的欲望和信念，他們花錢的方式就是最可靠、最能揭示洞見的窗口。在美國的矽谷巨頭之中，亞馬遜是唯一擁有大量消費者支出數據的公司，但即便是亞馬遜，也只能看到消費者在自己平台上的消費樣態。與此同時，騰訊和阿里巴巴則可以看到中國各地用戶的消費情況。透過他們的其他服務，他們還能看見用戶在哪些地方停留、他們的親戚和朋友是誰、喜歡什麼電影、用了多少電量，以及在放假的時候做些什麼——這些關於行為模式的洞察力，就其廣度和清晰程度來說都十分驚人。

阿里巴巴的總部位於杭州，當地居民馮伊森（Ethan Feng）的經驗，便說明了中國網路巨頭對中國人民生活帶來的巨大影響。我們於二〇一九年見到他時，他正值三十歲。他成長的地方距離阿里巴巴園區只有一小段車程。在他成年之際，這間公司幾乎觸及了他生活中的每個方面。

7 〈2020年支付體系運行總體情況〉，中國人民銀行，二〇二一年三月二十四日。http://www.pbc.gov.cn/goutongjiaoliu/113456/113469/4213347/2021032414491874847.pdf。

他在杭州的一家物流公司擔任管理人員；他開車去上班時都會打開「高德地圖」導航，幫助自己在杭州惡名昭彰的交通裡找到最有效率的路線，而高德地圖就是阿里巴巴旗下的一款地圖應用程式。如果要給兒子和女兒買衣服或禮物，他的第一站則是「天貓」，也就是從淘寶分拆出來的一個電子商務應用程式。二〇一八年底他帶著妻小去距離杭州兩小時車程、風景秀麗的千島湖度假時，他也使用了阿里巴巴一款類似「客涯」（Kayak）的旅遊應用程式來預訂飯店。

在馮伊森的行動裝置上，最重要的應用程式就是支付寶，這款程式當時由阿里巴巴的子公司「螞蟻集團」營運。馮伊森會用支付寶來支付幾乎所有消費，比如早上喝的咖啡、附近暢貨中心購買的拉爾夫勞倫（Ralph Lauren）襯衫、自辦公室入口處自動販賣機購買的零食。如果不想開車的話，他也會用它來乘坐公車或地鐵。和中國所有十歲以上的人一樣，他還記得自己小時候曾和父母在銀行排了一個小時的隊，甚至更長時間，只為了把一疊疊現金交給銀行員，支付水費和瓦斯費。有了支付寶，他每個月只需要在手機觸控螢幕上點幾下，就可以支付這兩筆費用。他幾乎已經快要忘記自己埋在背包深處的錢包。

就某些方面而言，阿里巴巴甚至比馮伊森的家人還要更了解他。由於支付寶的存在，阿里巴巴知道他最喜歡的日式餐廳距離他的辦公室五分鐘路程，而且他每天下午都需要喝咖啡提神；阿里巴巴還知道他喜歡開快車，因為他會用支付寶付超速罰單，高德地圖則會告訴阿里巴巴他開車前往的地點和時間，也能透過食物外送的應用程式，知道他頻繁前往廣州出差的時間點。關於隱私的意識當時正在中國的城市裡萌生（我們將在第十章詳細探討這個課題），但馮伊森並沒有感到不安。只要能讓生活變得順暢而便利，讓渡這些個人數據都是值得的。「中國人對隱私的敏感度不如西方人，」他說。「很多人無法理解隱私的概念；如果你不理解，當然就不太會生氣。」

隨著共產黨在二〇一〇年代末期開始認真推行監控國家的政策，這些科技巨頭對於瀰漫在中國社會裡的欲望、焦慮和衝突的理解，也變得至關重要。北京大學的一位中國大數據研究者曾表示：「私部門掌握的數據，遠遠超過政府能獲取的數據。」由於這個議題十分敏感，這位研究者要求匿名受訪。「這是網路時代國家治理的關鍵問題：如何與這些超級平台建立良好的合作關係。因為政府認識到，光靠自己的力量是不夠的。」

二〇一六年四月，習近平在北京一個關於網絡安全的論壇裡，發表了一場內容廣泛的演講，那是他針對國家對網路公司的態度最強烈的一次表述。他在演講中使用了很多諺語，強調中國必須利用整個國家的網路來改善人民的生活，並在尖端技術領域上超越競爭對手，就像「彎道超車」那樣。他說，想要這麼做，就需要清除可能阻礙網路公司發展的官僚障礙。但他提醒，那樣做也是有限度的：「企業命運與國家發展息息相關。脫離了國家支持、脫離了群眾支持，脫離了為國家服務、為人民服務，企業難以做強做大。」[8]

8 中文講稿全文：〈習近平在網信工作座談會上的講話全文發表〉，新華社，二〇一五年四月二十四日，http:// www.xinhuanet.com/politics/2016-04/25/c_1118731175.htm。

我們於二〇一七年開始報導中國的監控國家體制時，中國的科技巨頭還會開心地高喊他們願意幫助政府維持社會秩序，但對於幫助的形式不置一詞。在公眾的壓力之下，蘋果、臉書和字母控股（Alphabet Inc.'s）旗下的谷歌等美國公司，都必須定期在透明度報告之中說明自己與政府進行了哪些合作，但在中國，類似的網路公司卻不覺得自己有這樣的義務。

為了深入探討共產黨和中國網路公司之間的關係，我們首先進行的其中一項工作，是查看刑事案件的檔案。直到二〇二一年開始大規模清除資料之前，中國公開的法院數據庫裡還找得到數千份文件；這些文件顯示，檢察官會把行動支付的數據，以及其他來自阿里巴巴和騰訊平台的訊息當作證據，來對人們進行定罪。在有些案例裡，警方會直接從嫌犯的手機裡提取數據。但在其他的案例裡，數據的來源卻被神祕地含糊帶過。我們曾打電話詢問其中十幾個案件的辯護律師，他們沒有人知道警方是如何獲取這些數據的。

就在報導持續進行時，我們偶然發現了阿里巴巴一部不太有人注意到的宣傳影片，影片中描述了公司內部一個名叫「神盾」的團隊。根據這部影片，阿里巴巴的團隊會用演算法來掃描阿里巴巴的電子商務網站，搜尋武器和色情物品等違禁品，以及其他的可疑行為。影片的旁白如此說道，「槍枝、毒品、核彈，只要是非法的，就逃不出我們的控制。」旁白還指出，他們的團隊已經協助警方處理了數千起案件。該團隊的現任和前任成員告訴我們，神盾的工作人員會審查被演算法標記出來的物件；如果物件違反了公司的規章，就會遭到移除。如果他們發現看起來違反法律的物件或行為，也會向警方通報。但該部影片並沒有提及阿里巴巴是如何與警方溝通的，接受我們採訪的阿里巴巴員工也無法（或不願意）談論這件事。

經過數週徒勞的搜尋之後，我們收到了阿里巴巴一位前員工提供的消息：該公司的總部園區裡有個專門的據點，警方會在那裡與公司員工會面，索取調查所需的數據。我們也找到另一位阿里巴巴的前員工，他回憶說自己曾被找去那個據點提供使用者的資訊，協助調查「和恐怖主義相關」的內容，而「和恐怖主義相關」就是中國政府用來指涉維吾爾分離主義的稱呼。阿里巴巴後來證實，這個據點確實存在，並表示警方只會「偶爾」到訪。幾位前員工則告訴我們，警察經常出現在那裡；後來還有一位員工告訴我們，阿里巴巴的總部園區至少又增加了一個類似的據點（在那之後，阿里巴巴的安全團隊已更名為「阿里安全」）。

就在我們研究這個警察據點的同時，阿里巴巴時任的董事局副主席蔡崇信則於二〇一七年十月份，在加州拉古納海灘（Laguna Beach）的《華爾街日報》技術會議上，反駁了「阿里巴巴正在和政府分享大量數據」這種說法。「中央政府可以取得所有這些公司數據的說法，我並不同意。根本就不是這樣，」一名觀眾問起阿里巴巴與中國政府之間的關係，以及數據分享的情況之後，蔡崇信在擠滿人的會議室裡如此說道。「如果他們想要你的數據，就必須要有理由，這點跟美國一樣。」幾個星期過後，阿里巴巴也對我們提供了同樣的說法。

中國警方確實需要提交類似於搜查令的文件，才能向網路公司索取數據，但和美國不同的地方是：他們不需要法官的簽名，只要一位高階警官的批准即可。和美國不同的地方還有一個：中國企業沒有任何有效的法律手段可以抗拒這種要求。二〇一五年至二〇一七年間，中國政府頒布了一系列措辭模糊的法律，迫使企業必須和政府共享數據。其中，《網絡安全法》就要求，在中國經營網路平台的公司都必須幫助政府查出「危害國家安全、國家榮譽和利益」的內容，從自殺式炸彈威脅，到社群媒體上質疑共產黨歷史觀的貼文，都可以算在這個範疇裡。鑲嵌在每個公司裡的黨支部，也能進一步確保其利益可以得到尊重。

中國和美國的另一個主要差異，則體現在平台的責任上。中國法律規定，網路內容公司必須監控其網站上發布的資訊，否則便可能會失去經營的執照。這些規則對網路公司帶來了巨大的壓力，讓它們必須開發可以精準監控、過濾內容的系統。「如果我用Gmail說了什麼非法、不好的東西，要負責的人是我，而不是谷歌，」前香港中文大學新聞系教授，並曾擔任谷歌亞太區言論自由事務主管的徐洛文（Lokman Tsui）如此說道。「在中國，情況剛好顛倒過來。」

雖然騰訊這家公司和創始人馬化騰一樣謹慎，但中國政府也對他們提出了同樣的要求。中國社群媒體上不時會流傳一些影片和照片，表明安全人員似乎會透過微信後端來瀏覽資料，但至今沒有獲得證實。針對騰訊會允許警方毫不受限地取用微信行為數據庫的說法，騰訊已嚴正否認。

直到二〇二一年資料被大規模刪除之前，中國的法院數據庫裡都找得到許多微信使用者被指控「尋釁滋事」的案例，這種定義模糊的罪名，經常被用來懲罰在私人聊天群組裡發布訊息的政治異議人士，儘管我們無法得知，到底是何人或何物向警方舉報了這些訊息。從中國人權運動人士的經驗來看，騰訊在交出使用者行為資訊這件事情上，其合作程度和阿里巴巴不相上下。

其中一位運動人士——胡佳，是一位堅定的政治異議人士，也是愛滋病患權益的倡議者，而他的經驗就是一個很好的例子。每到敏感的政治會議舉辦期間，胡佳就經常會因為他的行為，而被國安人員軟禁在北京的家中，或被帶離北京強迫度假。二〇一七年共產黨會議前夕，被軟禁的胡佳實在太過無聊，因此聽了朋友的建議，在網上買了一把彈弓，並在自家公寓的院子裡練習打靶。他使用了微信支付來付款。他在接受電話採訪時回憶道，一天過後，有個國安人員問他為什麼要買彈弓。「他們以為我要用彈弓來射他們的監視器，」他說。「他們知道你買了什麼東西，也知道你是在哪裡花錢的。」這個例子很稀鬆平常，但這也正是重點所在。就算是購買彈弓這種無害的東西，也能夠讓你引起注意。胡佳說，現在每個人的口袋裡都藏著一個間諜。

這種合作關係並不完美，而且隨著使用者數據能預測人類行為的價值愈來愈明顯，這種關係也變得愈來愈複雜。蔡崇信在拉古納海灘的說法表明，阿里巴巴、騰訊和其他中國的科技公司不一定會滿足政府的需求，如其所願地共享數據。出現抗拒的主要原因就是競爭：這些公司都是經歷了非常努力的搏鬥，才累積了大量的數據。那是他們最有價值、最重要的資產。他們可以從中挖掘出洞悉中國社會的獨特洞見，讓他們能對政府和彼此施展影響力。

基本上，這種摩擦會被隱藏起來，但偶爾也會呈現在公眾面前。比如中國人民銀行曾於二〇一八年，撤銷了阿里巴巴經營支付業務的子公司螞蟻集團，以及騰訊和其他六家公司發展信用評分系統的臨時執照。這一決定是央行長期不滿的結果。數十年來，中國人民銀行一直在努力嘗試建立一個可靠的機制，來判斷中國消費者的金融信用。這有部分是因為中國人從未完全接受信用卡，而是直接從現金跳躍到行動金融。二〇一五年，中國人民銀行轉向負責行動支付業務的公司，邀請他們利用各自的數據來開發系統，以填補這個空缺。[9]

螞蟻集團就是最接近完成評分系統的公司。他們創建了一個名為「芝麻信用」的信用評估系統，採用阿里巴巴的數據儲存、如電信服務供應商這樣的第三方數據提供者，以及政府的數據庫，藉此為使用者評分，分數介於三百五十到九百五十之間。他們會根據一系列不太尋常的因素，來評估使用者的信用分數，比如戶頭裡的資產價值、購買的物品和購買時間、投資狀況、是農村戶籍還是城市戶籍、曾經涉入的民事訴訟、旅行過的地方，以及他們的教育水平。阿里巴巴的一位主管曾在一次知名的採訪中解釋道，如果數據顯示出某個人購買了很多尿布，那麼這個人的分數就會比花錢購買電動遊戲的使用者還要高，因為有小孩的父母親一般被認為比遊戲玩家更負責任。[10]

銀行官員對此非常感興趣，但也謹慎以待。他們擔心，這些評分更多是被設計來鼓勵消費者在自家公司的平台上消費，而不是為了衡量他們實際的信用度。這些公司也不願意分享足夠的數據，讓監管機構放心。因此中國人民銀行決定取消發展私部門信用評分的計畫，並撤銷了八張執照，接著又成立一家新的、由政府主導的信用評分公司，並給予八家公司每家百分之八的股份，邀請他們一起貢獻數據。阿里巴巴和騰訊都不願與這間新公司分享數據，因為這實際上便意味著必須和彼此，以及其他利害關係人共享數據。這件事開啟了好幾年的僵局，最終導致中國科技業於二〇二一年遭到清算（我們將在第十一章討論這個時期）。

然而與此同時，共產黨和中國的科技巨頭仍然找到了其他的合作方式。這種伙伴關係的巨大

9　請參見Chuin-Wei Yap, "A Missing Piece in China's Economy: Consumer Credit Ratings," *The Wall Street Journal*, Sept. 24, 2017。

10　二〇一五年二月，芝麻信用的技術總監李英雲告訴《財新周刊》：「比方說，某個每天打十小時電玩的人，會被認為是個遊手好閒的人，而經常購買尿布的人則可能會被認為是小孩的父母親，整體來說比較可能會有責任感。」採訪原文已經無法在線上取得，但Celia Hatton曾在"China's 'Social Credit': Beijing Sets Up Huge System," BBC News, Oct. 26, 2015, https://www.bbc.com/news/world-asia-china-34592186中引用過這段採訪。

潛力，開始在中國富裕的沿海城市裡顯現出來。尤其是在杭州這個阿里巴巴的發源地，共產黨便展示了自己可以如何利用科技行業的監控工具，來消除社會的分歧與爭端。

六 數據烏托邦

若說中國共產黨對大規模監控的熱情，在烏魯木齊和喀什這樣的新疆城市淪為反烏托邦（**dystopia**）的夢魘，那麼浙江省的省會杭州，則是監控技術最能帶領人們迎向烏托邦的地方。

杭州是座詩情畫意的城市，橫跨錢塘江的兩岸，這條河在流經杭州之後，便會注入上海南面的東海。杭州有三面被群山環抱，境內水道縱橫。它最知名的景點西湖，占地面積幾乎是紐約中央公園的兩倍；西湖的湖面就像一座平靜的鏡子，映照著寶塔、林園以及湖岸邊蜿蜒的小徑。英國傳教士慕雅德（**Arthur Evans Moule**）描述他在一八六〇年代造訪杭州的經驗時，曾引用中國一個很常見的說法，將杭州比擬為人間天堂。慕雅德寫道，當他初次前去，即將抵達杭州時，這座城市確實讓他「瞥見了天堂的模樣」。[1]

---

1 引用自Shen Hong, "An English Missionary's Contribution to the Historical Memories of Hangzhou: A Study of Arthur Evans Moule's Writings and Photographs," in *Creative Spaces: Seeking the Dynamics of Change in China*, ed. D. Gimpel, B. Nielsen, and P. Bailey (Copenhagen: Nordic Institute of Asian Studies Press, 2012)。

時至今日，杭州依然耀眼動人。過去杭州的仕紳會穿著絲綢做的衣裳，坐在轎子上遊湖，而今日杭州的新富階級則帶著路易威登（Louis Vuitton）的名牌包、開著歐洲跑車在西湖岸邊呼嘯而過。一如往昔，今日的杭州也吸引了大批觀光客，他們除了為風景而來，也是被這裡的紙醉金迷吸引。中國於二〇一〇至二〇一九年間的經濟成長，有百分之十是由這座城市所貢獻的，即使中國其他地方的經濟成長已見放緩，杭州也都仍能持續增長。杭州二〇二〇年的生產毛額，和整個葡萄牙不相上下。

和新疆一樣，杭州也是隨處可見監視器——比如西湖岸邊靠近市中心的道路上，光是短短三公里多的路程，就有超過一百部監視器。但這個密集的感應設備網絡除了被用來控制居民之外，也能改善他們的生活。他們將數據餵給演算法，藉此緩解交通堵塞、監控食品安全，並讓急救人員能更快地抵達事故現場。

還有一件事，讓杭州和許多其他中國城市顯得很不一樣：杭州的政府會和當地的科技公司合作。今日這座城市的經濟核心，是一個被悉心扶植、異常成功的科技公司聚落。這些公司包括電子商務巨頭阿里巴巴集團，以及世界最大的監視攝影機製造商海康威視。由於這些公司的出現，杭州新建的商業區（比如未來科技城、物聯網街）現在充滿了能征服世界的年輕能量——任何一個在美國科技重鎮待過的人，對於這種能量大概都不會陌生。

杭州不只推廣、保護這些科技巨頭，也不只為他們提供資金而已。大約從二〇一六年起，杭州政府便主動和這些科技公司合作，一起經營這座城市。尤其是阿里巴巴，該公司於二〇一六年打造了一個AI平台，名叫「城市大腦」，藉此幫助政府在交通和水資源管理等面向進行最佳化。為了緩解杭州遠近馳名的交通堵塞，阿里巴巴設計出一個系統，用來處理路口影像和即時GPS定位的數據，讓杭州的交通部門可以根據最有效率的方式調整交通號誌，減少杭州老舊道路系統的壅塞情形。阿里巴巴的其他產品和平台，則讓市民繳水電費、搭公車和申請貸款的過程變得更輕鬆，甚至還可以在線上法院控告當地企業。緊密參與城市運作的，還包括海康威視，以及總部同樣在杭州的競爭對手大華科技，他們提供了高解析度的監視器和AI系統，讓政府可以監控街道上和廣場上正在發生，以及可能會發生的事情。這些公私部門的合作，讓杭州搖身一變成為中國「最聰明」的城市，也為中國其他急著想要效仿的城市提供了範本。

中國的政策規畫部門希望實現「智慧城市的新模式」[2]，而作為這個計畫的一部分，中國各地已有大約三百個城市獲准對上述的系統進行試驗——這種系統能使用取自數千個感應設備的數據，來自動進行規畫決策。北京、上海，以及與香港隔著邊界相望的南方大都會深圳，全都忙著在街道上安裝監視器，並將數據集中在被用來解決都市管理問題的新雲端系統裡。但沒有任何一

2　〈新興智慧城市期待更多的「質變」〉，《科技日報》二〇二一年五月二十四日，https://tech.chinadaily.com.cn/a/202105/24/WS60ac554fa3101e7ce97516b4.html。

座城市比得上杭州：它很快就擁有全世界電腦連結程度最高的市政府。

除了阿里巴巴的城市大腦之外，杭州的監視器網絡也被認為可以幫忙找到被綁架的兒童。中國數十年來的計劃生育政策創造了誘拐兒童的黑市，讓全國各地的家長都非常擔憂。雖然只有少數的家庭會需要仰賴這個措施，但提供這些ＡＩ監視器、讓家長可以找尋失蹤兒女的下落，依然為政府贏得了不錯的名聲。其他的數據則有助於在擁擠的景點管控遊客流量、盡可能最大化停車空間的效能，也有助於設計新的道路網絡。就共產黨對新的數位威權主義的願景而言，杭州在所有的中國城市之中，就是猶如明信片一般的最美好的版本。

我們曾在二〇一九年獲得難得的機會，在杭州一個井然有序，名為小河街道的地區裡，一窺這個智慧城市計畫是如何運作的。小河街道是一個住宅區，由一幢幢如鞋盒般的老舊公寓組成，位於西湖以北三條運河的交匯處。那裡的一些地方能看見較新較高的大樓直入雲霄，那些大樓不只帶點歐洲風格，還有面積寬闊的陽台。街道上大部分的店家都是家庭經營的小本生意，比如水果店、便利商店、裝潢建材供應商，以及會在剪髮前提供按摩服務的本地髮廊。這個包含小河街道、拱墅的區域（**編按：兩地為杭州的歷史街區**），住著超過一百萬名居民。他們許多都是從外地搬來、獲得暫住證的居民——或者套用杭州本地人長期以來帶點輕蔑意味的說法：他們都是「新杭州人」。

我們在研究智慧城市的時候，正好看到一則關於小河街道的報導，內容是當時那裡正在發起的「城市眼」計畫。該計畫在報導裡被描述為城管（一個類似於地方性基層警察的城市管理部門）運用AI的現代化城市管理方法。我們向當地的城管部門提出了採訪請求，希望了解這個系統是如何運作的。令人意外的是，他們答應了我們的請求。

城管的前身是城市管理行政執法局，其職責是執行與城市日常運作相關的法律。在實務上，他們大部分的時間都在處理警察不想碰的問題，比如驅趕街頭小販、懲處隨意傾倒垃圾的行為、追蹤地痞流氓，以及開立停車繳費單。多年以來，城管在中國已幾乎成為人人嫌惡的單位，這並非沒有原因。中國的社群媒體上經常能見到城管嚴厲攻擊街頭小販的影片，這些小販通常是中國社會裡最貧窮、最弱勢的群體。

我們在一個怡人的秋日抵達小河街道。中國隨處可見和這裡類似的社區，充滿稍縱即逝的幸福氛圍；住在裡頭的人不是正在躋身中產階級，就是在努力避免掉離這個階級。這種介於城鄉之間、介於富裕和貧窮之間，有各色T恤和內衣掛在公寓窗邊、牆壁粉刷斑駁的地區，就是最讓共產黨操心的地方。有錢人沒有誘因去製造麻煩，窮人則沒有造反的力氣。但介於這兩者之間的人民，既有誘因，也有力量。他們在現代中國努力往上爬時所面臨的壓力，比如冗長的工時、糟糕的醫療體制、不斷上升的物價、對污染和食安的恐懼、上下震盪的股市，都讓他們更有可能出聲批評。因此地方官員常常需要小心翼翼地走在鋼索上，努力維持街道秩序和經濟成長，但又不能管過了頭，引發他們不希望看到的反應。

我們的目的地位在一棟外觀不甚起眼、低矮的米白色行政大樓的三樓。一個藍色的招牌上寫著「城市眼運營中心」，遠在一百公尺以外的地方都能看見。二樓的主控室裡放著兩排桌上型電腦，十二個彼此連結的LED螢幕兀自閃爍著螢光，每個螢幕都播放著從附近數十個監視器回傳、附有時間標記的畫面。那裡看起來就像十年前專為國安人員和其他維護國家秩序的高階官員提供的空間。我們到訪時，房間裡有兩名男子和一名女子正坐在電腦前盯著螢幕看。那名女子穿著一件淺黃色的毛衣，背上寫著「GUCCY」，另外兩名男子則是一身黑衣，其中一位穿的運動衫上還點綴著白色的美元符號。

有些螢幕播的是當地學校和幼稚園大門的即時影像，有些則是在街道邊。所有畫面的解析度都非常高，能呈現出清晰的細節。送小孩來上學的家人、正在停車的通勤者，以及騎著電動車穿梭街頭、滿載包裹的送貨員——他們經過的時候，不是沒有察覺到監視器的存在，就是看起來毫不在意。

我們在一旁的空間和邱立群會面。坐在一個桃花心木長桌旁的他，是指揮中心的主責官員。年約五十歲的邱立群體型高壯，聲音低沉宏亮，擔任城管的資歷長達十六年。以他的職位來說，會願意讓外人進來看像城市眼這樣的系統可說十分難得。自從習近平掌權之後，中國政府的日常運作便愈來愈常被藏到神祕的幕後。但邱立群和他的團隊對於該系統為社區帶來的變化十分自豪，非常想要對外宣傳。「過去我們需要大量的人力，才能在這些區域裡完成工作，」他自豪地說。「現在全都是機器在主導了。」

邱立群說，杭州人和中國很多地方的人一樣，對城管都十分厭惡。「居民只看到街道管理這個部分的工作。」他抱怨道。就算是在中國最富裕的城市裡，人行道也經常會被發展中國家常見的經濟行為占據：農民在破舊的小貨車後方販賣水果，外地來的小販則在沒有車牌的推車裡兜售襪子、便宜的山寨名牌包，或是該地區馳名的臭豆腐。這些小販難以杜絕，總讓街道看起來有些混亂，但他們為了維生，有時也別無選擇。乞丐們還會用寫在一片片廢棄紙板上的悲慘故事來向行人乞討。邱立群和他的團隊的責任，就是不讓這些景象出現在拱墅的街道上。他說，他們有時確實需要在肢體上和這些人發生衝突，但只有在極端的案例中才會這樣。沒有人看到他們在這些場景背後，花了多少心力嘗試和違規者溝通。

根據邱立群的說法，城市眼徹底改變了他們的工作。二〇一七年，當地的黨支部書記和中電科（亦即打造出讓新疆警方可以用來追蹤、分類穆斯林的中心化數據平台的那個國有軍用承包商）的代表會面後，他們便試探性地在小河街道設置了這個系統。這間公司因為其最成功的子公司，也就是世界最大的監視器製造商海康威視，而和杭州牽連頗深；海康威視和這位黨支部書記在杭州一個警察監視器計畫中進行合作，大約裝設了一千六百部監視器。這間公司一直在找地方訓練新的ＡＩ系統，該系統能讓監視器悄悄地找出違法行為、進行舉報。海康威視說他們會讓小河街道免費測試這個系統一段時間，而作為交換，他們則可以獲取蒐集到的數據，用來訓練、精進系統的演算法。

城市眼將監視攝影機和ＡＩ科技連結在一起，這個系統能二十四小時監控街道，並在偵測到脫序情況時，自動將畫面截圖和警示訊息送出。這個系統被訓練要偵測的事項包括街上成堆的垃圾，以及在未經許可的路口賣東西的流動小販。官員接著會決定是否要進行回應。這場試驗大獲成功，拱墅的政府官員於是決定擴大實施，讓整個區域都納入系統運作的範圍。就在我們前去採訪的前不久，當地政府才剛公布了標案文件；該文件顯示，拱墅支付了兩百五十萬美元給中電科和另一家數據管理公司，來營運、維修這個系統，執行期間長達三年。

邱立群解釋道，該系統是網格化管理的進階版。

走進城市眼控制中心的訪客會經過一幅地圖，展示著小河街道如何被劃分成數十個區域，每個區域都有一位由地方官員指派的網格管理員來負責。和其他城市的社區一樣，小河街道的網格管理員負責解決糾紛、宣傳政令，並留意地方上是否存在可能會引起動盪的不滿情緒。小河街道和其他地方的不同之處，在於網格管理員用來執行任務的工具。

邱立群的團隊和網格管理員在微信上建了一個聊天群組，網格管理員、城管人員、地方官員、社工和該地區約三百六十個商家，都可以在群組裡交換資訊。只要城市眼的監視器發現可能違規的行為，比如違規停車，或是堆積的貨物阻擋了人行道，他們就會透過手機應用程式通知城管，以及負責該地區的網格管理員。網格管理員接著會用微信找出違規的人，並通知對方。如果網格管理員無法說服那個人解決問題，此時城管就會介入。

這個系統也會用公開羞辱的方式來執法。城管每週都會整理轄區內九個住宅區的違規資訊，然後透過所有人都能看見的微信公眾號來發布這些資訊。邱立群的團隊會在數據表格下方，插入各轄區最常見的違規名單（永遠是某種形式的違規停車），以及問題最大的轄區的監視器影像截圖，再用紅色框框標注每個違規行為的案例。

根據這個應用程式，在我們到訪的前一週，湯河住宅小區就是違規情況最嚴重的小區，一共有兩百二十六起案件。最常見的是「違規停放自行車」（一百四十九件），第二常見是「違規停放車輛」和「在店外空間做生意」（各有二十九件），再來則分別是「在路邊晾衣服」（十件）、「非法張貼廣告」（六件），以及「堆放垃圾」（兩件）。值得注意的是，沒有任何一個住宅區發生過清單上最後一個違規事項：「不尋常的人群聚集」，而抗議行為就包含在這個類別裡面（邱立群的團隊後來還會使用微信帳號，將轄區內的店家標上紅色、黃色或綠色的標籤，而紅色標籤代表經常違規的意思）。

ＡＩ技術並非萬無一失，而它的錯誤有時會讓執法人員白費力氣。特別是在初期階段，機器會將落葉或新雪誤認成垃圾；有時機器還會舉報一些在技術上雖然違規，但其實不是什麼大問題的行為。為了向我們展示，邱立群用手指操作應用程式，拉出一張停在樹下的三輪摩托車的照片。AI系統正確辨認出了違規停車的摩托車，但根據時間標記，這則通報發生在前一晚的深夜十一點。「如果是晚上十一點，那沒什麼問題。我們沒那麼不近人情，」邱立群說。「這些車通常早上就會開走了。」他點了另一張照片，時間標記是早上七點，樹下的摩托車已不見蹤影。

不過邱立群指出，數據收集得愈多，這個系統也會變得愈好，和錯誤舉報的問題相比仍是利大於弊。為了證明他的論點，他從幾個月之前簡報過的PowerPoint投影片中找出了幾個數據。二〇一九年一月至七月間，他的街道巡守員找出了兩千六百件可能違規的案件。而在同個期間，城市眼的AI系統舉報了一萬九千個案件。更重要的是，這些監控措施確實成果斐然：二〇一八年八月，邱立群的團隊在小河街道裡記錄到的無照販賣行為還有一千一百件，一年過後卻下降到只剩下三十件。「每次他們出現，你都只能抓到一個，」他提到那些非法小販，一邊在空中揮了揮手，彷彿在把那些小販打發走。邱立群指了指另一個房間裡正盯著螢幕的三個人員。「事實上，我們根本就不需要雇人盯著那些螢幕看，」他說。

邱立群的上級長官顯然也非常高興。會議桌後方的牆上，掛著當地國營媒體的一則則報導（內容都是在稱讚這個系統如何有效）、其他城市派來觀摩的執法人員的照片，以及一幅杭州副市長的賀詞。他們說行人的體驗尤其獲得大幅改善；街道過去總是雜亂無章，現在卻變得非常乾淨、一塵不染。電動自行車都整齊停放在馬路上畫定的白線內，而不是亂停在人行道上。

但若想判斷小河街道商家的反應，就沒這麼容易了。沒有人會直接出言抱怨——公開批評政府的政策沒有任何好處。有些商家雖然讚揚這個系統，卻不像他們所服務的居民那樣熱忱。當地一個電動摩托車的店主指出，他和員工以前會在人行道上組裝、修理車子，也坦承人行道總會被他們搞得「亂七八糟」。自從設置新系統、微信開始湧入申訴後，他便將修理車子的現場搬進室內。「我們店前的人行道就像我們的門面。如果我們保持乾淨整潔，我們的顧客也會覺得我們的產品很好，」他說。「我們以前太忙，沒時間管在哪裡修車。但現在會有人提醒我。」這間店附近有個家庭經營的小店，裡頭一位正在看店的二十九歲男子則回憶道，有次城市眼抓到一輛汽車，違規停在他店面附近的人行道上，於是城市眼便通知該區域的城管，讓城管找出車主，再請車主移車。當然，我們在現場看不到那些最直接被這個系統影響到的群體（比如邱立群的團隊想驅趕的無照小販），無法聽他們表達他們的感受。

對邱立群來說，城市眼帶來最重要的影響之一，似乎是它消除了城管和社區居民之間的誤會。他認為，過去的城管存在兩個問題：第一，居民看不到城管人員在街上做出行動之前的漫長過程；第二，有些城管人員之所以可以恣意執法、不用擔心受罰，就是因為他們的主管不知道他們在做什麼。「很大一部分的原因，就是資訊不對稱。」當谷歌開始販賣谷歌眼鏡時，常州市一位城管因為花了大約兩千一百六十六美元（以他的工資來說，這筆錢不是小數目）買了一副具有錄影功能的眼鏡，而上了新聞頭條；他希望這副眼鏡可以讓他避免誤會。[3] 對邱立群來說，城市眼這個超大規模，而且是更精細版本的谷歌眼鏡，就幾乎消除了那些問題。由於一切都會被監視器記錄下來，並在微信裡註記，因此城管便有紀錄可以證明，他們只有在其他手段都試過了以後，才會到街上執法。監視器也能讓城管保持廉潔，減少賄賂的情況發生。「機器不會偏袒任何一方，它們會舉報一切問題。」他說。監視器並不在乎城管人員和違規者之間原本就存在的關係。

在邱立群看來，數位監控讓他和其他的城管同事，在小河街道從原本令人厭惡的國家暴力象徵，搖身一變成為受人尊敬的社會秩序維護者。沒錯，這項科技可以被用來壓制地方上對政府濫權的抗議，但對於地方官員來說，它也可以在可能導致抗議的衝突發生之前，就先解決這些衝突。

當中電科正在社區的層級引入城市眼、帶來更高的執法效率時，改善杭州人生活的任務則落到了阿里巴巴的肩上。

阿里巴巴綠蔭扶疏的總部位於餘杭區，名叫淘寶城，宛如一個二十一世紀版本、真實尺寸的未來城市模型，在杭州北郊占地近二十八萬平方公尺。截至二〇一九年，也就是現有最新數據的年份，淘寶城裡有兩萬名員工。淘寶城和谷歌位於矽谷的寬廣園區一樣，也是個自成體系的世界，擁有充足的設施：一個體育館、幾座籃球場、一間美髮沙龍、四座食堂、一個中式傳統林園，以及全中國生意最好的星巴克；淘寶員工根本不需要離開這個園區，就能滿足生活一切所需。自動化的機器人在園區四處遞送包裹和日常用品，食堂裡結帳櫃檯的攝影機，則會辨識員工從自助餐檯取用的餐點，然後自動計費。在園區的「未來旅館」裡，住客只要用臉就可以登記入住、使用電梯和打開房門。沿著園區道路往前走，還有一個供員工消費的購物中心，裡頭設有虛擬實境的鏡面，讓購物者無須使用試衣間就能看見衣服適不適合自己。不過在阿里巴巴所有的科技實驗之中，「城市大腦」才是最具野心，很可能也是最成功的一個產品。

城市大腦借鑑了ＩＢＭ於二〇〇九年引入中國的智慧城市概念。在全球金融危機的打擊之下，原本以硬體製造著稱的ＩＢＭ當時正在嘗試轉做軟體和顧問業，因為這些行業的利潤率比硬體製造還要高。於是擁有大型城市的中國，便成了利潤可觀的目標市場。ＩＢＭ的主管前往中國各地，希望爭取各地方政府的青睞，幫助他們結合各種科技，藉此提升生活品質、提升效率和

3　Te-Ping Chen and Li Jie, "Chinese Urban Enforcer Hopes Google Glass Will Prevent Violence," *The Wall Street Journal*, Apr. 21, 2014, https://www.wsj.com/articles/BL-CJB-21714.

降低成本。

中國政府當時熱情地聽取了IBM的建議。來自中國貧困地區的一波波農民工當時正湧入城鎮地區，導致資源愈來愈吃緊，犯罪率也節節高升。智慧城市的概念剛引進中國時，中共為了度過全球不景氣時期，正好提出了一項價值五千九百億美元的振興方案，因此當時的中國官員都在想辦法把這筆錢花掉。對於正在找尋正當理由進行大規模基礎建設支出的地方政府來說，「智慧城市」充滿美好而現代的意象。

雖然這些計畫通常帶點科幻色彩，但中國一開始在推動智慧城市的時候，進行的都是一些非常基礎的工程，其中許多計畫基本上就是在建置4G行動網路。到了二〇一六的秋天，阿里巴巴宣布他們希望改變這個狀況。阿里巴巴的技術委員會主席王堅進行了一場演講，發布了一些用雲端運算來改善城市運作的計畫，內容充滿模糊而炫目的科技烏托邦詞彙。王堅說，只要結合AI，阿里巴巴的雲端系統便可以「對城市進行整體的即時分析，自動部署公共資源，改善城市運作的不足之處。」[4]對阿里巴巴而言，這意味著他們可以獲得一個利潤不俗，而且會持續很久的政府合約；對杭州來說，這個計畫則是成為未來城市的途徑。

就在計畫啟動後不久，阿里巴巴建立了一個雲端平台，匯入了全杭州的路況和監視攝影機數據。阿里巴巴將這些資訊，和該公司旗下的手機地圖應用程式高德地圖的數據結合在一起，創造出一個即時的虛擬城市道路模型，據說能精準到監控每一輛車的程度。這些數據擁有非常多的潛在用途。阿里巴巴對ＡＩ演算法進行訓練，讓演算法可以辨識出交通事故和違規事件，並在二十秒之內推送通知到交通警察的手機應用程式。該公司還研發了另一個演算法來自動控制交通號誌，讓車流變得更加順暢。根據阿里巴巴的數據，原本塞車情況非常嚴重的杭州，在兩年之內便從全國塞車第五嚴重的城市，下降到第五十七名。

除了讓居民生活變得更加舒適之外，城市大腦的另一個目標是挽救性命。這個系統的其中一個特色，就是供救護車使用的ＡＩ導航工具，這項工具可以控制交通號誌，為救護車清出一條通道。我們在二〇一九年十月看到當地一則報導，講述救護車如何迅速拯救蕭山區村莊（錢塘江以南的一個農村地區）一位老人的生命，該報導便提及了這個系統。根據該報導，一位七十七歲，名叫王鳳琴（音譯）的蕭山居民，在一條小溪附近洗衣時不慎跌進溪裡。一名當時正在溪邊除草的清潔人員看見之後，便大聲呼喊求救。附近一個村民趕到溪邊，看見王鳳琴的白髮在小溪的水面上載浮載沉，於是便跳進溪裡將她救回岸上。救護人員抵達後認為情況非常危急。根據這則報導，他們接著將她送上了救護車，並開啟城市大腦的導航工具。當救護車正在趕往蕭山區第一人民醫院時，演算法將救護車必須途經的十四個路口都變成了綠燈。

4 王堅的演講被引用在"Hangzhou to Build 'City Brain' with Alibaba and Foxconn," *People's Daily Online*, Oct. 13, 2016, http://en.people.cn/n3/2016/1013/c90000–9126738.html。

在過去，警察必須透過無線電發出通告，或是派警察前往各個路口指揮交通，才能確保救護車的路線暢通，但這種做法不一定有效。就算在理想的情況之下，以往從王鳳琴落水的地方到醫院也需要將近半個小時的車程。然而報導指出，王鳳琴救護車只花了十二分鐘。婦人被送進急診室之後，醫師發現她的肺裡仍有積水，於是便將積水抽出體外。

我們找到了王鳳琴的兒子李東（音譯），他說他當時趕到溪邊，看到母親全身溼透地躺在岸上，雙眼和嘴巴都緊閉著，臉部也變得愈來愈黑。有人打了電話給急救單位，對方透過電話指導李東和另一位村民進行心肺復甦術。就在救護車即將抵達時，驚慌的李東撬開了母親的嘴巴，然後將手指伸進她的喉嚨，讓她咳出了一大口溪水。

母親從醫院返家後，李東宴請了二十位村民，並贈送每人價值五十美元的水果籃，以此表達謝意。但他後來才知道，原來城市大腦也是救了他母親一命的重要功臣。他當時忙著注意母親的呼吸情況，沒有注意到交通號誌都是綠燈，不過他確實記得那趟車程特別順暢。他平時在其他省分的一個工廠裡工作，使用電腦對工具機進行自動化，也讀過一些文章，知道中國在ＡＩ的領域取得了很多進展。「但我從來沒想過ＡＩ會用這種方式對我的人生帶來影響。」他說。

蕭山的系統很快便成了城市大腦最重要的樣板。王鳳琴發生意外時，該系統在整個轄區裡覆蓋了四百個路口和六百個交通號誌。到了二〇一九年末，該系統已被部署在八家醫院和十八個急救站，累積使用超過四百次，讓急救的運送時間平均減少了百分之五十。我們寄了一封電郵給杭州市警察局尋求評論，結果不太尋常地收到了一份非常詳細的答覆，印出來長達好幾頁。他們顯然非常振奮於這個系統的成果，雖然是中國政府古板的電郵公文裡，卻仍能看出這種興奮之情。藉由讓救護車的路線保持順暢，他們「為醫院和急診室醫師提供了更多寶貴的時間來拯救性命，」他們如此寫道。「它讓市民深刻而真實地體驗到，城市大腦可以為日常生活提供的幫助。」

中國的城市確實在努力讓市民生活變得更加容易。二〇二〇年，中國的地方政府和公司一共花了兩百四十億美元在智慧城市的科技上；根據科技市場分析公司「國際數據資訊」（International Data Corporation，簡稱ＩＤＣ）的預測，這個數字很可能會在二〇二四年底之前上升到四百億美元左右。[5]在杭州，阿里巴巴已經對一個致力改善和擴張智慧城市平台的城市大腦實驗室挹注了資金。阿里巴巴預期，在先進處理器的幫助之下，城市大腦的演算法最後可以擴充到都市計畫、電力使用和消防等領域。長期而言，中國的規畫者都在推動智慧城市系統，以便從更多樣的感知網絡吸取數據，數據的來源將不只有攝影機和智慧型手機，也將來自二維碼的辨讀機、銷售時點情報系統（point-of-sale machines）、空氣品質監測機，以及新型身分證用來儲存生物識別資訊的無線射頻辨識晶片（radio frequency identification chips）。

---

5 數據來自"Zhongguo zhihui chengshi jianshe zai yiqing wenkong xingshixia jixu baochi gaozhiliang fazhan," International Data Corporation, Dec. 22, 2020, https://www.idc.com/getdoc.jsp?containerId=prCHC47212520。

隨著新一代5G行動網路的普及，潛在的數據來源也可能會出現指數型的增長。從監測無人機到智慧型烤吐司機，這些連線裝置都將創造出新的數據來源，可以供市政府運用。如果一切發展順利，官員們將可以處理來自這些感應器的大量資訊，徹底改變污水處理、醫療保健和人流管控等任務。

杭州和新疆一樣，也是社會控制的先行試驗區，讓共產黨測試了各種政策的可行性。這兩個地方進行的實驗也證明了一件事：共產黨使用科技來威嚇並改造反政府的人民，但這些科技，也可以被用來照顧順從政府的人民、確保他們的生命安全——當這個監控模式從中國輸出到海外時，也會有類似的現象。

第三部

貿易之風

七 數位絲路[1]

二〇一五年九月一個涼爽多雲的日子，位於坎帕拉（Kampala）市中心的首都市政（Kampala Capital City Authority）總部湧入了五百多人，準備在那裡見證一場揭幕儀式。到場的人包括烏干達政府的高階官員、中國企業主管，以及幾位中國外交官員。中國駐烏干達的大使趙亞力也在其中。他穿著深藍色的西裝，搭配亮黃色的領帶，領口還別著一個中國國旗徽章；他的這身裝扮以這個場合來說，似乎有點太過突出。攝影師湧上拍照時，趙亞力站到了一位七十歲出頭的烏干達男子身旁——他同樣盛裝出席，穿著一身尺寸過大的灰色條紋西裝，頭上戴著一頂寬沿帽，固定帽子的細繩還垂吊著。

1 本章關於烏干達歷史、文化和政治的部分，大量參考了Andrew Rice很棒的*The Teeth May Smile but the Heart Does Not Forget*，以及Richard Reid的*A History of Modern Uganda*。

那頂帽子是烏干達總統約韋里・穆塞維尼（Yoweri Museveni）的正字標記；從雷根（Ronald Reagan）還在當美國總統的時代開始，他就一直是烏干達的總統。在華為烏干達子公司的邀請之下，這位老態龍鍾的政治強人出席了這場聚會。華為是全世界最大的電信設備製造商，當時已經在烏干達經營了將近十五年，在那裡擴展撒哈拉以南地區的電話和網路覆蓋，並將設備升級。當時華為想捐款給穆塞維尼的政府，以此答謝過去簽訂的合約，也感謝政府幫華為想推銷的新產品進行宣傳。

趙亞力和穆塞維尼與其他重要貴賓站在黃褐色的房間裡，看著前方牆上掛著的三部平板螢幕。其中一個螢幕顯示外頭的街景，一個顯示地圖，還有一個螢幕上顯示著一個圖表，解釋他們正在看的東西：這是一個由華為建立的安全城市系統，用來協助政府更好地追蹤坎帕拉的動態。那些螢幕連結了華為在坎帕拉十個「關鍵監控點」所設置的二十部監視器。臉上掛著燦爛笑容的趙亞力，看著穆塞維尼抓起無線電對講機，下令讓這個系統正式上線。

根據中國大使館後來公布在網路上的描述，烏干達的領導人感謝華為「完成了其企業社會責任」。[2]這個入門的監控網要價約七十五萬美元，是個金額不算太大的投資，但這筆投資對於華為和穆塞維尼來說，都會在未來帶來很大的回報。

烏干達的首都坎帕拉是個地形高低起伏的城市，由紅屋頂建築、灰白色的高樓大廈和翠綠色植被組成。這座城市正在蓬勃發展，給人一種潛能仍待開發的感覺。坎帕拉總是陽光普照，各個轄區分布在維多利亞湖（Lake Victoria）北側的二十多座山丘之間，棕櫚樹點綴的街道上車流繁忙。城裡一些高檔的社區看起來就像美國加州的城市，有寬敞的道路縱橫交錯，也有高級旅館、創新育成中心和空調涼爽的購物中心，經常能看到人們在裡頭談生意。然而這座城市的貧民窟卻像是另一個世界——那裡炎熱、擁擠、沒有柏油路面，而且缺水缺電。制定政策的人彷彿遺忘了這些貧民窟，卻沒有忘記派警察嚴密監視那裡。這種貧富對比在烏干達隨處可見：這是非洲撒哈拉以南地區最強健、最有活力的經濟體之一，但貧富差距卻在不斷擴大。雖然許多非洲人和非洲以外的人都認為烏干達潛能無限，但這種貧富差距和貪腐風氣，都讓這個國家難以完全發揮潛能。

這種發展成果不如預期的狀態，已經開始對穆塞維尼帶來了壓力。曾經營牧場的他，一直都在靠恩威並施的方式維持政權。他引入外國投資，開採過去被忽視的石油蘊藏，為烏干達的未來提供了一個閃耀動人的願景，期待這個國家帶領非洲邁向繁榮。他也特別重視維安，透過威脅、騷擾和其他暴力方式，對政敵和批評他的人進行威嚇。在坎帕拉的餐酒吧、日式居酒屋出沒的菁英階級，就算對穆塞維尼的手法不抱好感，至少也還是他的支持者。但對於靠便宜烤餅和豆子果

2 取自中國外交部新聞稿，二〇一五年九月二十一日：〈駐烏干達大使趙亞力陪同穆塞維尼總統出席華為捐贈活動〉，https://www.mfa.gov.cn/web/zwbd_673032/gzhd_673042/t1298492.shtml。

腹的貧民窟居民來說，他似乎早該退休了。

當已經掌權三十年的穆塞維尼，於二〇一六年再次投入競選時，烏干達社會也湧現了一波不滿情緒。烏干達人民抱怨的對象包括貪污、青年失業率高漲、烏干達孱弱的醫療體系，以及被長年忽視的教育體系。然而他透過軟禁對手、屏蔽社群媒體等方式，最後還是獲得了百分之六十的選票，贏得這場選舉。選舉結果公布後至少有二十二個人在抗議衝突之中身亡。反對派指控，這些暴力活動就是由政府一手策劃的。

到了隔年，穆塞維尼甚至廢除了總統的年齡限制，為他終身擔任領導人的目標清除了障礙。當反對黨政治人物帶領大批民眾走上街頭抗議時，穆塞維尼認為自己需要加強政府覺察威脅的能力。他知道應該向誰尋求協助。

在中國大使館的幫助下，華為與烏干達的維安官員進行了合作，在一年之內設計出一個完整的「平安城市」系統（Safe City system），以滿足烏干達政府的需求。華為並不是沒有競爭者。加拿大的維安監控公司「杰內特克」（Genetec）曾於二〇一八年九月前往坎帕拉推銷自家系統，打算和華為搶生意。但幾個月過後，烏干達警方在推特上發布了一張照片，照片裡是中國的新任大使正陪同烏干達的維安首長於坎帕拉與中國的公安部代表團會面，討論烏干達警方的科技培訓計畫。隔年春天，華為在一個機密的招標過程中脫穎而出。這個價值一．二六億美元的標案，將耗資三千萬美元在坎帕拉新建一座六層樓高的監控中心，連接數百個能進行即時臉部辨識的監視器。這個計畫的第一個階段，將先和首都境內的八十三個警察局連線，然後再擴展到烏干達其他地區的兩百七十一個警察局。[3]烏干達會先支付一千六百多萬美元的金額，剩下的部分則向渣打銀行貸款。

華為和烏干達政府在面對外界時，將這個系統定位為一種打擊罪犯的方式，但實際上，穆塞維尼政權也效仿中國的做法，用它來揪出政治威脅——尤其是源於坎帕拉貧民窟的威脅。

雖然中國與威權主義之間存在千絲萬縷的連結，但它在國家監控的大眾化這件事情上，做的確實比世界上任何一個國家都還要多。中國會幫助國內的公司，向其他國家政府出售實用且價格實惠的數位追蹤系統，並訓練當地警方充分利用這項技術。結果是，現在幾乎所有的政權都可以使用先進的監控工具，來執行他們認為應該做的事情。

大規模監控的全球市場才剛開始興起。和很多產品一樣，這項技術最初是在西方發明。在九

3 Joe Parkinson, Nicholas Bariyo, and Josh Chin, "Huawei Technicians Helped African Governments Spy on Political Opponents," *The Wall Street Journal*, Aug. 15, 2019.

一一事件發生前，世界上幾乎不存在監控技術的零售市場。然而全球反恐戰爭催生了來自美國、以色列、德國、法國和加拿大的新公司（其中許多是由曾擔任間諜或軍人的人所創立的），這些公司試圖將原本用來追蹤恐怖分子的軍用追蹤工具，銷售給出價最高的買家來獲利。這些公司的產品大多是一些間諜程式，目的是駭入被保護的通訊行為，對犯罪集團和政府來說都很有吸引力。這些產品的價格昂貴、目標客群非常狹窄，而且使用起來並不容易。《華爾街日報》二〇一一年的一則報導指出，二〇〇一年監控工具的零售市場還「趨近於零」，但十年過後便增長到了五十億美元[4]——這個數字雖然亮眼，但仍稱不上非常龐大。

中國企業憑藉著「平安城市」系統這種新產品，進入並改變了這個領域。這種系統和阿里巴巴在杭州建立的智慧城市平台很類似，但更強調安全功能。該系統不只協助政府追蹤少數的可疑人員，也會追蹤所有居民。早在二〇一〇年，華為就已經開始在海外銷售這些系統。幾年過後，華為在國內的競爭對手中興通訊也開始跟進。這些系統早期的版本比較簡陋，沒有受到太多買家的青睞。但從二〇一〇年代中期開始，數據來源和人工智慧的功能都出現了指數級的增長，讓這些公司可以為政府提供一系列更強大的工具，比如臉部辨識和人群分析。

從那時起，中國的監控系統便以驚人的速度在全世界擴張。華為表示，截至二〇一九年，他們已在一百多個國家和地區的七百個城市裡安裝了平安城市系統；中興通訊則聲稱他們已在四十五個國家的一百六十個城市裡建置了類似的系統。[5]獨立學者統計得出的數字則比較小，但依然非常引人注目。德州大學政治系教授錢喜娜（Sheena Greitens）發現，截至二〇二〇年為止，全世界已經有八十多個國家採用了中國的監控和公共安全科技系統。[6]除了澳洲和南極洲之外，現在世界上的每個洲都能看到中國的監控科技，在為當地的警察部門提供協助。

民主國家則使用了幾個不同的中國系統。杭州監視器製造商大華在墨西哥安裝了自家的「平安城市」產品，幫助該國的多個城市監控公共交通；華為翻新了瓦隆先（Valenciennes）這個法國村莊的錄影監視系統，也在義大利的薩丁尼亞（Sardinia）建立智慧城市系統，監控公共安全威脅和極端天氣，並開始在貝爾格勒（Belgrade）的市中心安裝監視器網絡，可以識別人臉、追蹤車牌，並針對可疑行為向警方舉報。

市場研究公司ＩＤＣ估計，二〇一九年光是錄影監控市場的總值就超過二百三十億美元，

---

4 Jennifer Valentino-DeVries, Julia Angwin, and Steve Stecklow, "Document Trove Exposes Surveillance Methods," *The Wall Street Journal*, Nov. 19, 2011.

5 這個部分的大部分數據，都來自中國國營媒體或公司網站和行銷資料。華為在貝爾格勒供應的系統，可參見James Kynge, Valerie Hopkns, Helen Warrell, and Katherin Hille的"Since Then, Chinese Surveillance Systems Have Expanded Across the Globe with Breathtaking Speed," *The Financial Times*, June 8, 2021。

6 Sheena Chestnut Greitens, "Dealing with Demand for China's Global Surveillance Exports," Global China: Assessing China's Growing Role in the World, Brookings Institution, Apr. 2020.

並且會在二〇二五年翻倍，達到近五百億美元。[7]中國就是這波增長的動力來源，而這在很大程度上要歸功於中國科技公司的創造力和努力，還有國家的支持。雖然各國政府都在支持國內企業於海外的商業利益，但北京比大多數政府都更加積極，會向其他政府提供大量貸款，讓他們與中國企業合作，卻不會像西方政府那樣，要求他們進行政治或經濟上的改革。

近年來，中國政府的角色在世界各地都能看見，而且也愈來愈強大，原因就在於習近平的「一帶一路」倡議。一如美國曾在一九四〇年代推出馬歇爾計畫重建飽受戰爭蹂躪的西歐，並將那裡當作抵禦蘇聯擴張的堡壘，習近平也希望利用「一帶一路」的倡議，以維護中國利益的方式來重建全球貿易體系。在這個總值上兆美元的計畫裡，其中一個環節就是要創建北京所謂的「數字絲綢之路」。中國共產黨在通訊基礎設施、跨境電子商務和智慧城市（或平安城市）這三個領域上，持續對其他國家推廣中國技術，希望根據自己的願景來重塑網路空間。

自從「一帶一路」倡議啟動以來，中國的外交官便成了中國在海外的資訊科技計畫的推銷員，對他國政府提出難以抗拒的寬鬆融資承諾，藉此促成交易。截至二〇一九年，這類計畫在全球的投資規模估計達七百九十億美元。[8]大部分資金都投入了網路電纜和4G基地台等基礎設施，但監控設備的占比也在逐漸增加。

隨著中國的企圖心於二〇一〇年代末變得愈來愈明顯，科技圈和政策圈也開始擔憂起這個趨勢會帶來的影響，尤其是在人工智慧這樣的尖端領域。到了二〇一八年，中國新創企業在臉部辨識的測試中擊敗了矽谷的科技巨頭，而中國科學家撰寫的人工智慧研究論文，也在全球會議上和其他專家分庭抗禮。隨著華盛頓和北京都開始關注科技、將其視為競爭場域，該領域的觀察者都認為在不久的將來，這個世界在人工智慧這個領域上將會分別成為美國和中國的勢力範圍。

二〇一八年十月，《連線》（*Wired*）雜誌刊登了一篇封面故事，反映了西方社會對中國科技實力日益增長的焦慮。這篇報導的標題為〈可能毀滅這個世界的人工智慧冷戰〉，在這篇報導中，該雜誌的主編尼可拉斯・湯普森（Nicholas Thomson）和政治學家伊恩・布雷默（Ian Bremmer）擔心，中國的史普尼克（譯按：Sputnik，蘇聯於一九五七年發射的人造衛星，也是人類史上第一個進入行星軌道的人造衛星；因為比美國成功得更早，在西方世界引起了很大的震撼）時刻正好出現在最糟糕的時間點。這個世界已經開始懷疑，民主制度究竟能否延續下去。資訊科技不但沒有傳播民主理想，反而還幫助獨裁者川普入主白宮，現在又在幫助中國共產黨在全球各地傳播影響力。「數位革命的弧線是否正在彎向暴政？我們有辦法阻止這個趨勢嗎？」他們問道。他們對這兩個問題的答案是：一個響亮的「也許」。[9]

7　"Worldwide Video Surveillance Camera Forecast, 2020–2025," IDC, July 14, 2020, https://www.idc.com/getdoc.jsp?containerId=prUS46694720. 更新版本 (July 2021), https://www.idc.com/getdoc.jsp?containerId=US46354621.

8　Sheridan Prasso, "China's Digital Silk Road Is Looking More Like an Iron Curtain," *Bloomberg Businessweek*, Jan. 10, 2019.

9　Nicholas Thompson and Ian Bremmer, "The AI Cold War Threatens Us All," *Wired*, Oct. 23, 2018.

人們會引用冷戰來形容這場角力，反映了其牽涉的巨大風險，但正如烏干達的狀況，用冷戰一詞來形容當下情勢並不正確。對美國來說，中國可能是自蘇聯以來最強大的挑戰者，而那些仍記得柏林圍牆倒塌的人，現在的局勢也肯定會讓他們想起世界分裂成兩大陣營的時代。然而雖然中國共產黨信奉馬克思和列寧，但它對於領導全球無產階級起義這件事沒有太大的興趣。北京也並未預期所有國家都能複製「中國模式」，他們推廣這個模式的目的，是為了向全世界，以及自己的人民證明，這世界除了自由民主之外，還有其他的替代方案，而且這些替代方案也應該被認為是正當的。透過幫助國內公司向海外銷售監控系統，中國政府也在為各國提供各種工具和知識，來開發他們各自的替代方案，不論這些替代方案是什麼。

在美國和其他西方政府的眼裡，烏干達曾經是個閃耀的明星，被當作非洲民主潛能的燈塔。這點有部分要歸功於穆塞維尼。來自烏干達西南部的長角牛畜牧地帶的他，是一個性情火爆的年輕領袖。在成為總統之前，曾協助推翻了兩位獨裁者。當穆塞維尼於一九八六年穿著樸素的軍裝，在坎帕拉宣誓就任總統時，他承諾將會開啟新的民主時代，權力也將會重回到人民手中。「沒有人會認為，今天的就職只是衛兵在換哨而已，」他當時說道。[10]

穆塞維尼曾在宣誓就職一年之後，飛往華盛頓白宮與雷根會面。人權團體批評，穆塞維尼的軍隊在鎮壓烏干達北部的零星叛亂時，曾對當地造成傷害，但他們也讚揚穆塞維尼對異見相對寬容。烏干達人似乎也頗認同他：他在一九九六年的選舉之中獲得了連任，而觀察家一般也認為那是場公平的選舉。柯林頓（Bill Clinton）曾在一九九八年出訪非洲，他在行程結束時，稱讚了非洲那些自稱致力於自由民主思想的「新一代」領導人，而被他稱讚的對象便包括穆塞維尼。他接下來的勝選似乎就沒那麼有正當性，但華盛頓仍將穆塞維尼視為可以合作的溫和獨裁者。九一一事件發生後，他也積極地成為美國反恐戰爭的合作伙伴，並更加積極地接受了美國數十億美元的援助。

中國也看到了烏干達的潛力。中共在中國掌權不久後，就一直對結交非洲盟友這件事抱持濃厚的興趣。中國曾在一九六〇年代支持非洲的解放運動，將年輕的革命分子和毛澤東的「小紅書」運往三蘭港（Dar es Salaam），也就是坦尚尼亞左翼陣營的大熔爐，而穆塞維尼就是在那裡念書、形塑世界觀的。中國在毛澤東死後變得愈來愈富庶，於是中共也開始努力與美國競爭，成為非洲國家的援助者，在財政上和其他方面提供支持，但不像華盛頓會在援助時要求受援助國進

10 引用自Andrew Rice, *The Teeth May Smile but the Heart Does Not Forget: Murder and Memory in Uganda* (New York: Henry Holt, 2009), 9。

行政治改革。二〇〇一年，中國捐了六五〇萬美元給烏干達，為外交部修建了新的總部。中國也曾取消烏干達一千七百萬美元的債務，並資助一條造價五億美元的四車道高速公路，連結坎帕拉和位於恩德培（Entebbe）的機場（那也是全烏干達最重要的機場）。

有了北京的支持，穆塞維尼變得更加獨裁。二〇一二年，烏干達警方在「睜眼行動」（Fungua Macho）之中，於二十一家高級旅館的無線網路中安裝了德國公司「芬費雪」（FinFisher）的間諜軟體，駭入在這些旅館出入的反對派人士、記者和運動分子的電子設備（烏干達政府關於這場行動的備忘錄後來曾經外流，該備忘錄提到：「眾所周知，旅館就是那些心懷不軌的人聚會的地方。」[11]）。二〇一四年，穆塞維尼下令禁止同性戀行為。

他頒布對同性戀的禁令之後，歐巴馬政府和另外幾個西方國家的政府便削減了援助資金，但中國的資金仍在持續流入。穆塞維尼在幾年之後遇上了政治亂流，讓中共發現了另一個擴大自身影響力的機會。

中國在坎帕拉的現身雖然幽微，觸及範圍仍十分廣泛。中國新建的高速公路於二〇一八年完工，將市中心順暢地和南邊四十公里的機場連結起來；在市中心附近的小型購物中心裡，你可以看到來自江蘇的農民所經營的中式雜貨店、一家名為「阿東」的中式髮廊，還能看到一家名為「大拇指」的中式餐廳，在戶外的餐桌上鋪著紅色花桌布，經營者是一個來自中國東北工業省分吉林的家庭。馬凱雷雷大學（Makerere University）位於山頂的校園裡，有暴躁的禿鸛站在高聳的樹上飢餓地俯瞰這座城市，也有北京資助的孔子學院在向學生教授中文。

許多非洲國家的通訊基礎設施都非常薄弱，它們為華為提供了重要的試驗場。該公司於一九九八年開始在肯亞開展業務，並以此作為基地向外擴張，在非洲一些最危險的地區裡鋪設電纜。該公司於二〇〇一年首次進入烏干達，辦公室就位在立方體大樓（The Cube）最高的幾個樓層——這是一座類未來主義式的藍紅色玻璃帷幕建築，矗立在坎帕拉富裕的科洛洛區（Kololo District），許多餐館、酒吧和大使館都位在這個區域。華為位於八樓的接待櫃檯的兩側牆上，掛著穆塞維尼的鑲框照片。搭乘電梯往上三個樓層，便是專供華為員工使用的屋頂花園。花園裡配有乒乓球桌、燒烤架，以及帶有公司名稱和標誌的棚架，遠在數公里以外都清晰可見。

曾在人民解放軍裡擔任工程師的華為創辦人任正非，二〇〇六年在對駐蘇丹和剛果的員工進行演講時，曾引用自己的軍旅經歷讚揚華為的堅韌精神。「毛澤東的游擊戰術不是『敵退我追』嗎？」他說的「敵」，指的是二〇〇〇年第一次網路泡沫化後放棄非洲市場的西方公司。「我們在非洲堅持下來了，才有了今天。」[12]

11　關於「睜眼行動」的細節，可參照“For My God and My President: State Surveillance in Uganda,” *Privacy International*, October 2015。

12　任正非二〇〇六年對華為駐蘇丹、剛果和貝寧的員工的中文演講全文，張貼在華為員工的公開網路論壇：http://app.huawei.com/paper/newspaper/newsBookCateInfo.do?method=showDigestInfo&infoId=13436&sortId=8&search_result=1。

除了建設和維護烏干達的通訊網之外，華為還在馬凱雷雷大學和深圳的總部，為烏干達人舉辦了電腦科學和電子通訊的培訓課程，並協助烏干達制定電信設備的品質標準。穆塞維尼曾提出「數位烏干達」（Digital Uganda）的倡議，希望將烏干達變成非洲的科技強國，而華為的這些動作，都是對這個倡議的關鍵貢獻。

穆塞維尼的計畫與中共在「數字絲綢之路」的野心幾乎一拍即合。史諾登事件發生後，北京和莫斯科便開始聯手推廣「網路主權」的概念。雖然美國和大多數的已開發國家，都將網際網路視為一個全球共通的空間，應該根據自由民主主義的理想來進行管理、維持透明和自由，但中國和俄羅斯的領導人卻認為，各國政府應該可以用自己選擇的方式，在各自的境內管理網路空間。數字絲綢之路的目的，便是將認同這個觀點的國家結合起來，同時擴大主權的概念，讓這個概念不只涵蓋網際網路的範疇，也涵蓋所有數位科技。穆塞維尼對控制社群媒體和國家監控體制的興趣，讓中國共產黨找到了一位合適的合作伙伴。

二〇一七年春天，烏干達社會反對穆塞維尼終身擔任總統的聲浪不斷升高，於是穆塞維尼要求他的警政首長向中國政府尋求協助，建立警察監控系統。這種做法在當時的非洲已十分常見。前美國國務院非洲事務專家史蒂文・費爾德斯坦（Steven Feldstein）曾在他近期出版的《數位鎮壓的崛起》（*The Rise of Digital Repression*）中，回憶自己和一個消息來源的對話：那個人在衣索比亞政府的情報單位工作，他將中國等待顧客上門的風格，和以色列監控公司強行推銷的手法進行了對比。「他們知道你會自己上門，知道你有這種需求，」他如此告訴費爾德斯坦。他的部門總會透過政府官員詢問，而不會直接和供應商接觸。「然後噠啦！他們（中國人）就會派專家過來。」[13]

該年五月，也就是穆塞維尼政府進行聯繫後不久，駐坎帕拉的臨時代辦儲茂明便與數十位烏干達警官一起搭上了飛往北京的航班。到了北京之後，儲茂明陪同這幾位烏干達來賓前往天安門廣場東面戒備森嚴的建築群，亦即中國公安部的所在地；在那裡，中國的警方向他們展示中國的監控系統，如何使用高解析度的監視器來自動辨識、追蹤某個目標對象。三天過後，儲茂明陪同這個代表團飛往深圳的華為總部，在那裡與公司高層討論，哪種平安城市系統可以滿足穆塞維尼的需求。烏干達政府於隔年正式啟動招標程序，為這場參訪帶來實際的成果。在北京的關注、以及華為的既有優勢之下，其他公司根本沒有機會與他們競爭。

13 Steven Feldstein, *The Rise of Digital Repression: How Technology Is Reshaping Power, Politics and Resistance* (New York: Oxford University Press, 2021), 203.

早在公司創立初期，華為就以傳奇性的客戶服務而聞名，同時也非常自豪員工願意為了客戶需求赴湯蹈火。華為開始安裝烏干達第一階段的平安城市系統之後，烏干達警方也切身體會到了華為員工願意配合客戶的程度。

二〇一八年底，烏干達的菁英警察情報部門派出了六名隊員，監聽流行歌手出身的政治人物羅伯特．奇亞古蘭伊．森塔穆（Robert Kyagulanyi Ssentamu）的通話內容。森塔穆更為人所知的是他的藝名：博比．瓦恩（Bobi Wine）。當時三十六歲的他，將雷鬼音樂和非洲節奏音樂與社會評論結合在一起，在樂壇上取得了巨大的成功。穆塞維尼曾於二〇一六年試圖向烏干達最受歡迎的幾位音樂人施壓，要求他們支持他連任，然而瓦恩不只拒絕了他的要求，還剪掉雷鬼頭的辮子、戴上紅色貝雷帽，投入烏干達國會的選舉，挨家挨戶地向人拜票，最後以大幅領先的得票率脫穎而出。

對穆塞維尼來說，瓦恩是就是威脅的來源。這位歌手出生並成長於卡姆沃基亞（Kamwokya），那裡是坎帕拉市中心一個塵土飛揚，猶如迷宮一般的鐵皮棚屋區。該區被一條露天的水溝橫穿而過，而居民則會用臨時搭建的小橋穿越水溝。他深受坎帕拉貧困社區和年輕人的喜愛。他不只說他們的語言，還發明了一些詞彙，比如「kikomando」就源自於他在二〇〇〇年代發行的一首歌的歌名，現在則是坎帕拉人對貧民窟居民主食烤餅和豆子的稱呼。穆塞維尼對行動上網徵收新稅時（目的顯然是為了管制烏干達窮人在網路上批評政府），瓦恩帶領人們走上街頭抗議。他後來還吸引到好幾萬名粉絲，參加一系列要求穆塞維尼下台的演唱會。二〇一八年八月瓦恩在社群媒體上發文指出，他的司機在邊境小鎮阿魯阿（Arua）的一次政治活動中被烏干達維安人員開槍打死，而瓦恩在這則貼文發布後便遭到了逮捕，以叛國罪遭到起訴。他在兩週之後獲得釋放，接著便以在監獄裡遭到毆打、需要治療背部為由，坐著輪椅前往美國。

他在美國時會見了國會議員，而這趟美國的行程，也讓瓦恩獲得了足以改變烏干達現狀的聲勢。回到坎帕拉之後，佛羅里達州的參議員馬可・盧比奧（Marco Rubio）和紐澤西州參議員科里・布克（Cory Booker）寄了封信給烏干達的大使館，抗議穆塞維尼鎮壓政治異見人士。歐洲議會也加入了抗議的行列，並通過一項決議，敦促烏干達政府放棄對瓦恩「看似捏造出來的指控」。此時烏干達警方的情報小組，也已經開始監聽瓦恩和他的樂團——火焰基地隊（Fire Base Crew）團員的電話交談內容。根據他們監聽到的談話，瓦恩當時正在計劃舉辦另一場演唱會，而且規模似乎會比其他場還要大，目的是進一步增加對穆塞維尼造成的壓力。

但除此之外，情報人員無法猜出他們其他的談話內容。當時瓦恩已經投入政壇一段時間，知道在烏干達講電話會遭到監聽，因此他們只要討論到關鍵的細節，就會改用情報人員聽不懂的街頭俚語當暗號。有時候團員們也會使用加密的通訊軟體 WhatsApp 來交換訊息，情報人員必須駭入瓦恩的 iPhone 才能讀取內容。傳統方法幾乎無法破解蘋果的安全機制，因此就算能取得他的手機也於事無補。於是他們開始改用烏干達維安部門當時剛從一家以色列公司那裡買來的間諜軟體。

這個間諜軟體借鑑了一個名為「飛馬」（Pegasus）的程式，亦即一個由前以色列情報人員組成的「NSO集團」（NSO Group）所開發出來的工具。為了讓電信營運商能對手機進行一定程度的控制（通常只針對蘋果自家的手機），iPhone其實仍然存在一些安全漏洞，而這款程式利用的便是這個漏洞。「飛馬」和其他類似的程式，過去曾被用於中東、歐洲和北美的運動分子、律師、記者和政治人物的手機上。情報人員先是用簡訊誘導瓦恩下載間諜軟體到自己的手機上，接著以色列的專家再飛往坎帕拉，教導情報人員使用這個軟體駭入瓦恩的電郵和簡訊，不過儘管他們花了好幾天的時間嘗試破解，最終仍徒勞無功，無法讀取瓦恩的加密訊息。

烏干達警方的情報小組曾在好幾個月的時間裡，讓華為的技術人員共用警方的指揮中心，那裡的一面牆上甚至印有華為的商標——八片鮮紅色的花瓣像扇子一樣排列著。無計可施的情報人員穿過房間、走向幾位坐在那裡的中國男子，詢問他們是否可以提供協助。

那些技術人員於是遵守華為的訓練內容，隨即放下手邊的工作，接手控制間諜軟體。不到兩天的時間，他們就取得了瓦恩手機裡的所有內容。

位於坎帕拉的華為技術人員並不是唯一提供這類服務的人。幾個月過後，一些與尚比亞電信監管機構的「網路犯罪破解小組」合作的華為技術人員，也開始協助尚比亞政府駭入許多反政府部落客的電話和臉書頁面，這些部落客一直在抨擊尚比亞總統埃德加・倫古（Edgar Lungu）的腐敗、警察暴力和審查機制。尚比亞的高階維安官員曾在接受《華爾街日報》的採訪時，描述兩位華為專家如何查出部落格作者的位置，再將數據提供給部署在尚比亞西北部的城市索盧韋齊（Solwezi）的警察，讓警方逮補他們。

坎帕拉也有類似的現象。一旦駭入瓦恩的手機，警方就可以讀取他所有的WhatsApp訊息。他們在一個名為「火焰基地隊」的私密聊天群組裡找到一份名單，由十一位資深的反對派政治人物組成，他們都收到了瓦恩的邀請，將在他的演唱會上登台演說。

瓦恩在維多利亞湖畔的「大愛沙灘」（One Love Beach）擁有一塊地產，他原本打算在那裡舉辦這次活動。他將演唱會安排在當天一早就開始舉辦，藉此避免警察的查緝，並確保在演唱會被叫停之前，至少有一部分講者能上台演說。然而就在演出開始時，數百名警察便湧入「大愛沙灘」，逮捕了數十名組織者和參與者。一些原定要上台的講者甚至連會場都還沒抵達，就在途中遭到逮捕。

瓦恩和他的團隊全都嚇得不知所措。他們後來曾試圖搞清楚演唱會的資訊究竟是如何洩露出去的。他們很快就會發現，這只是穆塞維尼扼殺他們運動的一個嶄新階段的開頭而已。

二〇一九年四月，也就是華為技術人員提供協助、駭入瓦恩手機的四個多月之後，我們與多蘿西．慕卡薩（Dorothy Mukasa）見了一面。身材小巧但個性堅毅的她原本是一名記者，後來成為一名運動人士，以坎帕拉為據點，致力於隱私權的倡議工作。慕卡薩經營的非營利組織名叫「討厭的證人」（Unwanted Witness），目的是對抗政府的審查機制；當時該組織剛剛發布了一份長篇報告，詳細介紹烏干達的國家監控體制的演進。她告訴我們華為改變了一切。其他外國公司賣給穆塞維尼的都是單項的工具，但華為提供的是一整個系統。「說到監控，他們才是真正的大玩家，」她說。「我們從中國那邊抄了很多東西過來。」

華為的平安城市正快速地在烏干達成形。新設置的桿子開始出現在十字路口、市場附近，以及城市郊區的村莊裡，上頭包裹著一圈圈的防盜刺網，在東非的陽光下閃爍著令人不安的光芒。每根桿子靠近頂部的地方都有一塊橫桿，高掛著一組組新的監視攝影機——任何一個新疆的維吾爾人，對這種攝影機大概都不陌生。和許多發展中國家的人民一樣，大多數烏干達人並沒有餘裕去擔心隱私這種抽象的問題。「他們會說，『你知道的，我又不是罪犯。』他們為什麼要擔心呢？」慕卡薩說道。但對於以往只需要擔心被跟蹤的反對黨政治人物來說，這些監視器的出現，便意味著他們現在必須小心翼翼，不能在公共場所逗留太久。

烏干達的主要反對黨領導人英格麗德．圖莉娜威（Ingrid Turinawe）擔心，審查制度的加強會為他們帶來更大的壓力。她告訴我們，警方近期在她住處旁的街底安裝了一個監視器。她用手機通話時，奇怪的咔嚓聲和回音也變得愈來愈頻繁——她認為這代表她的電話被監聽了。警察開始會在她準備出發去參加活動的時候將她軟禁在家裡，並以恐怖的精確度和細節複述她的計畫。她說這樣的策略，確實讓一些反對派開始退縮。「有些人沒那麼有韌性，」她解釋道。她在講述原本批評政府的人，如何被迫成為穆塞維尼政權的線人時，語氣如塵土一般乾枯。其他像她一樣的人則決定繼續奮鬥，儘管和平變革的希望愈來愈渺茫。關於革命的討論開始變多，「我不知道會如何發生，也不知道那會如何結束，」圖莉娜威嚴肅地凝視著前方說道。「但我們有些人認為，那就是唯一的選擇。」

當我們前往坎帕拉市中心以北的低窪郊區卡桑加蒂（Kasangati），去瓦恩的家中拜訪他時，我們能明顯感覺到情況確實已經變了。一條布滿車輪痕跡的鐵鏽色泥土路蜿蜒穿過這個新建的郊區，而他的家就藏在這條泥土路的盡頭，位置非常難找，而且守衛森嚴。那裡被兩道三公尺高的混凝土牆重重包圍著，兩道牆之間還夾著一片粗獷的灌木叢林。我們前去拜訪當天，至少有十幾名瓦恩的隨從人員在前門、後門以及院落裡到處巡邏。

乍看之下，圍牆裡的院落就像一片綠洲。車道兩旁種著棕櫚樹，盡頭通向院落正中央的一個圓環。圓環旁有個綠草如茵的庭院，一棵高大的芒果樹聳立在草地上，另一邊則是瓦恩漆成全白的房子。這幢房子的二樓有個寬敞的陽台和迴廊，被螺旋狀的鍛鐵柵欄圍繞著，迴廊上還有幾扇大窗戶。我們在瓦恩的家門前停車時，他正坐在玄關的地板上，與妻子芭比（Barbie）和三個孩子合影，這張照片預備要發到推特上。

笑容滿面的瓦恩身材修長、充滿活力，和隨著年紀逐漸臃腫、愈來愈嚴肅的穆塞維尼形成了鮮明的對比。身為歌手的瓦恩天生就是成為名人的料。早在附近還沒發展起來的時候，他就已經為自己的家人建造了這座宅邸——他一邊解釋，一邊熟練冷靜地用手臂劃著半圓。「嘿，這一切都是在荒土上打造出來的，」他說。「當時這裡全都是灌木叢。」但他自豪的語氣卻參雜著一絲擔憂。瓦恩指出，這座房子是他之前風光時留下的東西。他用表演賺來的錢，建造了卡桑加蒂的這座大宅院，又在坎帕拉以南的維多利亞湖畔建造了另一座宅邸。「但現在那些收入大部分都沒了，」他說。「警方不讓我繼續開演唱會。」他有些存款，但不知道還能再撐多久。

自從警察破壞他的上一場演唱會之後，他的不安全感便愈來愈深。在那不久之後，瓦恩曾多次嘗試和他的團隊成員見面，籌備針對社群媒體稅的抗議活動（編按：政府對使用社群媒體及行動網路銀行的民眾徵稅）。然而維安部隊也破壞了這些集會。他的團隊成員們於是陷入恐慌，擔心有內鬼出賣了他們。瓦恩在自家周圍打造的安全網，感覺也變得不再堅實。很快地，任何計畫似乎都無法執行了。

直到我們拜訪他的兩個月之前，瓦恩才終於發現原因。當時《華爾街日報》聯絡他，因為烏干達的維安官員對《華爾街日報》的一位記者，展示了「火焰基地隊」WhatsApp群組討論演唱會細節的截圖。瓦恩對我們指出，之前有個在政府內部工作的人提醒他，警方已經開始使用新的間諜工具，而這通電話，便證實了政府確實正在使用這些工具來對付他。於是瓦恩和他的團隊馬上停止使用通訊軟體，只在見面時討論敏感的事情。

瓦恩接著走進屋內，向我們展示他逃避追緝的另一種方法。他拿出了四部手機，其中有些手機安裝的SIM卡是用別人名字登記的。「我們在和他們玩貓捉老鼠的遊戲，」他說。「他們或許能追蹤到兩支手機，但我可以把所有這些手機，分別送到烏干達各地，讓他們搞不清楚我到底在哪裡。」不斷逃避查緝非常累人，而且也會占去他們籌備計畫的時間，但他和他的團隊成員別無選擇。

但這種方法仍然無法應對穆塞維尼的其他監控方法，比如平安城市的監視器系統。對此，瓦恩的解決之道是：利用速度和群眾。

幾天過後，瓦恩主動發起了一場對抗穆塞維尼的活動，讓我們看見他是如何實行這個策略的。他之前已經提出了申請，想在他湖畔的宅邸「大愛沙灘」那裡，舉辦一場復活節演唱會。這個節日是烏干達最盛大的節日之一，因為烏干達約有百分之四十的人口信奉天主教，許多知名的烏干達音樂人都會選在這個節日舉行演唱會。不過警方依然拒絕了他的申請，並說他們無法保證參加者的安全。於是瓦恩打算召開一場記者會來抨擊警方的決定，並嘲笑穆塞維尼是個膽小鬼。他們幾乎可以肯定，警察會嘗試在活動中逮捕他。

這個計畫風險不小，但瓦恩覺得自己別無選擇。過去幾個月以來，烏干達警方讓他成了一頭困獸。他需要走上街頭、站上舞台，搭上群眾的力量。

「火焰基地隊」團員焦慮地聚在瓦恩的宅院那天，天空正下著雨。就算瓦恩被捕，也必須讓所有人都看見他被捕：他必須在前往「大愛沙灘」的路途中，盡可能被電視台的人和支持者包圍住。如果他們的行動不夠快，或沒有先規劃策略，警察可能就會發現他們的行動，並封鎖他們離開卡桑加蒂的路線，破壞他們的計畫。

瓦恩穿著牛仔褲、牛仔夾克和一雙嶄新的耐吉（Nike）運動鞋從家裡走出來。他緊閉雙唇，收起了感染力十足的笑容，換上一臉堅定的神情。他戴著常戴的紅色貝雷帽，帽子正面畫著一幅白色的烏干達地圖，以及一個緊握的黑色拳頭。他和團員們低聲地討論著維安事宜，接著俐落地和他們邀請來的幾名本地記者握了手。「火焰基地隊」走向車子時，氣氛也變得更加緊張。維安團隊提醒記者不要擋在他們和瓦恩的休旅車之間。

車隊穿過大門之後便疾馳而去，揚起的塵土籠罩住後方記者的車輛。車隊飛快地通過每個轉彎處和十字路口，顧不上紅綠燈和跟在後方的車子。瓦恩的SUV接著在卡姆沃基亞停了下來，他隔著車窗接受尾隨記者簡短的現場採訪。很快地，十幾名支持者圍住了車隊，其中幾個人還騎著摩托車。接著車隊繼續向南行駛，加入他們行列的汽車和摩托車愈來愈多，逐漸匯集成一條長長的車隊，幾乎和足球場一樣長。路上的行人紛紛舉起拳頭，興奮地高聲歡呼。等他們抵達坎帕拉南郊時，被吸引過來的人，已經多到讓他無須擔心自己的安危，可以放慢速度。不少人都衝出了家門，站在路旁歡呼，還有數百人高舉著雙臂跑在車隊旁，舉起的拳頭隨著步伐晃動。騎著摩托車的男子則來回穿梭，熱情地高喊「人民力量！」

他們的車隊最後在大愛沙灘以北不到兩公里的地方，遭遇到警察的攔阻。瓦恩差一點就能成功突圍，但警方的武力還是太過強大。他們出動了一輛裝甲警車，用水砲向群眾發射了三次高速水柱。混合胡椒噴霧的水柱讓人們不斷尖叫，無法招架的群眾只能向後撤退。隨後十幾名戴著頭盔、身穿防彈背心的警察衝過來砸碎了SUV的車窗，一邊用防暴盾牌阻擋他的支持者，一邊將瓦恩從車裡拖了出來，而一旁的記者則用相機記錄下了一切，將洶湧人潮和殘暴警察的畫面公諸於世。瓦恩覺得自己獲得了勝利——他再次高調被捕，地位再次躍升。

幾個月過後，《華爾街日報》刊登了一篇報導，描述華為員工如何協助非洲政府追蹤包括瓦恩在內的反對派政治人物。該報導刊出後，華為律師也在網路上發布一封給《華爾街日報》的信，表示該報導關於華為參與非洲政府網路安全部門的一些陳述「明顯有誤」，並指控《華爾街日報》誹謗。這封信還質疑《華爾街日報》消息來源的可靠性，但沒有提供證據來反駁報導的說法。據我們所知，華為也從未透過法律途徑向《華爾街日報》索賠。

二〇一九年十一月二十九日，穆塞維尼在推特上發布了他在烏干達警察總部新的指揮中心，主持華為監控計畫第一階段的啟動典禮的照片；這個計畫的正式名稱是「全國閉路電視系統」（National CCTV System）。穆塞維尼在這場典禮上的衣裝打扮，和五年前他在坎帕拉第一個小型平安城市系統的捐贈儀式上幾乎一模一樣，也同樣帶著那頂萬年不變的帽子。然而在這場典禮上，他眼前的螢幕大到足以覆蓋住一大面牆，連結上的監視器網絡也更加完整。他指出，光是坎帕拉就有八十三個監控中心，由五百名操作人員鎮守運作，並由五十名指揮官負責監督。他寫道：「很顯然地，我們正在加緊對愈來愈膽大妄為的犯罪分子的監控，包括那些很遺憾地認為自己可以用犯罪手段來抹黑『民族抵抗運動』（亦即烏干達的執政黨）的人。」他承諾，第二階段的計畫還會有更多動作。[14]

瓦恩於一年過後發動與穆塞維尼的對決，正式提交了參選的申請文件。他曾在前一年被《時代雜誌》（*Time*）選入「次世代百大人物」（100 Next），這份名單收錄了「正在崛起的新星」，搭配年度全球一百大最具影響力的人物名單一起刊出。他在前往紐約參加獲選典禮的行程中，也會見了住在美國的烏干達僑民，那些僑民也向他提供了充足的資金，讓他可以全力對抗穆塞維尼。

瓦恩遞交參選申請之後，幾乎立刻就遭到了拘捕；後來他告訴媒體，維安人員在一輛廂型車裡毆打他好幾個小時，再把他丟回家中。幾週過後，他因為在COVID疫情期間違反禁止集會的規定，而在一次政治造勢的場合上再次被捕。數千名支持他的選民湧上街頭，引發了好幾天的暴力抗議浪潮。這場騷亂讓人不禁想起圖莉娜威曾經發出的警告：革命可能會在烏干達爆發。「博比・瓦恩被逮補會成為一場公民起義運動的起點嗎？」一家非洲媒體在一個帶點不祥預兆的新聞標題中如此發問。[15]

但就算瓦恩被捕是足以點燃烏干達草原的火花，穆塞維尼也很快又會在華為的協助之下將其撲滅。瓦恩隨後遭到起訴，並在被捕兩天後獲釋。穆塞維尼暗指瓦恩是外國代理人（**foreign agent**），而這不是他第一次如此指控。「某些團體正在被外人、同性戀利用——我不知道，反正就是外面的那些團體，他們不希望看到烏干達維持穩定和獨立，」他在向民族抵抗運動的支持者發表談話時如此說道。「但他們最後還是會獲得他們自找的下場。」[16] 隨著暴力事件逐漸平息，烏干達的維安人員開始在全國各地開展行動，利用車牌辨讀器和臉部辨識的數據（透過華為的網絡

14 穆塞維尼將他拜訪監控中心的照片上傳到了推特上。Yoweri Museveni (@KagutaMuseveni), "Commissioned the first phase of the National CCTV System at the Police Headquarters in Naguru, Kampala. Kampala Metropolitan alone has 83 monitoring centres, 522 operators under 50 commanders," Twitter, Nov. 29, 2019, https://twitter.com/KagutaMuseveni/status/1200120752114196481。

15 Morris Kiruga, *The Africa Report*, Nov. 19, 2020.

16 穆塞維尼將這段演講的影片張貼在自己的推特帳號上：Yoweri Museveni (@KagutaMuseveni), "Uganda is stable and the NRM government will not allow those seeking to mess with this stability to get away with it," Twitter, Nov. 20, 2020, 1:51 a.m., https://twitter.com/KagutaMuseveni/status/1329678653534433285。

來進行連接），來辨認、拘留被華為監視器捕捉到的抗議者。根據烏干達警方公布的最終統計，抗議活動爆發一週後，一共有四十五人死亡，八百三十六人被捕。

但早在穆塞維尼使用新的系統來鎮壓抗議活動之前，他和華為的合作關係，就已經讓西方開始注意到中國監控系統對外輸出的快速擴張。《華爾街日報》曾對這種合作關係進行詳細的報導，這些報導在川普政府的國安官員之間廣為流傳，被他們用來證明美國需要採取更積極的行動，來對抗中國共產黨的科技野心。從華府到坎培拉的智庫，都在報告中引用了烏干達的案例，指出北京制定了一套全面性的戰略，企圖將「中國模式」推廣至所有發展中國家（如果人們沒有警覺的話，甚至也可能推廣到一些先進國家），呼應了某些人稍早對於科技冷戰即將到來的警告。

有些人無法確定，中國之所以輸出監控系統，是否真的就是為了在世界各地創造出迷你版的中國。康乃爾大學（Cornell University）研究民族主義和國際關係的學者白潔曦（Jessica Chen Weiss），曾於二〇一九年在美國國會一場針對中國數位威權主義崛起的聽證會上作證，當時她就指出，中國監控系統的輸出情況，其實比人們一般理解的還要複雜許多。她說，中國的追蹤工具或許可以幫助其他國家的政府控制人民，但這種技術的部署方式，仍是由當地的政治脈絡所決定的。她引用了已知最早的其中一個案例，也就是二〇一一年安裝於厄瓜多的中國監控系統：由於缺乏相關人員，這個系統並沒有降低犯罪率，而且後來上台執政、沒那麼獨裁的新政府，也對這個系統進行了檢查。她的結論是：「數位威權主義的擴散，與企圖依照中國模式來重塑其他國家的政府，兩者並不是同一回事。」

針對習近平為了推廣「中國方案」所做的努力，白潔曦則舉了其他的例子：在那些例子裡，習近平都強調中國崛起的獨特性，並稱中國共產黨不會要求其他國家模仿自己。「不論是中國的經濟模式，還是政治模式，都不適合輸出到其他國家。」她在自己國會證詞的講稿中如此寫道。[17]毛澤東過世後中國的奇蹟式增長，是結合各種因素的罕見產物，很少有其他國家能複製——這些因素包括人口眾多而順從的人民、強力的領導，以及正好趕上了好時機。

中國在監控方面的成功，同樣是各種優勢共同造成的結果，比如龐大且紀律嚴明的官僚體系、大量的數據存儲，以及雄厚的財政資源，這些都很少有其他國家可以比擬。南非金山大學（University of Witwatersrand）研究中非關係的學者伊吉尼奧・加利亞多內（Iginio Gagliardone）指出，從一九八〇年代中期以來，中國公民的身分證就記載著詳細的個人資訊。他指出，在非洲和其他的發展中國家裡，公共紀錄並不完善，而在獅子山（Sierra Leone）這樣的國家裡，關於個人資訊的完整紀錄甚至可能根本就不存在。發展中國家的政府可能會想監控的對象，許多都是位

17　Jessica Chen Weiss, "A World Safe for Autocracy?" *Foreign Affairs*, July/August 2019, https://www.foreignaffairs.com/articles/china/2019-06-11/world-safe-autocracy.

處社會邊緣的人物，他們的個人資訊可能根本就不在政府的數據庫裡。對於一個資源有限的國家來說，想要成功複製中國模式，就跟複製美國模式一樣困難。

白潔曦和前美國國務院非洲問題專家史蒂文・費爾德斯坦都認為，中國之所以會輸出監控系統，除了因為他們看到了商機之外，也受到了意識形態的驅動。「在我訪問的所有國家裡，我從來沒有看過任何的證據，可以證明中國正在公然輸出壓迫性的科技，建立另一種治理模式，」費爾德斯坦在《數位壓迫的興起》中如此寫道。「中國科技的最大賣點是低成本，以及容易取得——因為幾乎沒有附加條件。」[18]

那麼中國到底想達到什麼目的呢？儘管掌管著世界上第二大的經濟體，中國共產黨仍記得自己源自地下組織的歷史，也依然會感到恐慌——而中共在成立初期，之所以能捱過更強大的勢力對他們的多次清剿，也正是因為這種恐慌。藉由推廣「中國方案」和輸出監視系統，中國共產黨試圖破壞以下這樣一個概念：民主是一個國家唯一可以追求的合法政府形式。套用白潔曦的說法，中共的最終目標是「為獨裁政權創造一個安全的世界」，換言之，就是「為中共自己創造一個安全的世界」。

烏干達的選舉就是一個例子，可以說明這個策略所取得的成果。二〇二一年一月十三日，也就是大選前夕，穆塞維尼封鎖了網路，和中國官員十多年前於烏魯木齊騷亂後的作法如出一轍。兩天過後，根據出口民意調查，穆塞維尼在大選之中取得了領先，而博比・瓦恩則指控軍方在票箱裡灌票，並將他的支持者趕出投票站。瓦恩還聲明自己「會考慮使用一切合法的方式」來對抗選舉結果。不久過後，維安人員便包圍了這位歌手位於卡桑加蒂的住處，基本上將他軟禁了起來。「他不再是個普通人了。」一位軍方發言人如此說道，並稱瓦恩應該「感謝」維安部隊，因為她堅稱維安部隊之所以會出現在那裡，就是為了保護他的安全。[19]美國駐烏干達大使被禁止探望瓦恩，而他則被困在自己的宅邸裡長達十一天，直到烏干達高等法院下令要求維安部隊撤離之後，才得以恢復自由。

官方的選舉結果顯示，穆塞維尼獲得了百分之五十九的選票，而瓦恩的得票率則只有百分之三十五。穆塞維尼稱這是烏干達史上「最沒有舞弊行為」的一場選舉。[20]對結果不滿的瓦恩向烏干達法院提起了訴訟，但在三週之後又撤銷了告訴；他指控最高法院的法官偏袒穆塞維尼。「我們決定將這個案件從〔最高〕法院那裡，重新移交給人民審理[21]。」他告訴支持者。在接下來的幾週裡，他不斷懇求西方國家以行動支持他的說法，而他喊話的主要對象無疑就是美國——美國

---

18 Steven Feldstein, *The Rise of Digital Repression: How Technology Is Reshaping Power, Politics and Resistance* (New York: Oxford University Press, 2021), 49.

19 引用自“Uganda Opposition Leader Bobi Wine Says Military Enters Home,” Associated Press, Jan. 16, 2021.

20 Rodney Muhumuza, “Uganda Faces Pressure to End Bobi Wine’s House Arrest,” Associated Press, Jan. 22, 2021.

21 Rodney Muhumuza, “Uganda’s Wine Withdraws Court Challenge to Election Results,” Associated Press, Feb. 23, 2021.

曾發表聲明，譴責烏干達政府拘留反對派的政治人物，但依然不願和穆塞維尼切斷關係。

二〇二一年二月下旬，中國主管外交事務的最高官員楊潔篪在巡訪非洲期間會見了穆塞維尼，並祝賀他贏得選舉。他轉達了習近平的誠摯問候。「在兩國領導人的親自關心和推動之下，中烏關係發展得十分順利，」他說。「中方支持烏干達走適合自己國情的發展道路。」[22] 但烏干達不太可能追隨中國的道路，為了維持穆塞維尼執政的合法性，烏干達至少仍須保留某種民主的假象。這代表他們必須接受的異議，將會比中國共產黨能容忍還要多；烏干達相對混亂的警察體系，也不可能像中國的維安機構一樣，能以同樣鐵面無情的效率運作監控系統。但這些都不是重點。中國為穆塞維尼提供了可以繼續掌權的手段，並在這麼做的同時，也讓這個仍被美國國務院網站描述為「可靠伙伴」的國家，進一步脫離西方規範的約束——光是這些就已經非常足夠。

錢喜娜和約克大學（University of York）研究獨裁政治的學者愛德華・戈德林（Edward Goldring）的研究表明，北京的做法很有傳播力，而且也十分有效，能侵蝕民主的價值觀。他們兩人在研究中國科技於海外的銷售數據後發現，一個國家在取得中國的監控技術之後，會導致鄰國取得相同技術的機率提高十二倍；這種現象，讓人聯想起幫助臉書、谷歌和推特擴大規模的「網絡效應」（network effects）。這兩位學者發現，雖然中國的監控系統整體而言無法減少犯罪，但它們卻和侵犯人權行為的大幅增加有關聯。[23]

自從尼克森（Richard Nixon）總統以來，美國的領導人便一直在鼓勵北京擁抱資本主義的市場力量；而中國共產黨之所以能擊敗美國，很大程度上就是因為它運用市場力量的能力。對利潤的追求，讓華為這樣的中國科技公司在北京發動游擊戰改變現狀時，成為既有效率，又鐵面無情的大軍。但他們並不是唯一這麼做的公司。在中國市場的巨大潛力的吸引之下，美國科技也扮演了同樣重要的角色。

22 取自〈烏干達總統穆塞維尼會見楊潔篪〉，新華社，二〇二一年二月二十二日，http://www.xinhuanet.com/2021-02/22/c_1127122518.htm。

23 Sheena Chestnut Greitens and Edward Goldring, "Global Use of Chinese Surveillance Technology: Causes and Effects," paper prepared for ISA annual conference, Apr. 2021.

八 預測犯罪的伙伴

在很長的一段時間裡，英特爾（Intel Corporation）對全球微處理器市場的掌握似乎是不可動搖的。要製作這些微型晶片，必須將電路編排在一小片半導體材料（比如矽）上，這些晶片就是現代科技的基礎。任何一個在一九九〇年代看過美國電視的人都知道，幾乎美國銷售的每台個人電腦，以及大部分的電腦伺服器裡，都有「英特爾在裡面」。但時序進入二十一世紀之後，英特爾卻愈來愈難和那些更靈活、價格更便宜的對手競爭。到了二〇〇〇年代末，這個曾經所向無敵的晶片巨頭開始變得岌岌可危，隨時都有可能被打倒在地。

和當時的許多美國公司一樣，英特爾也試圖在中國尋找解方。二〇〇七年，英特爾宣布將斥資二十五億美元在中國東北的大連建造一座工廠，將英特爾在中國的總投資額提升到近四十億美元。英特爾時任的執行長保羅·歐德寧（Paul Otellini）在宣布這個計畫的時候表示：「中國是我們增長最快的主要市場，我們認為，對能為未來帶來增長的市場進行投資，是一件非常重要的事情，這樣才能更好地服務我們的客戶。」該公司的投資部門「英特爾資本」（Intel Capital）則斥資五億美元，持續在競爭對手尚未發現的新科技領域裡尋找機會。[1]

英特爾資本瘋狂投入資金的當時，中國剛剛取代了日本成為世界第二大經濟體。隨著收入增長，中國人也開始迫不及待地購買各種最新的電子產品。中國政府也對尖端科技產生了興趣，反映出中國消費者對升級的持續追求。

歐德寧曾擔任英特爾執行長八年，最後於二〇一七年去世；他一直是亞洲新興市場的堅定支持者。當傳言指出谷歌即將因為和中共的衝突，而將搜尋業務撤出中國時，這位魅力十足的加州人駁斥了這個傳言。「在中國，沒有什麼東西會終結。你終究無法真正離開這個世界上最大的市場，」他於二〇一〇年接受美國公共電視台（Public Broadcasting Service，簡稱ＰＢＳ）採訪時如此說道。「所以他們最終一定會和解。」[2]但谷歌最後還是放棄了中國的搜尋業務。和大多數西方科技公司一樣，英特爾選擇留在中國市場。過去幾百年來，規模龐大的中國對西方企業一直都很有吸引力。很少有人可以抗拒從世界上人口最多的國家獲取無盡利益的誘惑。

一家規模雖小但前景看好的新創公司，受到了英特爾投資的青睞——這間公司名叫東方網力科技有限公司，其專注的業務是將監視攝影機連結在一起；幾年過後，這個技術便在新疆被用來設置監控設備的網絡。東方網力於二〇〇〇年成立於北京，當時正值中國影音產業從類比式轉向數位化的時期。這個科技演進，也創造出了對有能力開發系統、將監視攝影機網絡連結在一起的公司的需求；有了這些公司，你就可以同時對各個攝影機網絡進行監控。早在英特爾發現東方網力之前，這間公司就已經開始嶄露頭角：北京政府曾在二〇〇八年夏季奧運期間，使用一個監視器網絡來維持治安，而東方網力就是負責將北京東部一萬個監視攝影機連入同個系統的公司。他們後來也在二〇一〇年為上海世博會供應了類似的系統。

但投資東方網力也有風險。數位影像仍是個相對新的領域，相關的新創企業非常多。雖然該公司的表現不俗，但它尚未開發出可以將自己與該領域其他領先者區隔開來的產品。不過英特爾仍然決定試試。二〇一〇年，它以四百五十萬美元出頭的價格收購了東方網力百分之六的股份，成為這家新創公司的第五大股東。「我們的軟體部門贊助了這項投資，」英特爾資本的中國區董事總經理許盛淵當時在接受採訪時如此表示。「他們對於投資這些人非常非常有興趣。」[3]

許盛淵表示，英特爾是從「運算的角度」，而不是維安或政治的角度來看待這筆交易。他解釋道，監控產業無可避免需要大量高性能的晶片，因此該投資對「英特爾的核心業務」非常有利。由於投資金額並不大，就算這間中國公司最後倒閉了，對於英特爾來說也無關痛癢。但如果

1 Intel, "Intel to Build 300mm Wafer Fabrication Facility in China," press release, Mar. 26, 2007.
2 Paul Otellini interview, *Charlie Rose*, PBS, Feb. 26, 2010.
3 Jonathan Shieber, "Intel Bets on China's Growing Surveillance Industry with NetPosa," *Dow Jones Venturewire*, Nov. 1, 2010.

公司表現良好，那麼英特爾就可以在這個既有趣又在持續成長的產業裡占有一席之地。

若以報酬和業務的擴張量來衡量，英特爾對東方網力的投資，最終將會成為該公司在中國最成功的一個決定。在英特爾的幫助之下，東方網力在中國監控產業即將高速起飛之際站穩了腳跟。根據產業研究公司「Omdia」的數據，到了二〇一九年，在價值兩百億美元的全球影像監控市場營收中，中國公司便囊括了將近一半。[4]作為中國警方的供應商，東方網力的市值在這段期間也翻了好幾倍。該公司也將繼續在新疆公共維安的市場中扮演重要角色，將先進的影像管理系統、臉部識別功能，以及可以兼作指揮站的貨車賣給新疆的警察局。更重要的是，英特爾與東方網力的合作，也讓英特爾成為這類新創公司首選的晶片供應商。

英特爾並不是唯一這麼做的美國廠商。其他知名的矽谷廠牌，比如思科系統（Cisco Systems）和昇陽電腦（Sun Microsystems），也都很早就嗅到了中國監控市場的潛力。隨著市場持續成長，更多的公司湧入中國，進一步擴大了這個市場，並讓市場變得更加完善。二〇一八年十一月，總部位於北京的監控產業社團「中國安全防範行業協會」表揚了三十七間中國公司對中國「平安城市」產業的傑出貢獻。這些獲獎的公司大約有一半在資金、業務或供應鏈上，和美國的科技公司存在聯繫。[5]

中國的吸引力不只來自利潤而已。一如北京和上海這些發展快速的中國城市於二〇一〇年代成為全球建築師的遊樂場，中國的監控市場也成為西方維安公司測試科技的實驗室——這些技術若被使用在這些公司所屬的國家裡很難不引起關切。二〇一八年，以色列的AI新創公司「Faception」在中國最大的安全博覽會，也就是「中國國際社會公共安全產品博覽會」上登台宣傳自家系統，並稱該系統可以根據臉部特徵來辨識恐怖分子。為了示範如何使用，該公司的執行長吉爾包（Shai Gilboa）使用他所謂的「新疆恐怖行動嫌犯」的照片來對觀眾進行演示，並表示該公司演算法的辨識準確率高達百分之九十五。幾個小時過後，輪到另一家加拿大的新創公司「NuraLogix」接棒宣傳另一種技術——該公司宣稱，這種技術可以從智慧型手機裡錄下的影片中，透過臉部微血管的血壓和心跳速度，來評估一個人所承受的壓力程度，並稱這項技術在審訊時很有用。簡報結束後，該公司的執行長馬齊奧·柏佐里（Marzio Pozzuoli）表示，「NuraLogix」對西方政府測試新技術時被法規綁手綁腳的漫長流程感到非常的挫敗，因此決定將目標市場放在中國。「我們去了杭州，和那裡的政府人員聊過，他們問『我們最快什麼時候可以開始使用這些東西？』」柏佐里說道，笑意從滿臉的鬍鬚之間露了出來。「在中國能做的事情太

4 “Omdia: Coronavirus Threatens to Disrupt Global Video Surveillance Market,” March 3, 2020, Securityinfowatch.com, https://www.securityinfowatch.com/video-surveillance/news/21127827/omdia-coronavirus-threatens-to-disrupt-global-video-surveillance-market.

5 China Security and Protection Industry Association, “2018 Namelist for the Companies with Excellent Industry Solutions for ‘Safe Construction,’” Nov. 5, 2018, http://news.21csp.com.cn/special/PAJS2018/c727/201811/11374827.html.

神奇了。」

隨著時間演進，共產黨對於用更新更好的方法來監控人民的渴望，也吸引到美國頂尖大學的電腦科學系，以及監控相關周邊領域（比如遺傳學）的一些頂尖研究人員。當華為正在海外推廣中國的監控國家體制時，美國的科技公司、投資人和學者，也在中國培植該體制的過程中發揮了重要的作用。他們許多人從中獲利，賺得盆滿缽滿。

英特爾和其他公司的經驗，都說明了過去數十年來，外國公司如果想要進入中國快速成長的市場，為了利益必須放棄哪些東西。到了二〇一〇年，中國經濟持續以將近百分之十的成長率高速發展，跨國公司如果還沒進入中國市場，往往都要面對股東的質疑。然而在中國營運，也意味著企業必須遵守一套和西方截然不同的規則。對於硬體或網路服務的供應商來說，這不僅意味著要和一個在審查技術領先全球、經常被指控侵犯人權的獨裁國家打交道，而且可能還會助長這種行為。

這些公司一方面需要維持商業利益，一方面又需要在表面上維繫社會負責，為了在這兩個需求之間維持平衡，他們愈來愈常以複雜性來保護自己。他們一方面發表符合民主價值的原則聲明，另一方面又會表示由於全球供應鏈的機制，再加上他們的業務量實在太過龐大，因此他們不可能知道自己的產品或服務，曾在何時被客戶以違反民主價值的方式使用。這種說法曾多次幫助科技業界的大人物從醜聞中脫身，但隨著人們對新疆狀況的憤怒情緒持續高漲，這種做法也將面臨一場嚴峻的考驗。

英特爾並不是第一個藉由幫助中國領導人監視人民來獲利的公司。事實上，從中共的監控國家體制於一九九〇年代末逐漸成形以來，西方的企業就一直在協助這個體制的誕生。

中國監控產業的根源，可以追溯至一九八九年天安門廣場事件後，中國共產黨所啟動的「金盾工程」，該計畫的目的是改善中國的「電子政務」基礎設施。國家安全部希望透過金盾計畫將防火牆升級；在當時，中國的防火牆還只是一個簡陋的門戶，只有基本的網路過濾器，無法跟上這個經濟體對資訊日益增長的需求。國家安全部希望改善審查系統，管理、追蹤個別用戶的網路使用行為，這樣就不用直接大範圍地阻斷網路。二十世紀初的中國沒有技術可以實現這個目標，因此它別無選擇，只能向國外尋求協助。研究網絡安全的葛雷格・沃爾頓（Greg Walton）曾於二〇〇一年一份開創性報告中指出，當中國正在向外尋求協助時，幾隻援手熱情地向它伸了過來。[6]

6 Greg Walton, *China's Golden Shield: Corporations and the Development of Surveillance Technology in the People's Republic of China* (Montreal: Rights & Democracy, 2001).

沃爾頓詳述了二〇〇〇年在北京舉行的第二屆「中國國際社會公共安全產品博覽會」——這個博覽會，後來也將成為全球最重要的維安科技博覽會之一。光是從當年參與聚會的西方網絡設備公司名單，就可以看出這些援手有多麼熱情：美國的思科系統、摩托羅拉（Motorola）和昇陽電腦、德國的科技公司西門子（Siemens），以及加拿大的北電網絡（Nortel Networks）。中國的公安部部長也在貴賓名單之中。和兩年前舉辦的第一屆博覽會相比，二〇〇〇年登記銷售服務和產品的國際參展商數量增長了百分之五十。

根據沃爾頓的計算，當時中國每年從外國公司購買的電信設備，總價值接近兩百億美元。來自美國矽谷的昇陽電腦是電腦軟體產業的成功範例，他們協助中國公安部建立了全國的指紋資料庫系統。當時的北電是北美最重要的其中一個網絡設備製造商，他們也為中國國營的上海電信提供了最先進的設備，讓該公司可以在個人用戶上網時，直接過濾掉他們不希望用戶看到的網址，也讓網路審查制度可以做到非常精細的程度。

在中共建構數位監控體制的初期階段，思科系統則是另一家同樣扮演關鍵角色的公司，最終也引起不小的爭議。這家公司和昇陽電腦一樣，都是史丹佛大學的產物，也是矽谷的支柱企業。這間公司的名字，取自位在史丹佛大學校園北邊的城市舊金山（San Francisco），公司商標則是一個抽象化的金門大橋。思科是世界上最大的網路設備供應商，而可以「精細」過濾網路流量的防火牆，就是他們的其中一個產品。當中國開始建設網路基礎設施時，思科和北電便開始供應設備給中國的國營電信公司，並協助中共改造防火牆。思科的路由器讓中國可以根據禁用詞的名單，來屏蔽某個網站裡的特定網頁，而不需要屏蔽整個網站——多年以來，中國一直都在使用這種技術，來屏蔽谷歌的某些搜尋結果。

美國國會曾於二〇〇六年和二〇〇八年兩次要求思科出席聽證會，討論該公司向中國銷售設備的問題。根據從思科流出的一份二〇〇二年的內部簡報，中國金盾計畫的其中一個目標就是「打擊法輪功邪教和其他敵對勢力」。[7]思科的法務長馬克．錢德勒（Mark Chandler）當時對國會表示，他對這份簡報感到「震驚」，但該簡報並不代表公司的政策，也不涉及公司的行銷業務。錢德勒在那場聽證會和自己的部落格文章中都曾提到，對於任何一個網路空間來說，防火牆都是必要的組成部分。「思科在全球銷售的產品都是一樣的，也不會為任何一個政府修改產品。」他寫道。二〇一一年，法輪功的成員對思科提起訴訟，並稱該公司的客製化技術，讓中國政府可以監控法輪功相關人士的網路活動，藉此對他們進行追蹤和傷害。該案後來遭聯邦法官駁回，理由是沒有證據可以證明思科知道這些客製化的功能會導致這種結果，不過新聞媒體對這場糾紛的報導，依然損害了思科的聲譽。

---

7 Don Clark and Loretta Chao, "Cisco Faces Lawsuits, Criticism over Past China Activities," *The Wall Street Journal*, July 5, 2011.

雖然出現了大量的負面報導，但思科仍持續在中國監控市場的其他領域進行擴張，業務範圍並不止於網路過濾。二〇一一年，《華爾街日報》揭露中國政府將在內陸的特大城市重慶和周邊地區設置一個監控網絡，由多達五十萬個監視器組成，覆蓋面積約一千平方公里。該計畫的承包商，是總部位於杭州的影像監控巨頭海康威視；該公司表示他們會向思科採購網路設備。自天安門事件爆發以後，美國法律便禁止本國公司對中國出售犯罪控制的技術。然而《華爾街日報》在報導中指出，美國政府無法阻止思科投入這個被中國稱為「和平重慶」的計畫，因為美國的出口限制存在一個關鍵的漏洞：一九九〇年代的出口限制，只涵蓋指紋採集設備這類傳統產品，並不包含數位監視攝影機等新產品。錢德勒在回應這篇文章時表示，雖然思科確實曾受邀參與「和平重慶」計畫，但他們最後拒絕了這個機會。不管錢德勒所言是否屬實，美國有線電視新聞網的前北京分社社長麥康瑞（Rebecca MacKinnon）後來都在她的《連網者的同意》（*Consent of the Networked*）中寫道，「同樣明顯地，思科正在向中國的執法單位尋求商業機會」；麥康瑞亦指出，宗教和政治上的異議行為在中國都被視為一種罪行。[8]

思科為自己在中國的業務辯護時，經常會引用一個說法：就算科技不能為中國帶來民主，至少也能鬆綁共產黨對中國社會的控制。惠普（Hewlett-Packard, HP）是另一個當時打算投標「和平重慶」計畫的美國科技企業，他們的回應更為直截了當。「關於產品會被如何使用的問題，我們選擇相信他們的說法，」負責中國市場策略的惠普執行副總裁托德·布萊德利（Todd Bradley）

如此對《華爾街日報》表示。「了解他們使用產品的目的，並不在我的工作範圍之內。」當中共監控國家體制的形態和目標變得愈來愈明確，網路內蘊的民主化動能也在現實壓力之下逐漸瓦解，布萊德利的觀點便成了唯一可信的選擇：如果中國政府提供了有利可圖的機會，對股東負責的公司就必須去追求這個機會。

至於英特爾的股東，又從中國監控產業獲得了多豐厚的回報呢？我們可以從一場在聖地亞哥五星級的曼徹斯特君悅酒店（Manchester Grand Hyatt Hotel）舉辦的聚會，來一窺這個問題的答案。二〇一六年十月，來自知名科技公司的一千多名高階主管及投資人，在和煦宜人的天氣裡在那裡參加了英特爾一年一度的風險投資盛會；對於科技界來說，這是認識潛在客戶、了解未來趨勢的大好機會。在那年的聚會上，賽富時（Salesforce）和威訊（Verizon）的執行長，以及PayPal的董事長都發表了爐邊談話；而高階主管們則預言，大數據分析、機器人和保健等領域將會成為增長動能的來源。參加者可以在預先規劃的茶敘休息時間裡，一邊在門廊談生意，一邊欣

8 Rebecca MacKinnon, *Consent of the Networked: The Worldwide Struggle for Internet Freedom* (New York: Basic Books, 2012).

賞聖地亞哥深水海灣的開闊景色，也可以盡情享受英特爾準備的各種休閒活動，比如在城裡的幾個場地裡玩卡丁車和賽格威（譯按：Segway，一種可以自動保持平衡的個人運輸載具）。

這場聚會的最高潮，是英特爾資本公布該年度最佳執行長的頒獎典禮。數百人看著東方網力的共同創辦人兼執行長馮程，穿著時尚的皮夾克和合身的黑色長褲走上舞台領獎。接下獎牌後，戴著眼鏡的馮程對鏡頭露出了燦爛的笑容。他是中國第一位獲得此殊榮的企業負責人。

馮程為人低調，很少接受媒體採訪，因此從未公開談論過這個獎項。東方網力曾在一份新聞稿中表示，英特爾對他們所頒發的獎項，是對其「多年來的快速發展和未來的發展」的認可。這份新聞稿還指出，東方網力在英特爾入股的四年之後，便在深圳證券交易所公開上市，而公司的市值也在上市的一年之內，便突破了十五億人民幣（以當時的匯率計算將近二．五億美元），成為中國增長速度最快的監控公司之一。這份新聞稿沒有提及英特爾在其增長中發揮的關鍵作用，也沒有提到讓東方網力能快速增長的市場特質，或英特爾從中獲得的大筆橫財。

製作微處理器是個複雜的技術。想設計出可以處理大量數據，又不會消耗大量電力或過度發熱的微處理器非常困難。二〇一〇年英特爾首次投資東方網力時，中國的微處理器產業還落後美國十多年的時間。不論是當時還是現在，晶片和石油都是中國進口量最大的兩項商品。

當時的東方網力正在嘗試開發價格實惠的連線錄影設備，但過程並不順利。這種錄影設備，就是讓新一代的監控技術可以被更廣泛應用的關鍵所在——他們必須使用錄影設備，才能蒐集來自連線攝影機的影像，並將它們傳輸到存儲設備之中。東方網力需要一款既高效又便宜的晶片來運行這種錄影設備，而英特爾的凌動處理器（Atom processor）正好符合這個需求。當東方網力的工程師不知道如何用凌動處理器來構建主機板時，英特爾會派出自己的專家前去提供協助。改良後的錄影設備讓東方網力成為中國影像監控公司的領先者，也幫助他們一償宿願，拉開了與競爭對手的距離。

作為回報，東方網力把英特爾視為值得信賴的合作伙伴，幫助他們進入中國的監控產業。英特爾入股不久過後，東方網力便在全中國最大的公共安全展裡設置了一個攤位，攤位上除了東方網力和英特爾的商標之外，還有「與我們共建」這句口號。這兩間公司接著聯手主辦了維安科技的產業論壇，讓英特爾一同會見了中國的高階警官，以及和公安部有連結的研究機構的學者。英特爾的智慧系統業務負責人王東華曾在南京的一個論壇上，示範如何將英特爾的技術使用在監控和執法的領域上，而省級的高階警官，以及東方網力的高階主管，也都在這個論壇上發表了演說。「我們一起舉辦的活動，幫助英特爾贏得了業界的支持，」東方網力的共同創辦人劉光曾在公司網站發布的採訪紀錄中如此表示。[9]東方網力於二〇一四年上市的兩年過後，英特爾便以當

9 China Security and Protection Industry Association, "Zhuanfang Dongfang Wangli dongshizhang Liu Guang: zuo zhihui chengshi de jiagouzhe," Netposa.com, Nov. 17, 2011, https://www.netposa.com/2011/1117/News/614.html.

初投資金額六倍的價格，賣掉了東方網力的股份。東方網力提供了一張入場券，讓英特爾得以進入中國的監控產業，而事後證明，這張入場券其實比賣掉東方網力股份的收益還更有價值。

東方網力上市的時間點堪稱完美。習近平當時正在大力推動中國維安部門的技術升級，而且尤其關注影像方面的技術。二〇一四年，英特爾資本曾在一場演講中，熱忱講述他們投資中國所取得的成功，並強調東方網力如何做了充足準備，善用了這個發展機遇：「東方網力的解決方案，現在正作為平安城市計畫的一部分在中國各地實施，其中設在六百多個城市的動態數位監控（dynamic digital surveillance）方案，將會提供即時警報，預防和阻止犯罪發生。」[10]當時英特爾已經協助東方網力擴大產品線，將雲端存儲也納入產品清單，從而增強了東方網力管理和分析影片的能力。

新疆很快便成了東方網力前景最好的市場之一。該公司為二〇一一年的中國亞歐博覽會（一個每年都在烏魯木齊舉辦的大型貿易博覽會）供應了監控錄影管理系統，藉此和該地區的警察部門初步建立起聯繫。英特爾資本在聖地亞哥頒獎給馮程後不久，新疆新任的黨委書記陳全國則發起了一場運動，試圖改造該地區的穆斯林認同。此時的東方網力早已做好準備，為當地警方供應建立在雲端技術上的錄影監控系統。該公司還向新疆警方出售了他們自行開發的無窗黑色廂型車，可以當作行動指揮中心來使用。

隨著時間演進，東方網力自己也開始投資起中國的新創監控企業，而「格靈深瞳」就是其中一個例子。格靈深瞳是一個臉部辨識公司，曾參與幾個新疆的案子，他們在自家網站上宣傳的演算法，據說能辨識出新疆的維吾爾族穆斯林。另一個例子則是「深網視界」，這個合資企業提供的產品包括臉部辨識和人群分析，他們在新疆也有大量業務。二〇一九年初，一名歐洲網絡安全研究人員在網路上發現了一個深網視界的數據庫，裡頭有新疆二百五十多萬人的個人資訊和位置數據。當時的英特爾雖然已經賣掉了東方網力的持股，但仍在持續對東方網力及其支持的其他中國公司供應硬體設備，而格靈深瞳就是其中之一。英特爾曾讚揚格靈深瞳，並指該公司為那些對臉部辨識感興趣的客戶，提供了「馬上可以出售的合作伙伴解決方案」。

再一次地，英特爾並不是唯一因為中共在新疆的社會工程而獲利的美國公司。為阿克蘇政府供應網路交換器的企業，有百分之四十九的股份掌握在惠普手中，而阿克蘇當地就有好幾個穆斯林的拘留營。二〇一九年我們在《華爾街日報》的一篇報導中指出，數位存儲巨頭希捷（Seagate）和威騰電子（Western Digital），為中國警方供應了儲存和處理監控錄影所需的絕大多數廉價硬碟，而新疆警方也是他們其中一個客戶。新疆兩個新的監控計畫的承包商告訴我們，他們更喜歡這兩家美國公司的硬碟，因為它們品質更好。「大部分都是希捷或威騰的，我們不買

10 Intel Capital, "Investing in Global Innovation: Stories of Intel Capital's Impact on Portfolio Companies," slide deck (2013), 12, https://www.intel.com/content/dam/www/public/cn/zh/pdfs/intel-capital-storybook.pdf.

國產貨。」一位承包商如此說道。根據一位產業分析師的估算，希捷和威騰電子從中國獲得的營收，每年都超過十億美元。[11]

這些公司參與了中國政府對宗教少數族群的系統性壓迫，而這也難免讓人想起美國企業史上最可怕的一起事件：IBM曾在第二次世界大戰前夕和戰爭期間，與納粹政權進行合作。希特勒發起種族清洗運動初期，納粹曾嘗試找出大部分已經同化，而且能有效「隱藏」猶太身分的歐洲猶太人，但要找到這些猶太人並不容易。為了克服這個難題，納粹的人口統計學家必須詳細調查，上溯全體人民好幾代的血統。雖然納粹的目的是為了辨識出模糊的文化認同，和共產黨企圖在新疆消除文化差異的目標正好顛倒了過來，但他們在技術上遇到的挑戰是一樣的。記者埃德溫．布萊克（Edwin Black）曾在《IBM與大屠殺》（*IBM and the Holocaust*）這本書中提到，IBM擁有一台能自動針對普查數據製作圖表的機器，該機器能讀取記錄個人特徵的打孔卡並對它們進行分類，而這個科技正好滿足了希特勒的「數據欲望」。

在數據處理的發展史上，IBM共同創辦人赫爾曼．何樂禮（Herman Hollerith）就是一位先鋒：他在一八八四年取得了打孔卡系統的專利。布萊克寫道，這項技術「對人類來說，有如十九世紀版本的條碼技術。」何樂禮的機器憑藉「神奇的識別和量化能力」，成為谷歌、亞馬遜和阿里巴巴今日使用的演算法的鼻祖，將數據的利用速度提高了好幾個等級。[12]納粹德國後來租用了數百部打孔卡機，購買了數億張打孔卡。

ＩＢＭ參與大屠殺的方式，不只是幫助第三帝國計算猶太人的人數而已。當希特勒的計畫，逐漸從身分識別轉為設置猶太隔離區、強迫勞動，最後又轉向種族滅絕時，ＩＢＭ也對機器進行了調整，讓機器可以適應每一項新任務。ＩＢＭ通過德國的子公司，對橫越歐洲的火車調度進行自動化，以便為德國軍隊運送物資，並將猶太人運往集中營。這些機器對於集中營本身的運作非常重要；當戰爭接近尾聲、納粹開始用毒氣和槍決方式大量殺害歐洲的猶太人時，這些機器對於巨大的物流挑戰來說，也是不可或缺的關鍵所在。「這項技術讓納粹德國得以完美策劃數百萬人的死亡。」[13]布萊克指出。與此同時，ＩＢＭ也開始充滿愛國精神地向美國政府進行推銷，讓美國政府租用了其他類型的機器來安排美軍調動，並將日裔美國人關進拘留營裡。

隨著希特勒可怕的結局愈來愈明顯，ＩＢＭ紐約總部的高階主管對於自家機器在歐洲被使用的方式，也決定要守口如瓶。直到戰爭結束很久之後，ＩＢＭ仍拒絕對其機器在德國的使用方式負起責任。布萊克檢閱的文件顯示，一些商業客戶租賃的機器有時確實會在ＩＢＭ不知情的

11　Liza Lin and Josh Chin, "U.S. Tech Companies Prop Up China's Vast Surveillance Network," *The Wall Street Journal*, Nov. 26, 2019.

12　Edwin Black, *IBM and the Holocaust: The Strategic Alliance Between Nazi Germany and America's Most Powerful Corporation* (Washington, DC: Dialog Press, 2012), 24, 25.

13　同前注，371。

情況下被送往納粹的設施，但光是從ＩＢＭ試圖與德國子公司的營運保持一定距離，就看得出來ＩＢＭ知道自己正在助長某些可怕的行為。布萊克最後寫道：「ＩＢＭ是否確切知道哪個集中營使用了哪部機器，這個問題並不重要。重要的是，一旦煙硝散去，大把鈔票就會在那裡等著他們。」[14]早在金盾計畫或新疆業務出現之前，ＩＢＭ就已經在美國建立了一個範例，把企業策略性的無知（strategic corporate ignorance）當做潤滑劑，藉此在違背民主價值的活動之中賺取利潤。

如果ＩＢＭ促成猶太大屠殺的歷史，與美國企業參與中共監控國家之間的相似之處能帶給我們一些啟發，那麼這兩者之間的差異也同樣可以告訴我們一些事情。許多這些差異，都是在二戰後出現的全球化浪潮的產物。供應鏈的跨境擴張意味著，愈來愈少科技公司能像二戰時的ＩＢＭ一樣，獨力供應整個產品體系。一如英特爾的案例，現在的科技公司提供的都是零部件和運作知識。與此同時，金融體系的全球化和創投事業的成長，也讓美國企業無須踏上外國土地，就能從外國市場獲得回報。這兩項變化，都讓美國企業和投資者不用弄髒自己的雙手，就可以對壓迫性政權提供協助，藉此獲得回報，而這也讓美國企業大幅增加了這種協助行為。

中國數位監控產業大多數的早期投資者，都追隨著英特爾的做法，將資金投入到建立實體系統的公司。然而到了二〇一七年，精明的資金已經開始轉移到另一種類型的公司——這種公司不再專注於監控式國家的眼睛，而是專注於它的大腦中樞。在這種公司之中，最引人注目的是一家名為商湯科技的新創公司；該公司的創立者，是一群在香港中文大學從事神經網絡（neural network）創新研究的中國電腦科學家和工程師。

神經網絡這個領域深受人腦運作原理的啟發，可以學習數據的模式和規律。電郵的垃圾郵件過濾器就是一個很好的例子：當某個人將一封郵件標記為垃圾郵件時，神經網絡便會研究該郵件的內容，然後學會將類似的郵件也歸類為垃圾郵件。使用者針對系統歸類方式的反饋愈多（藉由使用者告知系統錯誤分類的訊息），系統就愈能過濾掉使用者不想要的郵件。這類數據處理的方式被稱為深度學習，在電腦的視覺和圖像分析領域中特別有用。商湯科技在圖像辨識演算法上的進展尤其驚人，將電腦圖像能力的準確度提升到了前所未見的水準。

商湯科技的成功也吸引了一大票投資人。IDG資本（IDG Capital）是最早為這家新創公司提供資金的美國投資公司之一，該公司從密西根大學（University of Michigan）、臉書早期的投資人吉姆·布雷耶（Jim Breyer）、洛克菲勒基金會（Rockefeller Foundation）和其他有限責任合

14　同前注，頁375。

夥人那裡募到一千萬美元，購買了商湯科技的股份。[15]當我們於二〇一七年第一次參觀商湯科技在北京的辦公室時，該公司正在從ＩＤＧ資本和幾家中國公司那裡，籌集到四．一億美元的資金——這在當時是ＡＩ公司融資金額的新高紀錄。到了隔年，商湯科技又募得了十二億美元，資金來源則包括波士頓的富達國際（Fidelity International），以及和矽谷的私募股權公司「銀湖」（Silver Lake Partners），而銀湖背後最大的支持者，便包括加州公務人員退休基金和德州教師退休基金。根據新聞機構「BuzzFeed」於二〇一九年的調查，有六所美國大學，以及至少十九個公共退休計畫或基金，間接投資了商湯科技或其在中國的競爭對手曠視科技。

對於那些很早就進場投資商湯科技的人來說，這筆投資的報酬率非常驚人：《BuzzFeed》報導刊出時，該公司的市值為四十五億美元。然而到了該年稍後，這個數字卻攀升到七十五億美元，超過六十個國家的國內生產毛額。

投資人對商湯科技的趨之若鶩不難理解。它的技術是革命性的，而且非常實用。銀行已經開始使用這種技術來驗證客戶的身分。該技術能讓直播平台的用戶添加動物耳朵的卡通圖案、開啟美白模式，藉此「提升」自己的虛擬樣貌。更令人不安的是，該公司還為中國資金雄厚的警察部門提供了最先進的臉部辨識系統。

在這個議題變得太過敏感之前，中國的新創監控公司都還很樂意談論自己與公共安全部的合作。二〇一七年商湯科技的執行長徐立便告訴我們，該公司當時剛在重慶安裝了兩套臉部自動辨識系統，當地的政府官員曾於二〇一一年和思科接觸，希望思科協助他們建構一個監控網。「我們需要挑戰極限。這項技術仍未完全成熟，」徐立說。「但它已經非常非常有用了。」重慶的這個系統在四十天內，便辨識出了六十九名可疑人士，讓警方成功拘捕到十五個人。重慶市政府發了一封感謝信給他們，而徐立也轉發了這封信。重慶警方沒有告訴我們這個新系統針對的對象是誰，也沒有告訴我們那些可疑人士裡是否有異議人士。徐立似乎更關心數字，而不是數字所代表的一個個活生生的人。

當時三十五歲的徐立像個孩子似地興奮指出，在商湯科技出現之前，重慶以往的警察監控系統每年根本拘捕不到幾個人。商湯在重慶取得的成果，讓他們在實體的世界大獲成功，遙遙領先競爭對手。該公司仍持續在收集新的實績案例，並承諾會推出更精良的系統。「到了未來，所有這些控制活動都會由一個中心化的大腦來處理。」徐立一邊露出笑容，一邊如此說道。中國即將跨入一個新的科技時代，而商湯科技便位處一個完美的位置，能幫助中國實現這個目標。

商湯科技的其中一個資金來源「高通」（Qualcomm），是無線科技領域的先驅，在行動裝置產業裡也是先進處理器最重要的製造商。當高通於二〇一七年投資商湯科技時，它有將近三分之

15 Ryan Mac, Rosalind Adams, and Megha Rajagopalan, "US Universities and Retirees Are Funding the Technology Behind China's Surveillance State," Buzzfeed News, May 30, 2019.

二的收入來自中國。和許多其他外國的高科技公司一樣，高通在決定投資商湯科技之前，也面臨到中國政府的施壓，被要求將較先進處理器的產線移往中國大陸，但主管們擔心，這麼做會導致技術更容易被中國竊取。高通公司後來還遇上了其他麻煩：他們涉嫌為旗下的手機晶片訂下過高的價格，因此受到中國監管機構的調查。經過十五個月的調查之後，高通公司最後繳交了九億七千五百萬美元的罰款（大約相當於該公司當時在中國年營收的百分之七）。如果不想交出最有價值的知識產權，那麼投資像商湯科技這樣的新創企業，就是美國公司用來展現自己對中國市場的投入，藉此安撫中國共產黨的一種方式。

商湯科技和其他支援中國國家監控體制的ＡＩ公司的崛起，也為其他美國晶片製造商帶來了豐厚的利益。深度學習所需的神經網絡需要強大的處理能力。事實證明，晶片製造商（尤其是原本為電玩設計圖形處理器的製造商）非常適合臉部辨識這類深度學習的應用產品。由於沒有強大的中國對手，總部位於聖塔克拉拉（Santa Clara）的輝達（Nvidia）當時得以向中國各地的監控產品公司出售大量的晶片。

隨著中國的監控公司持續成長，這些公司也開始出資和國外大學進行研究合作。雖然中國的ＡＩ公司可以進口晶片，但他們在引進人才上卻遇到了困難。二〇一四年，出生於英國、畢業於加州大學柏克萊分校（University of California, Berkeley）的華裔美國人吳恩達（Andrew Ng）決定離開谷歌，加入百度。吳恩達是其中一個最早將深度學習應用於電腦視覺影像的先驅，而他加入百度這件事，也讓中國人非常振奮，因為那代表中國公司已經可以吸引到最優秀的人才。但吳恩達最後只在百度待了三年。許多其他頂尖的華裔ＡＩ科學家（他們大多數都曾在美國的教育機構求學）也更願意留在美國，因為美國的空氣品質更好、社會更加法治，生活品質也更高。為了利用這些遠在美國的資源，華為曾於二〇一六年投入一百萬美元，為柏克萊分校的ＡＩ研究提供資金，並在史丹佛大學和麻省理工學院（Massachusetts Institute of Technology）也建立了研究合作的關係。二〇一八年，商湯科技開始和該公司的創始人湯曉鷗的母校，也就是麻省理工學院進行合作。這所學校在宣布成立新的「麻省理工學院—商湯ＡＩ聯盟」時表示，他們的目標是在電腦視覺、ＡＩ驅動的演算法、醫學圖像和機器人等技術上「開闢新的探索途徑」。[16]該校並沒有透露商湯科技承諾為該計畫投入多少資金。

這些合作關係在當時很少引起人們的警覺。數十年來，中美兩國在各個科學領域都進行了合作研究。在絕大多數情況下，我們找不到證據可以證明那些計畫存在不良的意圖。在許多案例之中，這類合作對美國來說是成果豐碩的，讓奈米技術、核子物理學等領域都出現了不少進展。就算監控系統公司會從某些合作關係中獲益，多半也是仰賴經過同行審查的研究成果，而且其他公

16 "MIT and SenseTime Announce Effort to Advance Artificial Intelligence Research," MIT News, Feb. 28, 2018, https://news.mit.edu/2018/mit-sensetime-announce-effort-advance-artificial-intelligence-research-0228#.WpaxVsyFBEE.facebook.

司也都能取得這些成果。但有些時候，中共會以更令人不安、令人意想不到的方式，來利用美國學術界的開放性。

二〇一四年，肯尼斯・基德博士（Dr. Kenneth Kidd）收到了一封電郵，寄件者是來自中國公安部法醫研究所的李彩霞醫師。她想知道基德的實驗室裡是否還有名額。基德是耶魯大學（Yale University）的人口遺傳學教授，是說服美國法院採納DNA樣本作為證據的先驅，近期則重新燃起了他對中國長期懷抱的興趣。他第一次造訪中國是在一九八二年，當時正值改革開放初期，到處都看得到穿著毛澤東式夾克、騎著自行車的居民，和騾子拉的車一起行駛在街上。後來他身體出了點狀況，必須縮短在中國的行程，但也在內心深處許下願望，希望自己有天還能回到中國。由於他在耶魯大學的一位同事和上海復旦大學之間的聯繫，他總能及時掌握中國遺傳學發展的最新情況。二〇一〇年，中國政府邀請他返回北京，希望他在演講中介紹自己的研究成果。在那趟行程中，李彩霞就是他的口譯人員。

在北京期間，基德對李彩霞的協助和聰明才智留下了深刻的印象。他回到耶魯之後，他們偶爾還會通信聯繫。李彩霞在最近一次寄來的這封郵件裡寫道，她獲得了中國政府的獎助金，可以前往國外的實驗室一年，進行自己DNA研究，希望基德能收留她。基德想不到拒絕她的理由。幾個月後，李彩霞抵達位於康乃狄克州紐黑文（New Haven）的耶魯大學校園，在基德的實驗室裡獲得了一個位子。從實驗室入口進來，她的位子就在第三排；研究猴子DNA的小組，在她座位附近擺了一個「好奇猴喬治」（譯按：Curious George，一個外型為猴子的卡通人物）的玩偶。李彩霞嫻靜而內斂，是一位勤奮的研究員，而且也很努力地在提升自己的英語能力，和同事對話時，偶爾還會停下來在筆記本上記下新的單字。

十一個月過後，李彩霞帶著她的DNA樣本，以及關於世界上各民族的遺傳標記的筆記回到北京。不久之後，基德再次受邀回到中國──這次他的目的地是古都西安，也就是他第一次去中國時原本要去，卻因為生病而取消的目的地。在西安期間，他和中國與外國的遺傳學家一起參加了一場基因組學的研討會，而這場研討會的其中一個贊助單位，就是總部位於美國麻薩諸塞州的先進DNA圖譜繪製機製造商──賽默飛世爾科技公司（Thermo Fisher Scientific）。當時的中國公安部（也就是二〇一〇年雇用李彩霞並贊助基德造訪北京的單位）已經發表了一項研究，展示維吾爾族基因的鑑定方法；為了開發這個鑑定方法，研究人員將四十個維吾爾人的DNA樣本，和從基德的實驗室收集而來的其他族裔的DNA樣本進行了比較。

《華爾街日報》於二〇一七年發現，贊助西安那場研討會的賽默飛世爾，曾向新疆和中國其他地區的警方供應DNA定序儀器。而那些警察單位，當時也正試圖建立世界上最大的人類基因資料庫。[17]《紐約時報》後來於二〇一九年跟進報導，發現中國公安部研究人員所提交的專利申請書裡，描述了他們如何透過DNA來對族裔群體進行分類。這份於二〇一七年提交的申請書提及一種系統，該系統能「根據犯罪現場嫌犯的DNA，來推斷嫌犯來自哪裡」，並提到他們使用了基德的實驗室對「等位基因頻率資料庫」（Allele Frequency Database）這個遺傳基因的開放平台所提供的樣本（該平台擁有來自全球七百多個族群的資料）。《泰晤士報》（*The Times*）還發現，中國的研究人員也曾對等位基因頻率資料庫貢獻了一些基因序列。該報試圖取得基德的評論，後來在二〇一九年初發表了這篇報導，將中國對基德研究成果的運用，和在新疆廣泛採集維吾爾人血液樣本的計畫連結在一起。[18]

很快便有人對這件事進行了嚴厲的批評。「人權觀察」的中國區主任索菲．理查森（Sophie Richardson）就是其中一位提出批評的人。她對耶魯大學的學生刊物《政治》（*The Politics*）表示，基德應該要多加注意自己來往的對象。「我知道基德教授的專業領域是遺傳學，但如果他讀過研究倫理的標準審查規章，應該不難發現我們正在討論的這個地方，基本上就是一個警察國家。」[19]

這篇報導之所以引起疑慮，有部分是因為中國的DNA採集工作並不透明，尤其是在新疆。就像塔依爾和瑪爾哈芭曾在警局裡留下DNA樣本和虹膜紋，許多維吾爾人的樣本也都是在類似的可疑情況下由警方收集而來。一些維吾爾人和人權組織告訴《紐約時報》，這些DNA採集工作，是一個被稱為「全民體檢」的計畫的其中一部分，政府透過這個計畫在新疆提供免費的健康檢查。根據中國官媒的報導，二〇一六年至二〇一七年間，已經有將近三千六百萬人參與了計畫。我們於二〇一七年底前往新疆時，曾在喀什一家診所對面的兒童遊樂場裡，看見一百多位維吾爾居民正在排隊等待體檢，但警方不准我們採訪他們。後來我們才發現，他們的基因數據很快就會被收進數據庫裡。

儘管中國政府並不諱言自己想建立領先全球的DNA數據庫的雄心，但他們並沒有明說建立數據庫的目的。中國一些地區的地方官員已明確表示會把DNA數據庫與「銳眼」這類既有的監控計畫結合在一起，卻沒有說明他們會如何使用這些資訊。學者和人權組織也猜測，政府可以透過生物基因讓集體懲罰變得更加準確，並讓警方可以利用DNA分析，來尋找和騷擾政治犯的親人。這個數據庫，可能也和中國法醫學家自二〇一〇年代末以來，使用DNA表型分析（DNA phenotyping）所進行的實驗有關；這種分析方法，可以從基因樣本推斷頭髮和眼睛的顏色、年齡和膚色等個人特徵。在美國，這種技術在曾被運用在某些案例中，理論上可以讓警方根據血液樣本來重建出一個人的臉部樣貌。

---

17 Wenxin Fan, Natasha Khan, and Liza Lin, "China Snares Innocent and Guilty Alike to Build World's Biggest DNA Database," *The Wall Street Journal*, Dec. 26, 2017.

18 Sui-Lee Wee, "China Uses DNA to Track Its People, with the Help of American Expertise," *The New York Times*, Feb. 21, 2019.

19 Zahra Chaudhry, "'Hold Your Institution Accountable': The Uighur Crisis, Genetic Research, and Yale," *The Politic*, Feb. 10, 2020.

二〇一九年九月一個陽光明媚的早晨，基德在耶魯大學醫學院的辦公室裡和我們見面，那裡距離紐黑文的市中心只要走一小段路；當時的他已經七十多歲，即將退休。基德留著白色與金色相間的鬍鬚，以及品客洋芋片商標裡的那種翹鬍。他一邊回想那些慘痛經驗的細節，一邊閉上眼睛輕聲地說話。「他們邀我過去為他們提供建議的當時，我的名聲其實並不差。」他口中說的「他們」，指的是中國公安部的法醫研究所。

他身後的窗台上，擺滿美國國家司法研究所（National Institute of Justice）、聯邦調查局和勞工部頒發的一系列獎章和表揚狀，證明他所言不假。多年以來，在人類基因的地理分布的研究領域裡，基德一直都是世界級的專家。二〇〇一年紐約發生九一一攻擊事件之後，聯邦調查局便曾打電話給基德，要求他使用DNA來協助辨識遺體。此外，等位基因頻率資料庫（該資料庫有部分資金來自美國司法部）從二十多年前成立以來，就是一直由他來主持運作。

由於基德早就習慣和執法部門的研究機構進行合作，因此他當時並沒有仔細思考，邀請中國警察部門的員工進入自己的實驗室會有什麼後果。「我應該要知道她來自公安部嗎？」提到李彩霞時，他如此問道。「但她在法醫研究所工作，那不是警察部門。她是DNA研究部門的一名研究人員，而且顯然是個聰明的人，也受過良好的教育。」基德說，李彩霞從來沒有和他談論過中國政治，也沒有任何跡象表明她當時正在研究維吾爾人的DNA。等他意識到她的所作所為時，早就已經來不及了。

基德說，他一直全神貫注在自己的研究裡，因此沒有想到自己在中國的合作對象，可能會懷抱某些險惡的動機。從二〇一〇至二〇一四年間，也就是從他造訪北京到李彩霞發電郵給他的這段期間，共產黨在新疆進行的種族同化運動還沒開始升溫，維吾爾人也很少出現在新聞標題上。此外，外國與中國之間的學術合作也很常見：二〇一一年，美國學者與中國學者合作撰寫的學術論文，比和英國、德國或日本學者合寫的數量都還要多。[20]「真要說的話，我覺得我太天真了。」他說。耶魯大學與復旦大學合作的歷史非常悠久，基德認識的一位耶魯大學遺傳學系的教職員，就經常飛往上海進行研究。基德說，他誤以為中國人提交給等位基因頻率資料庫的DNA數據，是依照國際科學規範收集而來的。

耶魯大學的機構審查委員會（Institutional Review Board, IRB），一般會對耶魯大學附屬機構牽涉人類受試者的研究進行審查；《紐約時報》的報導刊出後，該委員會的主席曾替基德挺身而出，表示基因素材不受倫理審查，因為它並不構成可以用來識別身分的訊息。史蒂芬・萊瑟姆（Stephen Latham）在耶魯大學一個針對社會與行為研究領域進行機構審查的委員會擔任主席，他對我們表示，就算他們對這個案件進行了審查，也不太可能預測到會出現這樣的結果。他補充

20 Caroline S. Wagner, Lutz Bornmann, and Loet Leydesdorff, "Recent Developments in China-U.S. Cooperation in Science," *Minerva* 53 (2015): 199–214.

道，美國法律架構的目的，是處理某個行為對個人造成的傷害。「在這種情況之下，如果你不去考慮中國可能對牽涉其中的整個受試群體做什麼，那就很可能不會有任何機制，可以自動抓到這個問題。」[21]萊瑟姆的說法並沒有平息人們的憤怒情緒。基德說，在報導刊出後的幾個月裡，他收到了大量來電和電郵對他進行人身攻擊，有時甚至還會威脅他的人身安全，讓他決定報警處理。

基德一邊抓著旋轉椅兩側的扶手，一邊說他知道自己做錯了，但人們的這些反應依然讓他非常受傷。他說他已盡可能地嘗試將傷害降到最低。他已經把等位基因頻率資料庫裡所有由中方提供的維吾爾人數據全數刪除，並發送電子郵件給他在中國公安部認識的人，要他們停止將他的DNA數據使用在他們的研究之中。「我做的研究是誠實、公平，而且合乎倫理的，所以每當我讀到自己可能對維吾爾人做的事情，都會覺得痛苦萬分，」他如此說道，臉部和聲音因痛苦而扭曲。「我不贊成對維吾爾人進行監視，也不贊成他們正在遭遇的事情，但我對此無能為力。」

無論基德是出於疏忽，抑或只是過於天真，他的故事終究引發了一場遲來的辯論：美國的學術界和機構在可能加劇中國侵犯人權行為的研究之中，究竟應該參與到什麼程度呢？像麻省理工學院和加州大學柏克萊分校這種在數學和科學領域上非常傑出的學校，在這個議題上則尤其令人憂心——這些機構都曾與中國的科技公司，攜手進行過尖端AI技術的研究。這些大學為來自那些公司的資金進行了辯護，並稱這些資金都是用於基礎性的開源研究，最後可供任何人應用。批評者則反駁，這些經費和中國的監控國家體制關係匪淺，因此終究是一筆骯髒的錢，而且這些合作關係，也協助中國公司找到了合適的頂尖人才。在壓力之下，加州大學柏克萊分校最後終止了與華為的合作關係，儘管從二〇一七到二〇一八年間，華為已經對該校提供了八百萬美元的資金。麻省理工學院則結束了與華為和中興通訊的合作，並表示將重新審視與商湯科技的關係，同時也宣布會使用新的標準，來評估牽涉中國、俄羅斯和沙烏地阿拉伯的計畫。

隨著全世界逐漸發現新疆正在發生的事情，美國公司的處境也變得愈來愈複雜，許多公司都因為參與了共產黨針對維吾爾人的計畫而遭受質疑。被問到這個問題時，科技公司總會重述那個你我都很熟悉的說法：他們的產品本來就會被各式各樣的客戶，以各式各樣的方式使用，而且他們不會直接將產品賣給中國政府。

這些公司的回應也凸顯了一件事：若想阻止美國技術為中國的監控國家體制提供動力，美國政府將會面臨到許多困難。這個議題涉及的許多產品，不論是晶片還是硬碟，本來就可以使用在各種系統之中，它們絕大多數都是無害的。最重要的是，該產業的供應鏈已經變得太過複雜，以

---

21 Chaudhry, "'Hold Your Institution Accountable.'"

致於零部件在送到中國警方手中之前，往往會經過許多層中間商的轉手，讓各家公司可以理直氣壯地說自己不知道終端買家是誰。

川普執政期間，美國官員曾嘗試禁止企業將美國的先進技術賣給中國的監控公司，但成效有限。若要讓中國共產黨無法取得美國的技術，唯一有效的方法就是全面禁止向中國出口關鍵的零部件，但這種做法可能會讓美國企業損失數十億美元。有鑑於美國政治人物在財源上對商業巨頭的依賴，這種作法似乎不太可能實現。

就某個意義上來說，這些問題的傷害早已鑄成。美國最重要的出口產品——也就是「國家監控」這個概念——早在很久之前就已經出貨給客戶了。根據維吾爾人這類族群的居住地、禮拜地點和年齡來進行追蹤，就是執法圈所謂的「物以類聚分析法」（birds of a feather）的其中一個案例，而這種分析法，就是由美國情報界於一九九〇年代首創，用來追蹤恐怖分子的一種監控技術。美國在九一一事件之後，則創造了無遠弗屆的「國土安全」概念，而這種概念也對中國（以及世界上的許多其他地方）造成了深遠的影響。美國在九一一事件發生後出現了一些新的特徵，比如對恐怖主義的定義的高度政治化、將國安目標提升為內政政策的原動力，以及積極追求國家和私營企業之間的安全伙伴關係——而這些特徵，你也都能在中國的國土安全機構中看見。

除了爭論該如何處理美國在中共濫用監控技術時的共謀角色，美國官員還必須面對另一個新的現象：國家監控體制也已經開始在美國境內逐漸擴張。

九 國土安全

當凱特琳・傑克遜（Kaitlin Jackson）於二〇一八年四月十日接下這起案件時，她正在布朗克斯刑事法庭（Bronx Criminal Court）處理提訊事宜。這起案件的緣由，是當地一名男子在馬科斯百貨公司（T.J. Maxx department store）因為偷了一包襪子而遭到逮捕。根據警方的指控，這名嫌犯對一名試圖對付他的警衛人員揮舞美工刀，導致這起竊盜案從輕罪升級為重罪案。作為布朗克斯的公設辯護律師，傑克遜起初覺得這起案件和她處理過的其他數十起搶劫重案並沒有什麼差別，唯一不同的地方在於，她看不出警方為何會鎖定她的當事人、將他列為嫌犯。於是她打了通電話給助理地方檢察官，想知道她的當事人為何會引起紐約警察局的注意。

事情從此出現了意想不到的轉折。

「超怪的，凱特琳，這是我辦的第一個臉部辨識案件，」助理地方檢察官拉瑞・卡特（Larry Carter）說。「你處理過這種案子嗎？」

傑克遜聽過臉部辨識系統。臉書當時已經開始使用這種技術，來自動標記照片裡的人，而蘋果公司也剛推出用臉部掃描來解鎖iPhone的功能。她以為這種技術只是個新奇的小玩意，不知道執法部門居然也會使用，也不知道有人把它當作一種嚴肅的調查工具。

根據警方製作的報告，馬科斯百貨公司的警衛羅倫斯．喬登（Lawrence Jordan）指認小偷就是她的當事人，但沒有提到警方曾經掃描過她當事人的臉部。困惑的傑克遜於是派了調查人員前去與喬登面談，想了解他為何能確定她的當事人就是小偷。喬登回憶道，案發時他正盯著馬科斯百貨公司的監視錄影畫面，然後看到一個人偷了一包襪子，於是他跟著小偷走上電扶梯，在那裡和他進行對峙。小偷接著拿出一把黃色美工刀揮舞，最後逃到了街上。

喬登告訴傑克遜派去的調查人員，雖然不確定是什麼時候，但他曾在商店的一個監視器上看到這個人偷了一個價值十九．九九美元的手提包。但他當時並沒有報警，因為他正好在處理其他的盜竊案。他還說，偷襪子的案件發生後，警察進來截取了監視器錄影的截圖，並和喬登說他們擁有「高科技」的臉部辨識技術，可以從影片中辨識出某個人的身分。一位警方的調查人員後來傳了一則訊息給喬登的手機，訊息裡附有傑克遜的當事人的照片。

「這是之前你看到多次進出百貨公司的那個人嗎？」那名調查人員寫道。

喬登用打字的方式回覆對方：「就是他。」

六個多星期過後，警方逮捕了傑克遜的當事人。大陪審團最後以七項罪名起訴他，其中包括搶劫、恐嚇和非法持有武器。這名當事人有多項竊盜前科。喬登表示，他很確定這名當事人就是偷襪子的人。這起案件感覺非常單純。但傑克遜在仔細研究了警方的報告之後，卻發現了一個顯而易見的漏洞。

唯一能將傑克遜的當事人連結上這起盜竊案的證據，就是喬登提供的證詞。除此之外，地方檢察官並沒有其他證據。然而喬登的指認其實並不可靠。檢察官試著主張喬登認識傑克遜的當事人，但喬登卻聲稱自己以前只在監視錄影器的影像中看過他。這意味著他們其實並不認識彼此。警察在要求目擊證人指認嫌犯時，通常會找來一些和案件無關的人，一起讓證人進行指認，而這麼做的原因，就是因為人類的記憶並不可靠，同時陌生人在指認嫌犯時也很容易受到暗示的影響。警察用簡訊向目擊證人發送嫌犯照片的情況並不常見，因為那會讓目擊證人不斷查看那些照片，從而扭曲證人的記憶。如果是只發送一張照片，那就更糟了，因為那等於是在強烈暗示那個嫌犯就是犯下案件的人。警方為何能鎖定她的當事人，把他當作唯一的嫌犯呢？

為了妥善處理這個案件，傑克遜決定參加臉部辨識的速成課程。她的發現讓她感到非常不安。這項技術雖然看似非常強大，卻也存在嚴重的缺陷，可能會誤導執法部門，導致無辜的人受害。儘管存在這些風險，全美各地的警察部門卻依然在試驗這種技術，而且還在實際的刑案調查過程中使用了這個技術，使用規模也大得驚人。

律師和推動隱私權的運動人士曾在二〇一〇年代末不安地發現，美國的警察也在使用和中國有關、彷彿來自未來世界的監控系統；但對於所有熟悉中國監控國家體制動態的人來說，這個發現其實並不令人意外。美國的警察部門和中國共產黨一樣，也非常關注維安議題。不算巧合的是，他們同樣都對有助於維持社會秩序的新工具非常感興趣，而且也同樣樂意淡化這些未經檢驗的技術可能造成的風險。

然而和中國警方不同的是，美國的執法部門會受到媒體、立法者和辯護律師的嚴格監督。

為了解臉部辨識系統，傑克遜查閱了許多資料，其中一份就是喬治城大學法學院（Georgetown Law School）的隱私與科技中心（Center on Privacy and Technology）所製作的報告。該報告發布於二〇一六年底，標題為「無止盡的嫌犯名單」（譯按：The Perpetual Lineup；lineup即為前述為了增加目擊者指認嫌犯的可信度，而額外加入與案件無干的人選，以便讓目擊者在多個人選之中進行指認），是第一份記錄美國執法部門對臉部辨識系統的使用出現爆炸式增長的重要報告。該報告根據數十項公眾紀錄申請（public-records requests），發現美國已有十六個州允許聯邦調查局使用州政府的駕照照片資料庫，藉此進行臉部辨識掃描。他們還發現美國有二十多個州，允許警方對駕照資料庫進行臉部辨識搜索。

根據他們的計算，截至二〇一六年中為止，在十八歲以上的美國人裡，至少有一億一千七百萬人（也就是成年人口的百分之五十以上），被放在永無止境的虛擬嫌犯頭像名單之中，供目擊證人進行指認，但那些照片裡的人對此往往並不知情。該報告的結論是：國家監控的新時代已在美國悄然到來，卻幾乎沒有人注意到。

從那時起，這項技術的使用範圍便不斷擴大。二〇一九年，這幾位喬治城大學的研究人員也發現，底特律、芝加哥、紐約市、華府和奧蘭多的執法機構都啟動了即時臉部辨識系統的測試計畫，這些系統和裝置在中國街頭的系統如出一轍。[1]與此同時，國土安全部也一直在實施一項計畫，在美國前二十大的機場裡設置臉部掃描攝影機，藉此辨識外國旅客的身分（他們至少在某段時間裡，也曾考慮要強制美國旅客進行臉部掃描）。[2]截至二〇二一年為止，在美國所有雇用執法人員的聯邦機構裡，有將近半數都回報，他們或擁有，或者正在使用後端（**back-end**）的臉部辨識系統，將靜態圖像與已知對象的照片資料庫進行比對，其中甚至有六間機構表示，他們曾在明尼亞波里斯（**Minneapolis**）警方謀殺喬治·佛洛伊德（**George Floyd**）所導致的動亂期間，使

1 Clare Garvie and Laura M. Moy, "America Under Watch," Center on Privacy and Technology at Georgetown Law, May 16, 2019.

2 Davey Alba, "The US Government Will Be Scanning Your Face at 20 Top Airports, Documents Show," Buzzfeed News, Mar. 11, 2019.

用該技術來辨識涉嫌違法的人。[3]

公共監督的機制，也限制了美國執法部門對數位追蹤技術的追求，使得該技術的應用無法更快速地發展。但這種監督機制還造成了另一個影響：與樂於宣傳新監控工具的中國警察相比，美國警方更傾向不讓外界知道這些工具的存在。工具愈是強大，他們就愈會小心翼翼地將工具隱藏起來。在某些情況之下，美國體制的公開透明，反而讓人們更難以得知警方是如何進行監控的。

要討論這個矛盾的情況，我們必須從二十多年前那個令人難以忘懷的畫面講起：二〇〇一年九月十一日，一個天空萬里無雲的早晨，人們從紐約世貿中心雙子塔悶燒的高樓層縱身跳下。一個半月過後，曼哈頓下城區的大部分地區都仍被灰燼覆蓋著，全美人民也仍震懾於將近三千人喪生這個事實，而《愛國者法案》（USA Patriot Act）則在參眾兩院裡，在幾乎無人反對的情況下獲得通過。這個新法案引入了「強化監控程序」：只要某個人被懷疑和海外恐怖組織存在關聯，情報機構就可以對其進行「機動式監聽」（譯按：roving wiretaps，一般來說，美國的監聽工作是針對特定的電話，一旦監聽對象更換電話，情報機構必須申請新的監聽許可；然而在此機制下，情報機構無須再申請許可），並解禁過去禁止取用的美國公民資訊，比如圖書館借書紀錄等。情報機構只需要向機密的「外國情報監控法院」（Foreign Intelligence Surveillance Court）申請許可即可——而且事實證明，該法庭對各種申請幾乎是來者不拒。國會議員和小布希政府以國家安全為由，合理化了該機構的機密性。大多數美國人都認同這種作法：《愛國者法案》通過一年之後，只有百分之十五的人認為該法案超過實際所需，但有超過百分之八十的人，認為該法案恰到好處或覺得還可以再做得更多。到了二〇〇五年，隨著人們對恐怖主義的恐慌逐漸消退，有百分之三十的人表示他們認為該法案的內容太過頭了。[4]

《愛國者法案》的核心概念是，雖然國家會保護公民的隱私免於遭到侵犯，但當國家面臨安全威脅時，公民隱私也是可以犧牲的——而當小布希（George W. Bush）進行全球反恐戰爭時，這個核心概念也將持續影響世界上其他政府的想法。但美國對國家監控技術發展帶來的開創性影響，並不是近期才開始出現的。

克里斯蒂安・帕倫提（Christian Parenti）在他關於美國監控史的著作《軟籠》（*The Soft Cage*）中，描述了維吉尼亞的移墾者，如何發明出現代身分證的雛形，並規定美洲原住民、愛爾蘭裔契約僕人以及後來的農園奴工，不論在哪裡移動都必須隨身攜帶通行證。一九〇〇年代末排擠中國移民的法案制定後，美國政府也曾恢復這個通行證的制度，並對該制度進行現代化。為

3 取自美國政府問責署報告，"Facial Recognition Technology: Federal Law Enforcement Agencies Should Better Assess Privacy and Other Risks" (GAO-21-518), June 3, 2021。

4 民調數據取自David W. Moore, "Public Little Concerned About Patriot Act," Gallup, Sept. 9, 2003, https://news.gallup.com/poll/9205/public-little-concerned-about-patriot-act.aspx; Darren K. Carlson, "Liberty vs. Security: Public Mixed on Patriot Act," Gallup, July 19, 2005, https://news.gallup.com/poll/17392/liberty-vs-security-public-mixed-patriot-act.aspx。

了將新移民拒於門外，邊境人員建立了一個登記處，命令所有中國居民攜帶標注姓名、年齡、職業、前一個居住地以及「身體標記和特徵」的身分證件，大幅增加了國家對人口的掌握程度。不過在接下來的數十年裡，華人社群也會刻意使用偽造文件破壞這個制度；根據帕倫提的描述，這種行為成了「美國史上最大的非正式反監控運動。」[5]

由於技術進步和監控規模的擴大，大眾對透明開放的渴望，與對隱私的需求之間的緊張關係也隨之不斷加劇。九一一事件發生的十二年過後，愛德華．斯諾登（Edward Snowden）揭露美國國家安全局如何透過稜鏡計畫（PRISM）和其他祕密計畫收集了大量的數據，讓人們吃驚地發現美國政府正在祕密進行的事情。人們開始激烈爭論斯諾登究竟是英雄還是叛徒，而這樣的爭論，也揭示了美國人對安全與公民自由之間的權衡所懷抱的複雜感受。

先進的人工智慧時代所釋放出來的新的監控能力，則進一步加劇了這些張力。這些監控能力也從根本上改變了現況：國家監控的目標，不再僅限於和海外恐怖組織有連結（不論這個連結是真實的還是被想像出來的）的一小部分美國公民。現在就算是一般美國人，也都成了國家監控的對象。

隱私權倡議人士兼律師卡恩（Albert Fox Cahn）表示，美國新一代監控工具所帶來的影響，最適合用一個因素來解釋：錢。二〇一九年，卡恩對紐約市穆斯林社區提供無償服務的經歷，讓他有機會參與紐約市警察局的情報收集工作，而在那之後，他便在九一一紀念館以南幾個路口的雷克托街（Rector Street）上的一間小小的辦公室裡，創立了一個非營利組織，名為「監控技術監督計畫」（Surveillance Technology Oversight Project, STOP）。「要制衡監控行為，最有效的手段不是法律、也不是媒體，而是經濟因素：一直以來，監控都是非常昂貴的行為，」卡恩在成立該計畫的幾個月之後告訴我們。他指出，紐約警察局和其他警察部門目前正在使用的演算法工具，讓警察辨識某個人的時間從幾天或幾個星期，縮短到了幾個小時，甚至幾分鐘。「臉部辨識讓監控變得更加便宜，減少了很多阻力。」

除了成本大幅下降之外，警察獲得的預算也在擴張——這兩個因素加在一起，便讓美國各地的警察部門，能使用許多過去被認為是軍用等級的間諜科技工具，而這些工具也都以各種方式降低了監控的阻力，比如：可以偵測槍手位置和槍枝類型的自動槍擊檢測系統；可以從手機竊取資料、攔截甚至改變通訊訊號的「魟魚」（Stingray）基地台模擬器；可以過濾線上活動，藉此對可能發生的事件提出預警的社群媒體分析服務。

資金還以其他方式推動了國家監控的擴張。和中國一樣，美國執法部門的大規模監控也成了一個誘人的市場。亞馬遜的雲端處理部門AWS，正在向警方推銷自己的數據存儲和分析服務，並和美國國土安全部簽訂了一份合約，儲存兩億三千萬人的生物識別數據（主要是指紋，

---

5 Christian Parenti, *The Soft Cage: Surveillance in America from Slavery to the War on Terror* (New York: Basic Books, 2003), 76.

但也包括臉部和虹膜掃描）。[6]此外，它還開發了自己的臉部辨識平台「Rekognition」，價格非常低廉：《紐約時報》曾使用該平台構建一個監控系統，在九個小時之內於紐約市的布萊恩特公園（Bryant Park）裡偵測到兩千七百五十張人臉，並獲得了幾個可能的身分資訊，整個過程只花了六十美元。[7]

事實證明，對於「湯森路透」（Thomson Reuters）這類數據整合公司來說，執法單位也是利潤豐厚的客戶；這些數據整合公司會利用從信貸機構、社媒網站、財產紀錄、婚姻紀錄、通話紀錄、破產申請所收集來的訊息，為每個美國人創建詳細的個人檔案。由投資人彼得・提爾（Peter Thiel）共同創立的數據融合公司「帕蘭提爾」（Palantir）也是其中一個例子：該公司建造了先進的平台（和中共用來監控新疆維吾爾人的平台很類似），可以輕易搜尋、比較和分析不同數據庫的資訊。湯森路透和帕蘭提爾兩相結合，便為政府機關賦予了強大的能力，不論何時何地都能掌握和追蹤人民。

紐約市警察局是全美國最大，也是預算最多的市級執法機構，每年有五十億美元可以運用。紐約市警察局讓我們清楚看到，推動這個變化的力量，以及讓隱私權倡議者和其他批評監控的人擔心的隱憂究竟是什麼。九一一事件發生後，紐約市警察局的副局長便取消了原本限制警方調查街頭抗議和政治集會的法規，而從那之後，紐約便一直在改善警察的監控系統。

卡恩認為，美國最大的擔憂之一，是運動人士和執法官員所稱的「任務蔓延」（mission creep）現象。如果政府機構同意將監控系統用於特定目的上，卻又逐漸將其應用在其他地方時，「任務蔓延」的情況就會發生。這種情況通常不太會引起人們注意，於是新的用途就會逐漸成為一種常見的慣例。卡恩指出，九一一事件發生後紐約市的地鐵系統便安裝了攝影機，用來尋找可能的恐怖分子，然而這些攝影機現在卻被警方用來追蹤想在車站尋找棲身之地的街友（如果街友剛好被警方通緝，則會遭到逮捕）。

某個意義上來說，紐約市的整個監控機器就是「任務蔓延」的一個例子。九一一事件發生五年後，紐約警察局公布了曼哈頓下城安全計畫（Lower Manhattan Security Initiative），該計畫預計斥資一億美元，安裝三千個監視攝影機和一百個車牌自動辨讀器，以及移動式路障和輻射探測儀。幾年過後，紐約警察局和國土安全部則宣布啟動「哨兵行動」（Operation Sentinel），拍攝每

6 取自“Who’s Behind ICE? The Tech and Data Companies Fueling Deportations,” Mijente, Immigrant Defense Project, and the National Immigration Project of the National Lawyers Guild, Oct. 2018。

7 Sahil Chinoy, “We Built an ‘Unbelievable’ (but Legal) Facial Recognition Machine,” *The New York Times*, Apr. 16, 2019.

一輛沿橋梁和隧道進出城市的車輛。這些計畫被當作一種反恐措施向社會大眾推銷，很快就成了紐約警察局打擊犯罪的常態工具。

隨著科技不斷進步，紐約警察局也在微軟的協助之下，對整個監控機器進行了擴充和改造，並將其重新命名為「轄區感知系統」（Domain Awareness System）。在這個合作關係之下，紐約警察局每次售出該系統給另一個城市（無論是美國境內還是國外的城市），微軟就可以分到百分之三十的費用。[8] 轄區感知系統現在已經覆蓋了紐約市的全部五個行政區。來自近九千個私人和公共攝影機，以及五百個車牌辨讀器的數據，現在會流入曼哈頓下城一個不斷運作的中央指揮中心，讓警察可以搜索駕駛特定型號的汽車，或穿著特定顏色夾克的嫌犯。[9] 該系統還有被訓練來識別可疑行為模式的演算法，可以對使用平板或智慧型手機遠端進入系統的警察發送警報。

該系統更受警方歡迎的其中一個功能是「Patternizr」，這個軟體可以過濾數十萬起竊盜、搶劫、攻擊和其他犯罪案件的歷史資料，幫助探員發現各轄區的犯罪活動模式。該平台還包含一個祕密的預測性維安系統，會使用類似的數據來嘗試辨識未來可能發生犯罪案件的區域。

臉部辨識則由「臉部辨識科」（Facial Identification Section, FIS）來處理。這個單位於二〇一一年成立，可以利用新興的臉部比對技術，從犯罪現場的照片來識別嫌犯。這個單位初期只有在提供的照片近乎完美時才能運作。但到了二〇一五年之後，臉部辨識科獲得了一套由更複雜的演算法支持的新系統，就算只有抓拍的照片，就算人物不在照片中央，甚至只是影片的截圖，系統也都能進行比對。

新的技術變得更加強大，但也更容易被人濫用。克萊爾．加維（Clare Garvie）是喬治城大學法學院（Georgetown Law School）其中一位研究監控的重要學者，她在二〇一八年便親身見證了上述這點：當時她花了一千六百美元買了全球身分辨識高峰會（Global ID Summit）的門票，這場高峰會由國際刑警組織（Interpol）在紐約共同舉辦，主題是生物辨識（biometric identification）。在一場關於臉部辨識的演講中，紐約警察局的警員講述了嫌犯如何在連鎖商店CVS偷啤酒但被監視器拍到的故事。雖然臉部辨識科沒有找到嫌犯的身分，但其中一名警探認為這位嫌犯和知名演員伍迪．哈里遜（Woody Harrelson）長得很像，於是他們便使用哈里遜的照片作為「受試照片」（這種照片通常取自犯罪現場，系統會將照片與資料庫裡的圖像進行比較）。結果警察得到了好幾個「配對結果」，於是他們便根據這些結果來逮捕嫌犯。加維在深入調查後發現，紐約警察局也曾在類似的情況下，將NBA球員J．R．史密斯（J.R. Smith）的照片當作「受試照片」輸入系統中；如果照片無法取得配對結果，他們就會再使用照片編輯軟體

8 取自“New York City Police Department and Microsoft Partner to Bring Real-Time Crime Prevention and Counterterrorism Technology Solution to Global Law Enforcement Agencies,” Microsoft News Center, Aug. 8, 2012。

9 關於紐約的轄區感知系統，Ángel Díaz在“New York City Police Department Surveillance Technology,” Brennan Center for Justice, Oct. 7, 2019之中有詳盡描述。

對可疑的受試照片進行修圖，比如在原本閉著的眼睛處貼上睜開的眼睛，或者對畫質太低的照片添加像素。加維訪談過的所有臉部辨識公司，都不認為這些做法應該被允許。

當凱特琳．傑克遜接下馬科斯百貨這起案件時，她在「布朗克斯捍衛者組織」（Bronx Defenders）的工作正邁入第二個年頭；布朗克斯區絕大多數的公設辯護案件，都由兩個非營利組織來處理，而她任職的這個組織就是其中之一。布朗克斯捍衛者組織成立於一九九七年，擁有大約一百名刑事訴訟律師，至於處理家庭、民事和移民案件的律師就更多了。該組織位於第一六一街兩側的三棟大樓裡，步行五分鐘就可以到達布朗克斯區的法院。該組織的律師每個月要處理超過一千起刑事案件，案由從謀殺到行竊都有。

傑克遜在加入布朗克斯捍衛者組織之前，曾在長島擔任公設辯護人，也曾在一個研究刑事免責的非營利組織裡短暫工作過一段時間。她的父母堅信公益工作的價值；她在讀法學院的第一年就決定，若想對人們的生活帶來正面影響，刑事法就是最適合她的領域。她致力於減輕刑事司法體系經常為布朗克斯區貧困家庭（其中大多數是黑人和棕色人種）造成的傷害，而透過協助一個個案件，該地區的狀況也逐漸有了改善。馬科斯百貨這個案件為傑克遜提供了一個機會，能讓她擴大自己工作的影響力。臉部辨識對於美國刑法來說是個新事物；如果她能打贏這場官司，其他律師就會開始仿效她的辯護方式。但這也將會是個非常大的挑戰。

為了建構答辯論述，傑克遜要求查看馬科斯百貨裡監視攝影機的錄影畫面。畫面中，一名身形與她當事人差不多的非裔男子正抓著一雙襪子，對著警衛喬登揮舞一個黃色的物件，然後沿著手扶梯跑了下去。看完錄影片段之後，傑克遜對於這個地方檢察官的案件變得更加懷疑。研究證明，目擊者在看到槍支和刀具時，往往會將注意力集中在那些武器上——這個被稱為「武器聚焦」（weapon focus）的現象，會削弱他們回憶其他細節的能力。由於小偷當時正揮舞著武器，因此喬登指認的可信度也進一步打了折扣。

當傑克遜正在思考如何進行辯護時，她偶然發現了一個重要的新線索。當事人和她討論這起案件時曾提到，竊案發生當天是二〇一八年二月五日，正好也是他孩子出生的日子，而他當天則在聖巴拿巴醫院（St. Barnabas Hospital）陪產。孩子的出生證明上有他的簽名，還有一張孩子出生後沒多久，他穿著病房服抱著孩子的照片。

不過這個不在場證據並不完美。她的當事人的兒子，是在襪子失竊後的一個半小時出生的，傑克遜無法證明竊案發生時他人在醫院。醫院沒有登記他到院的時間，當傑克遜派出調查人員前去調查時，監視攝影機的錄影也已經被刪除了。醫院的工作人員想不到可以如何證明，他在孩子出生之前就已經出現在醫院。儘管如此，這個發現還是讓她信心滿滿：哪個陪審團會相信，一個男人居然會在女友準備臨盆、孩子出生前的一個半小時，匆忙跑去偷一包襪子呢？

傑克遜在研究臉部辨識時驚訝地發現，討論這個技術的判例法居然如此之少。她曾在網路和法律資料庫裡搜尋，卻一無所獲。她曾打電話給專門從事刑事司法的非營利組織，但他們無法提供任何協助。她想知道這個現象的原因是什麼。

聽到當事人的說法之後，振奮的傑克遜立刻去見了地方檢察官——她確信對方最終會決定撤銷這個案件。然而檢察官卻向她表示，他會繼續偵辦這起案件。傑克遜聽了之後很震驚，同時也非常好奇：檢察官對紐約警察局的臉部辨識科真的這麼有信心嗎？她對他提出了很多問題：這個單位是誰建立的？成效如何？還有哪些人被該單位標注為潛在的比對對象呢？

但他拒絕回答這些問題。

二〇一九年十月某個下著雨的日子，我們在布朗克斯捍衛者組織的辦公室裡見到了傑克遜。她說她的當事人拒絕之前的採訪請求，也不希望她透露他的名字，但允許她談論他的案件。公設辯護人很少接受記者採訪。他們不太會接那些可以從媒體報導中獲得好處的案件。但傑克遜覺得，如果能將這個案件報導出來，或許對其他人也會有所幫助。

你可以從傑克遜講話的腔調，依稀聽出她是在密蘇里州南部長大的。自信而直率的她穿了鼻洞，棕色的長髮及肩，眼神非常堅定。她思考時總會向後靠在椅子上，眼睛盯著天花板，再把雙手枕在腦後。等她一想到答案，她就會將身子往前傾，一邊直直盯著前方，一邊說出想法，以確保對話者能理解她的想法。

我們和她面談時，她便是這樣傾身向後，思考著她與紐約警察局之間的角力，以及警局為何要如此努力地和她對抗，保護他們用在她當事人身上的這個新的監控系統。「因為這個系統可以讓他們的工作變得更輕鬆，」她把身子向前傾如此說道。「除非你是個混蛋，不然你當然會希望自己抓對了人。沒有人想抓錯人。他們是真心想要相信，這個監控系統就像魔法一樣有效。」

在社會大眾的想像裡，臉部辨識這類技術的核心演算法，就是充滿未來主義色彩的工具，具有絕對的客觀性，因為這些演算法都建立在數學的基礎之上。然而傑克遜在研究了一番之後發現事實並非如此。喬治城大學的報告指出，在理想的狀況下，該系統有百分之九十五的機率可以辨識出正確的身分，確實比警方以前使用的任何系統都還要好非常多；但在光線不足的情況下，如果圖像模糊或失焦，或者拍攝到的人沒有正面面對相機（簡而言之就是當系統必須在實際的情況下運作時），準確率便會下降。更糟的是，根據美國商務部負責技術品質管控的實驗室「美國國家標準暨技術研究院」（National Institute of Standards and Technology）的測試，臉部辨識演算法在面對深色皮膚的人種時，準確率會低一些。

多年來一直在為華爾街一家對沖基金建構交易演算法的數學家凱西・歐尼爾（Cathy O’Neil），曾在二〇一六年出版的《大數據的傲慢與偏見：一個「圈內數學家」對演算法霸權的警告與揭發》（*Weapons of Math Destruction: How Big Data Increases Inequality and Threatens Democracy*）一書中解釋了這個問題。她指出，演算法系統會用數學建構出一個抽象的模型來描繪這個世界，藉此預測假設性情境的結果。他們借鑑了諾伯特・維納在「控制論」中提出、後來又被錢學森帶回中國的那些關於訊息和控制的概念。演算法會嘗試消化那些和其所描述的世界有關的歷史數據，藉此預測結果，就像人腦會根據過去的資訊和經驗來建立一個世界的模型。由於演算法是人類設計的，而用來訓練系統的數據也是人類挑選出來的，因此這些演算法不可能是完美的。「模型的盲點反映了創造模型的人的判斷和偏好。」歐尼爾如此寫道。演算法的模型絕不可能公正客觀，而是一種「鑲嵌在數學之中的觀點」。[10] 換言之，電腦的大腦可能和人類的大腦一樣，都存在著偏見。

這些缺陷，也解釋了為何臉部辨識系統在識別少數族裔時的表現會比較差。當時在麻省理工學院媒體實驗室任教的電腦科學家喬伊・布蘭維尼（Joy Buolamwini），曾協助進行一些研究，這些研究發現，由IBM、亞馬遜、微軟和中國的曠視科技等公司創建的臉部辨識模型，在遇到有色人種和女性時經常會辨識錯誤，有次甚至還將知名脫口秀主持人歐普拉・溫芙蕾（Oprah Winfrey）誤認成男性。她認為，這些缺陷就是由她所謂的「淺色皮膚男性數據庫」所造成的。用於訓練演算法的圖像庫，反映了構建這些演算法的矽谷工程師的樣貌——他們絕大多數都是白人男性。

美國公民自由聯盟（American Civil Liberties Union）的一項實驗，則證明了臉部辨識系統帶有強烈的種族偏見。二〇一八年，這個公民權利組織使用亞馬遜的臉部辨識工具「Rekognition」將國會議員的照片當作受試圖像，和數據庫裡的兩萬五千張照片做比對，結果發現「Rekognition」將二十八名國會議員誤認為犯罪嫌疑人，其中有十一人是有色人種，其被誤認的比例，大約是國會裡非白人議員比例的兩倍。就連公民權利運動的代表性人物，同時也是國會黑人核心小組（Congressional Black Caucus）領導人的喬治亞州民主黨籍議員約翰・劉易斯（John Lewis）也都名列其中。

馬科斯百貨的警衛喬登在面對警方和傑克遜派去的調查人員時都供稱，他是從那位當事人獨特的面孔和步伐認出他的。但傑克遜認為，從外型上來看，她的當事人並沒有特別引人注目的地方。他的身材中等，膚色既不深也不淺。為了確認自己不是被偏見影響，傑克遜翻拍了警方宣稱拍到她的當事人的監視錄影器畫面，然後將翻拍的照片和她當事人的照片一起拿到布朗克斯捍衛者組織裡，詢問同事是否覺得這兩張照片上的人是同一人，結果大家都無法確定。

傑克遜認為喬登是受到當時情況的影響，才會誤將她的當事人指為小偷。警方不但沒有依照正常程序，給喬登多看幾張與案件無關的人的照片來證明他沒有認錯人，還和他說他們使用「高

---

10 Cathy O’Neil, *Weapons of Math Destruction: How Big Data Increases Inequality and Threatens Democracy* (New York: Crown/Archetype, 2016), 21.

科技」工具找出了嫌犯。「這可能是我想得到最具引導性的身分指認流程，」她說，但傑克遜並不責怪他。「目擊者和警察一樣，也不想認錯人，」她說。「『哦，原來臉部辨識工具已經找到嫌犯』的這種想法，一定讓人非常欣慰。這樣我就不用擔心我認錯了。」（我們曾於二〇一九年嘗試前往馬科斯百貨採訪喬登，但經理說他已經不在那裡工作了。他的親友則告訴我們他已離開紐約，還說會讓他知道我們想採訪他，但他沒有回應我們的請求。）

根據美國法律，如果有任何可能對當事人有利的資訊，檢察官都必須向當事人的辯護律師披露。在為期一年的研究裡，喬治城大學的研究人員發現，沒有檢察官披露過任何一個臉部辨識的案件，儘管這項技術在一些警察部門裡已存在多年。傑克遜懷疑，警察部門之所以不願在法庭上呈交臉部辨識的結果，原因是他們必須先對該技術進行嚴格的測試（指紋和DNA在被承認可以作為證據使用之前，就接受過這樣的測試）。但臉部辨識技術終究不夠成熟，無法通過這樣的測試。

紐約警察局的政策和美國大多數的警察部門一樣，臉部辨識結果只能作為調查線索，但不能作為證據使用。傑克遜懷疑，紐約警察局是在試圖透過喬登的證詞，來洗白臉部辨識的結果，藉此繞過自己設下的限制——換言之就是在利用喬登，找他這個真人來掩護機器。

然而地方檢察官的辦公室，卻拒絕回答傑克遜關於紐約警察局臉部辨識系統的問題，於是傑克遜又提了一項動議，要求檢方駁回喬登的證詞，否則就必須要求警方也對臉部辨識系統的可信度進行測試，就像其他新型態的證據剛出現時那樣。「臉部辨識科就是所在證據的來源——沒有任何與臉部辨識科無關的訊息可供政府使用。」她寫道。

她的施壓起到了一些作用——至少一開始確實如此。法官向紐約警察局發出傳票，要求他們提供更多關於臉部辨識系統的資訊。幾天後，紐約警察局的一名律師直接發了一封電郵給法官對傳票提出質疑，卻沒有寄送副本給傑克遜或檢察官。該律師寫道，一旦披露傑克遜要求的那些資訊，便會「對當前和未來的執法調查造成損害」，因此披露資訊的代價，將會「大幅」超過這些資訊在澄清該案件事實方面所具有的任何價值。在傑克遜不知情的情況下直接發送電郵給法官並不符合常規，因此法院對該名律師提出了警告。然而紐約警察局的律師隨後卻提出了正式的動議，要求撤銷傳票。這是傑克遜第一次看到警察局做出這樣的舉動。

進入審理階段之後，這個案件由一位新法官接手處理；他告訴檢察官，警方必須回覆傳票，並提交關於紐約警察局的臉部辨識系統的資訊，案件才能繼續審理。中午過後，檢方出人意料地提出了認罪協商：他們願意將指控降為輕罪，等同於讓傑克遜的當事人可以用羈押期間來抵掉刑期，所以不用再入監服刑。傑克遜認為這代表紐約警察局退縮了。

傑克遜依然希望讓案件進入審理程序，因為她相信可以在法庭上打贏這場官司。但當時她的當事人已經改變想法了。他被逮補時正處於緩刑期間：當時距離他家人籌到錢、將他保釋出來不過兩個月的時間，但他因為這個案子而違反了緩刑規定，因此又被關回了監獄。兒童服務管理局

（The Administration for Children's Services）則將他剛出生的兒子送到了寄養家庭（孩子的母親在孩子出生的兩個月後，就因為傑克遜不便討論的原因而去世了）。如果她的當事人不盡快出獄，他的兒子就可能會被別人收養。

在法庭上檢驗臉部辨識的證據是否可被接受，需要召集專家、進行複雜的測試，而法官和檢察官也需要進行大量的來回討論。傑克遜的當事人認為自己沒有這麼多的時間。當她的當事人在法庭上，站在她旁邊承認自己並沒有犯下的罪行時，她感到非常的失落。從某個意義上來說，她確實打贏了這場官司——她的當事人很快就能出獄和兒子團聚。但這是一場空虛的勝利。當天晚上，她回到家裡痛哭了一場。

馬科斯百貨的案件結案大約一年過後，紐約警察局長詹姆斯・奧尼爾（James O'Neill）在《紐約時報》的一篇社論文章中寫道，警方的調查人員已經向臉部辨識科提交了七千多項請求，產生超過一千八百五十項潛在配對，讓警方得以逮捕近千名嫌犯。在所有被捕的嫌犯之中，有名男子被指控在日間水療中心強暴一名工作人員，而另一名男子則據稱在地鐵站裡將一名乘客推到鐵軌上。他寫道：「在為這座二十一世紀的城市提供警察服務時，如果我們不去使用二十一世紀的技術，對我們所服務的人民來說是很不公平的。」他否認警察會將嫌犯素描圖輸入系統，但承認他們有時會使用照片編輯軟體，來「填補一些數據佚失或失真的地方」。[11]

奧尼爾認為，這項技術不僅有助於抓到壞人，還能減少警方對不可靠的證人指認（他認為那就是錯誤定罪的主要原因）的依賴，藉此縮減嫌犯的名單。「當臉部辨識技術在調查之中，被當作一種受到限制、只用在調查初期階段的工具時，司法誤判的可能性就會降低——而這也正是我們部門使用它的方式。」

傑克遜能理解為何警方會喜歡臉部辨識技術，但奧尼爾的專欄還是讓她感到非常憤怒。在她當事人的那起案件裡，臉部辨識並非「受到限制、只用在調查初期階段」而已。真要說起來，這個技術其實是在鼓勵，而非阻止不可靠的證人指認方式。她對奧尼爾最後提出的說法特別憤怒：「當使用這項技術的案件被起訴時，我們的方法和調查結果也將會受到法庭的檢驗。」布朗克斯捍衛者組織的律師於二〇一九年處理了六起使用臉部辨識技術的案件，但每起案件都有其他的證據，可以讓檢察官在不披露臉部辨識結果的情況下，繼續進行調查。

傑克遜解釋道，在那些由臉部辨識技術提供主要證據的案件中，必須是足夠嚴重的犯罪（例如謀殺），警方和檢察官才會有誘因在法庭上冒險檢驗這項技術，否則他們便會透過撤案或提出認罪協商，來繼續保護這個技術。在她作為公設辯護律師的職業生涯裡，只有一名當事人拒絕接受輕罪認罪協商、用羈押期間抵扣刑期，而決定冒著入獄好幾年的風險在法庭上對抗重罪指控。即便是清白的人，也會覺得和刑事司法體系正面對抗的風險實在太大。

11　James O'Neill, "How Facial Recognition Makes You Safer," *The New York Times*, June 9, 2019.

其他類型的數位國家監控工具，也在類似的神祕面紗之下持續於美國擴散。在某些案例裡，它們不只被用來打擊犯罪。

移民及海關執法局（Immigration and Customs Enforcement, ICE）是美國政府最活躍的監控機構之一，該機構大量使用了兩種強大的工具：車牌辨讀器和數據整合產品。移民及海關執法局的合作伙伴之一「警戒解方」（Vigilant Solutions），為移民官提供了五十億個車牌探測資訊（這些資訊是由保險公司和停車場等民營公司收集來的），以及由十多個州的八十個執法機構所收集到的其他十五億筆紀錄。另一個合作伙伴湯森路透，則為移民及海關執法局提供了大量公開和非公開個人數據的交叉比對資料（cross-referenced collection）。在這兩家公司的協助之下，移民及海關執法局便得以運作一個「持續監控和警報系統」（continuous monitoring and alert system），每個月可以追蹤五十萬人的生活和移動情形，其中絕大多數都屬於拉丁裔社群（Hispanic community）。[12]

使用社群媒體來追蹤抗議活動雖然是中國首創的方法，但這個方法也愈來愈受美國執法機構的歡迎。二〇一五年，二十五歲的巴爾的摩非裔居民弗雷迪．格雷（Freddie Gray）在警車裡遭到毆打導致脊髓損傷，後來便陷入了昏迷，而他身亡後也引發了一系列抗議活動；到了二〇一六年，巴爾的摩警察局則和一家總部位於芝加哥的社媒監控公司合作，對這起抗議活動進行追蹤，並逮捕了那些正在被通緝的抗議參與者。根據美國公民自由聯盟和其他團體的紀錄，全美各地的警察部門在後來發生的「黑人的命也是命」（Black Lives Matter）行動中，也都持續在使用這個策略；二〇二〇年因為喬治・佛洛伊德（George Floyd）被殺害而在全美爆發的示威活動，就是其中一個案例。

隨著亞馬遜高畫質的「視訊門鈴」（video doorbell）系統「Ring」大受消費者歡迎，私人監控也在警方的鼓勵之下呈現爆炸式的增長。早在二〇一五年，亞馬遜就已經開始和執法部門合作，和警方攜手對威爾榭公園（Wilshire Park）和鄉村俱樂部公園（Country Club Park）這兩個歷史悠久、位於洛杉磯市中心住宅區的家庭，免費分發了五百個「Ring」監視器，據說讓竊盜案件數下降了百分之五十五。到了二〇一九年，亞馬遜已經和至少四百個警察部門建立了合作關係：為了在採購上獲得一些折扣，也為了讓執法單位可以更容易從視訊門鈴的主人那裡取得錄影畫面，警方會協助亞馬遜在自己的轄區裡推廣這個設備。到了隔年，美國警察部門一共提出了兩萬多次請求，希望取得「Ring」和其他家用監視器拍攝到的畫面。一位研究人員估計，到了二〇二

12 請參見June 21, 2018, open letter from Privacy International to Thomson Reuters CEO James Smith, https://www.documentcloud.org/documents/4546858-PI-Letter-TR-21-06.html。

一年，全美各地將會有超過三百萬個「Ring」門鈴在線上運作。[13]

除了為警方提供協助之外，Ring的監視器也讓美國各地的社區開始體驗到，大規模監控會為人們的心理和行為帶來哪些影響。《華盛頓郵報》（*The Washington Post*）曾於二〇二一年採訪住在加州聖塔芭芭拉（Santa Barbara）附近的一位母親萊斯利．米勒（Lesley Miller），她的育兒方式在該社區的臉書社團上引發了猛烈的批評，因為在某個人發布的「Ring」監視器畫面裡，她七歲的兒子把一顆泡綿排球砸向了鄰居的監視器。「你騎腳踏車穿過這條街的時候，可能隨時都有五十個監視器在錄下你經過的畫面，」米勒記得她後來曾這樣告訴自己的兒子。「如果你做了不好的選擇，那些監視器就會逮到你。」她說她不希望她的孩子會因為害怕受到懲罰，而影響自己的選擇。「但如果犯了錯被監視器拍到，就很難獲得原諒了。」[14]

這些技術在美國的擴散，多年來基本上沒有引起太大的注意；從二〇二〇年初開始，大眾對這些技術的抵制才變得愈來愈強烈，而這個現象，要歸功於一家突然開始與警方緊密合作的小型監控新創公司「Clearview AI」。該公司將臉部辨識的結果，和從臉書、YouTube、推特、谷歌、Venmo（譯按：一個行動支付工具）以及無數網站上抓取到的超過三十億張圖像的數據庫進行比對——這個臉部圖像數據庫[15]比美國聯邦調查局的數據庫還大上七倍。《紐約時報》分析了該公司的應用程式，發現了可以將該程式與擴增實境（augmented-reality）眼鏡配對的程式碼，可以讓你找到街上任何一個人的社群媒體歷史紀錄。《泰晤士報》引用了聖塔克拉拉大學高科技法律研究所聯席主任埃里克・戈德曼（Eric Goldman）的說法：「武器化的可能性是永無止盡的。」

前亞馬遜首席科學家、《為人民服務的數據》（*Data for the People*）一書的作者安德烈斯・韋根德（Andreas Weigend），就是其中一位對「Clearview AI」的功能感到非常驚訝的數據科學界人士。韋根德一直都在努力推廣監視資本主義；他認為如果前東德的國家安全部當年能取得更準確的資料，他的父親就不會因為被指控為美國人從事間諜活動，而被關進東德的監獄裡長達六年。或許也是出於這個原因，Clearview AI的執行長曾邀請他撰寫一篇社論文章，為該公司進行辯護。於是韋根德獲得了該平台的訪問權限，並在二〇二〇年六月花了一個星期的時間，對舊

---

13 Drew Harwell, "Home-Security Cameras Have Become a Fruitful Resource for Law Enforcement — and a Fatal Risk," *TheWashington Post*, Mar. 2, 2021.

14 同前注。

15 根據美國政府問責署於二〇二一年七月在眾議院針對犯罪、恐怖主義和國土安全的法官小組委員會所提出的證詞，聯邦調查局的「次世代身分州際照片系統」（Next Generation Identification Interstate Photo System），讓使用者可以在這個擁有四千多萬張照片的資料庫裡進行搜尋。

金山和網路上遇到的陌生人進行測試。當時他在餐廳裡拍下了一對情侶的照片，並向他們展示搜尋的結果，結果那名女子看了之後便搶下他的手機，要求他刪除那些照片。還有一次，他從「OnlyFans」（譯按：一個以訂閱制為基礎的社群網站，讓願意付費的粉絲和創作者進行互動）網站上，把一位匿名發布色情圖片的男子截圖下來，然後透過系統在康乃爾大學的網站上找到了那名男子的真實姓名。看到搜尋結果的幾天之後，韋根德在電話中告訴我們：「我對它的強大程度感到非常震驚。」他說，想到警察手中竟擁有這樣的工具，他便重新思考了他之前的一些假設。「權力的天平正在向政府傾斜，對個人愈來愈不利。」他最後決定不幫Clearview AI撰寫這篇社論文章。

Clearview AI與數百個警察部門的合作令人非常不安，但也有助於隱私權的倡議人士宣傳一個觀點：臉部辨識是一種侵入性的技術，需要受到嚴格的限制。這場爭論在加州最為激烈：美國公民自由聯盟和關注數位隱私的電子前線基金會（Electronic Frontier Foundation）合作，主張該技術嚴重侵犯了公民自由，應該被完全禁止。這場運動不只在隱私權倡議人士和警方之間引發了爭論，在倡議圈內部也是如此，而他們爭論的焦點，是應該限制該技術到什麼程度。由於警方主張，使用該技術來執法確有其正當之處，因此有些倡議人士也認為應該以法律監管，而不是完全禁止。

令人意外的是，支持全面禁止的陣營逐漸占了上風。二〇一九年，舊金山市的立法機構決定

始自二〇一六年底的建設熱潮期間，所謂的便民警務站開始出現在新疆各地的社區裡，總數最後達到超過五千個。這些警務站的外觀看起來親切無害，有時還會用大紅燈籠裝飾門面（圖裡的中右方），掩蓋一個帶有反烏托邦性質的任務：全面覆蓋的監控，以及控制該地區的突厥裔穆斯林群體——維吾爾人。（Giulia Marchi）

在建造警務站的同時，新疆政府也破壞、夷平了數千座清真寺，而那些清真寺正是維吾爾人認同的重要象徵。就算是倖免於難的清真寺，執政當局也會對其實施監控措施，並在清真寺門口掛上紅布條（上圖位於英吉沙的清真寺就是很好的例子），呼籲訪客要「愛黨愛國」。（Greg Baker/AFP via Getty Images）

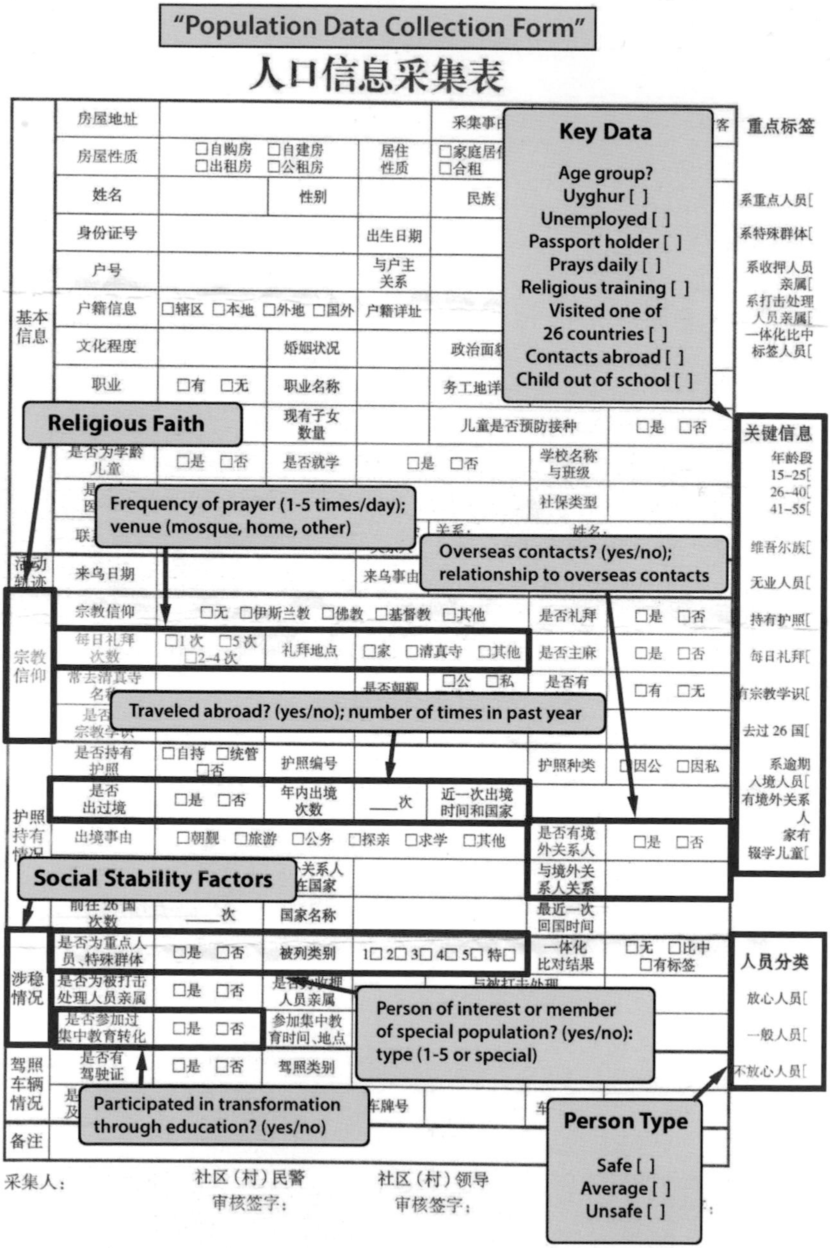

二〇一七年春天，新疆首府烏魯木齊的官員對維吾爾聚居區的居民，發放了這份強制性的個人訊息問卷。新疆政府會利用這些收集到的資訊，來將填答者歸類為「放心人員」、「一般人員」或「不放心人員」。

被視為「不放心人員」的維吾爾人和其他少數族群，已經被關進了新的勞改拘留營，比如圖中這個位於烏魯木齊郊區、被政府形容為「職業訓練中心」的設施。曾被送入這些拘留營裡的人多達一百五十萬人，他們在那裡接受洗腦，有時甚至會遭到虐待。（Thomas Peter/Reuters）

根據政府的採購文件，這些拘留營訂購了大量像圖中所描繪的老虎椅，而拘留營的人員則會在長達九小時的審訊過程中，使用這些椅子來限制被拘留者的行動。這些拘留營也訂購了許多手銬、胡椒噴霧、帶尖刺的棍棒、電擊槍和趕牛棒（cattle prods）。（Russell Christian）

維吾爾人被告知必須信仰習近平的思想，而不是伊斯蘭教，一如圖中位於喀什（該城市的居民以維吾爾人為多數）的這座看板所示。（Thomas Peter/Reuters）

在習近平的鼓勵之下，一部分資金來自美國投資人的中國新創科技公司，已經在為中國共產黨供應最尖端的監控工具，以滿足其社會工程計畫。圖中是一位曠視科技（中國最大的新創監控企業之一）的軟體工程師，正在使用一位看起來應該是中國少數民族的女性的照片，訓練一個臉部辨識系統。（Gilles Sabrié）

陳全國是一位意識形態的執行者，他在協助控制法輪功運動、制止西藏僧侶自焚抗議之後，便在中共黨內扶搖直上；為了執行針對維吾爾人的計畫，習近平選擇由陳全國來承擔這個任務。（Jason Lee/Reuters）

塔依爾·哈穆特以一位詩人和導演的身分聞名於世。當陳全國正在展開中共強制同化新疆少數民族的計畫時，塔依爾也因為幫助形塑維吾爾人的獨立認同，而讓自己和家人了陷入危險之中。（照片承蒙塔依爾·哈穆特提供）

火箭科學家錢學森（左）於一九五〇年代的紅色恐慌（Red Scare）期間離開美國，並在回到中國之後提出了用數學模型來打造人類社會的願景。數十年過後，阿里巴巴的創辦人馬雲（右）則讓錢學森的夢想往實現更靠近一步，承諾中國領導人他可以用自己公司收集到的大量行為數據，來預測未來可能發生的問題。（左圖：Bettmann via Getty Images；右圖：Visual China Group via Getty Images）

阿里巴巴的城市大腦平台，能將人工智慧和數千個監視攝影機的數據結合在一起，藉此追蹤某部車輛、讓消防車和救護車可以一路暢通，並對交通自動進行優化。該平台在富裕的沿海城市杭州啟用時，和新疆展開鎮壓行動正好是同一年。（Imaginechina）

中國政府也在幫助自家科技公司向海外銷售監控系統。其中一個知名的顧客，就是烏干達的強人總統——約韋里．穆塞維尼（上圖，身穿白色襯衫、手拿帽子者）。他在二〇一八年和中國電信設備巨擘華為科技，簽署了一份價值一億兩千六百萬美元的合約，將為烏干達首都坎帕拉建造一個由人工智慧驅動的監控系統。穆塞維尼曾利用這個系統來追蹤政敵，其中一位就是博比．瓦恩（下圖）。華為的技術人員也曾於二〇一八年底，協助烏干達的維安單位駭入瓦恩的iPhone。（上圖：Abu Mwesigwa；下圖：Sumi Sadurni）

在今日的中國，監控系統影響著公眾行為的方方面面。上圖是二〇一九年的南京，安裝在某個路口的智慧攝影機，會顯示出違規穿越馬路者的姓名，藉此羞辱違規者，而後方背景的海報上則寫著中國共產黨的「社會主義核心價值」。右圖則是二〇二〇年二月底的溫州，旅客在獲准乘車之前，必須先出示追蹤個人足跡和病毒接觸史的COVID-19健康碼。（上圖：Imaginechina；右圖：Noel Celis/AFP via Getty Images）

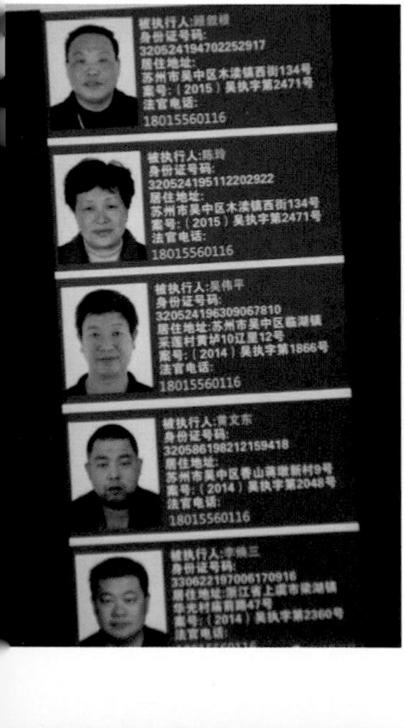

網路上搜尋到的黑名單，這種名單會被用來執行中國的社會信用體系。（Lou Linwei/Alamy）

實施禁令，要求任何人在購買其他監控工具之前，都必須事先取得許可。同樣位於灣區的奧克蘭（Oakland）和柏克萊等城市，也紛紛頒布了類似的禁令。加州參議院隨後則通過了另一項禁令，決定暫停在警察的隨身攝影機上使用臉部辨識功能。隨著隱私權倡議團體不斷獲得勝利，他們也將這場運動擴展到其他州和國會裡；美國國會後來也發起了一連串聽證會，而執法機構則在聽證會上努力阻止國會通過聯邦禁令。

對於加州安那翰（Anaheim）的資深警官達倫・懷亞特（Daron Wyatt）來說，臉部辨識的價值是無庸置疑的。二〇一九年六月，也就是舊金山通過禁令的一個月之後，由執法機構資助的警政網站「警徽背後」（Behind the Badge）講述了安那翰警察局一名職員的故事：安那翰警察局根據當地電視新聞台拍到的畫面，為一名強暴案嫌犯繪製了速寫；該名職員將速寫圖輸入警察局的臉部辨識系統之後，他們第二天就抓到了嫌犯。懷亞特告訴我們，臉部辨識技術徹底改變了警察局的工作模式。他回憶起自己二〇一二年偵辦的一起謀殺案，當時他必須看完監視攝影機的所有畫面。他說，「我花了好幾個月的時間，一週要看五到六天，每天看十個小時。但現在有了這個技術，可能只要二十分鐘就能搞定。」

懷亞特說，安那翰警察局和紐約警察局一樣，只會在案發後使用臉部辨識技術，將在犯罪現場取得的影像，和警局的前科犯資料庫進行比對。「我們不會隨便把某個路人拍下來，看他們是否正被警方通緝。」不過他也忍不住想像，如果能和更多的臉部圖像進行比對（比如車輛管理局的資料庫），或可以在街道上即時使用，這個系統將會有多麼強大。「這不是安那翰警察局的政策。我們甚至根本還沒談論過這種做法，」他說。「不過比方說，我們有美國西岸最大的會議中心。如果可以〔進行即時掃描〕，看會議中心裡有沒有人出現在我們的監視名單上，是否就可以起到一些預防犯罪的作用呢？我的意思是，我能想像這個技術可以怎麼被應用。」

儘管臉部辨識系統有助於警方查緝壞人，但像懷亞特這樣的說法，就是一些隱私權倡議人士和律師希望禁用臉部辨識系統的原因之一。他們認為，在「任務蔓延」的邏輯之下，警方很可能會協助該技術擺脫立法者嘗試為它設下的限制。

為了避免完全失去對使用該系統的權限，執法機構也在嘗試進行自我監管。二〇二〇年三月，紐約警察局發布了第一份針對臉部辨識部門的公共指南。新任的警察局長德莫特．謝伊（Dermot Shea）在宣布這項政策時表示，該政策明確規範了允許使用的界線，並「在公共安全和隱私之間取得了合適的平衡」。[16]這些規章明確規定，搜索結果必須由探員的同事和主管進行檢視，但除此之外，基本上只是重述了多年來一直存在的內部準則。同樣是在二〇二〇年，紐約警察局在回應隱私權倡議人士兼律師卡恩提起的資訊自由訴訟案時揭露，自從二〇一七年以來，該局臉部辨識科的搜尋總數增加了兩萬兩千多次，而且有一半以上是在二〇一九年進行的。[17]

因為這個技術而受害的人，近期也開始發聲。二〇二〇年九月，一名底特律男子因為臉部辨識而被警方以竊盜罪誤捕並因此失業，於是便對警方提告。三個月之後，紐澤西州帕特森

（Paterson）的一名居民，也因為臉部辨識比對錯誤而遭警方誤捕，案由是他在商店裡偷竊並試圖用汽車衝撞一名警察，而他後來對警檢雙方都提出了控告。接著在二〇二一年，底特律警察局再次遭到該市市民羅伯特・威廉斯（Robert Williams）的控告，原因是他被以偷竊手表為由，在自己女兒的面前遭到警方誤捕。

威廉斯在羈押審訊期間發現，臉部辨識技術已經被警方用來識別他的身分：審訊他的警察翻開了一張印有搜尋結果的表格，表格旁寫著「僅作調查線索使用」。根據他的訴狀，威廉斯當時一邊指著表格裡的文字，一邊抗議道，手表店監視攝影機拍到的模糊畫面，看起來一點都不像他。當時那些警察也承認，他本人和監視攝影機畫面裡的人長得並不像。「我猜電腦搞錯了。」一名警官如此說道。

一年過後，哥倫比亞廣播公司（CBS）的節目《六十分鐘》（*60 Minutes*）報導了威廉斯的案件，製作單位發現，密西根州警方曾以手表店的監視攝影機畫面截圖進行臉部辨識搜尋，最後找到了二百四十三個可能的配對選項，而威廉斯的照片排在第九位。底特律警方無法解釋他們為

---

16 取自“NYPD Announces Facial Recognition Policy,” New York Police Department, Mar. 13, 2020。

17 請參見“S.T.O.P. Condemns NYPD For 22K Facial Recognition Searches,” Surveillance Technology Oversight Project, Oct. 23, 2020。

什麼最後會選擇逮捕他。[18]

傑克遜接下馬科斯百貨公司案的三年過後，威廉斯和另外兩名提起訴訟的男子，代表全美國所有已知的臉部辨識誤判受害者提起訴訟。「我必須強調這只是冰山一角，因為大多數人根本不知道臉部辨識技術被使用在自己身上。」美國公民自由聯盟密西根州分部雇用的資深律師（同時也是威廉斯的律師）菲利普·馬約爾（Philip Mayor）告訴我們。警方持續堅稱，如果只將臉部辨識的結果當作線索、應用在更大規模的調查裡的話，那麼使用這個技術依然利大於弊；但馬約爾認為，這項技術容易導致一個問題：一旦警方找到一個嫌犯，就很容易會忽視指向其他方向的證據。

「任何一個曾因為谷歌地圖導航而走錯路的人都知道，就算我們知道自己可能走錯路了，卻仍然會傾向於信任電腦，」他說。「技術上的錯誤會導致調查失誤。」

馬科斯百貨公司案發生三年過後，傑克遜並沒有看到任何有意義的變化。只有一個小小的跡象，或許能表明他們取得了一些進步：辯護律師現在有時能取得比對名單，上面會列出臉部辨識系統認為可能是嫌犯的所有人的照片。但就算只是想一窺這個機器的運作原理，通常也會需要法庭的同意。「只要法官提到『傳票』這個詞，原本『絕不存在』的比對名單就會神奇地出現。」她說。傑克遜和許多其他被迫和警察監控搏鬥的律師，都很懷疑法院能否解決這個問題。傑克遜相信，這終究將取決於立法者的態度。

在川普任期的後半段裡，臉部辨識和其他新形式的數位監控工具的普及，是少數能讓美國兩大黨取得共識的問題之一（另一個則是對中國的疑慮）。幾乎所有國會議員都同意，中國正在對美國的利益構成威脅，而幾乎所有人也都同意，新的監控時代將會對民主價值帶來威脅。這種兩黨之間的團結氣氛，幾乎能確保他們終究會採取某種行動，來管控人工智慧的追蹤工具——不過正如接下來的章節所述，國會山莊（Capitol Hill）在川普卸任前陷入混亂的意外事件，將會讓這場辯論變得更加複雜。

18 Anderson Cooper, "Police Using Facial Recognition Amidst Claims of Wrongful Arrests," *60 Minutes*, CBS, May 17, 2021.

第四部

中國解方

十 重新定義的隱私

這個在二〇一五年上線的網站，擁有「網路1.0時代」的YouTube在設計上的一切迷人之處：簡單的影片縮圖排版、下方用文字標示影片標題、背景一片全白，而搜尋欄位則位在頁面頂端。然而這個有點平淡的視覺風格，卻暗藏著一些令人不安，卻又非常迷人的特殊內容。

每個縮圖都可以連結到一個直播畫面，這些畫面來自中國的各大城市，可以讓人看見五花八門的地方：酒吧、餐廳、便利商店、停車場、飯店大廳、以及女性內衣的賣店。其中一個畫面是北京某個瑜伽教室裡，一個女學員正在進行下犬式的動作。另一個畫面裡，則是顧客們正在西安一個假髮店裡尷尬地看著店裡的商品。還有一個畫面來自工業城市石家莊，二十四小時不間斷地從一個郊區的羊駝牧場裡，直播毛茸茸的羊駝的反芻畫面。有些畫面則似乎來自民眾家中，拍下了他們睡覺翻身，或者坐在電視機前一動也不動的畫面。

這個網站名叫「水滴直播」，它的名字來自一個價格低廉的連網居家保全監視器品牌；這個品牌由一個中國網路安全公司「奇虎三六〇」進行銷售，該公司近期將經營觸角延伸到消費者設備的領域。他們的白色塑膠監視器底部狹窄，頂部則是一個比較寬的球狀體，裝有廣角鏡頭，看起來就像一個倒過來的水滴。奇虎架設了一個網站，讓使用者可以在任何地方收看監視器的即時畫面。雖然使用者也可以設置密碼，讓這些監視器的畫面只有自己能看見，但仍有數千個帳號並未設置密碼，任何人都可以在網路上收看。

大約就在水滴直播上線的同時，中國藝術家徐冰正在考慮，是否應該放棄他一直以來都很想創作的一個作品：將監視攝影機的畫面剪接成一部電影。徐冰是一位傳奇性的中國藝術家，以幾乎能用任何媒材來創作而聞名；他對於人們在不知道有攝影機的情況下，在鏡頭前表現出的自然狀態非常著迷。他很想用未經修飾、由監視器捕捉到的真實畫面，來編織出一個虛構的故事。但他花了幾個月收集監視器畫面之後，才發現要收集到足夠的素材是不可能的，於是終止了這個計畫。

二〇一六年初，徐冰的其中一位助理把水滴直播的連結傳給了他。徐冰不敢相信自己看到的東西。那感覺像奇虎知道他在想什麼，然後決定在真實世界裡幫他建造一個電影攝影棚。他在網路上四處搜尋，又找到了其他模仿水滴直播的網站。於是他和三個助理出門買了二十部電腦，放在他工作室的一個房間裡。他們日以繼夜地下載、觀看、剪接那些監視器畫面，並加以分類。一年過後，他們收集到超過七千個小時的錄影畫面。又過了一年，在經歷了六個劇本之後，他們將所有素材剪成一部八十一分鐘的影片，片名為《蜻蜓之眼》。

徐冰後來對我們回憶道，製作這部電影讓他花了很多時間去思考隱私這件事。他特別指出，他曾聯繫出現在影片裡的幾十個人，希望他們同意他使用這些畫面。

徐冰和他的助理花了整整一年跑遍全國各地，從廣東跑到新疆，請那些人簽署授權書，讓他們使用監視錄影的畫面。起初徐冰還擔心，大家會覺得受到冒犯而不願簽字，沒想到幾乎每個人都同意了。

和這些接觸到的人談過之後徐冰認為，只有在富裕、教育程度較高的省分，人們才會把隱私視為一種權利，而對授權有所疑慮。其他地方的居民則是每天為了生計而忙碌，根本無心擔憂自己的隱私權。此外，監視器的普及不只發生在公共領域，也發生在居家空間和個人的口袋裡，讓監視和被監視都成了日常生活的一部分。「對於底層的人來說，監視和直播影片都是他們和這個世界互動的一部分。」他說。

中國有將近十億個網路使用者，每天都在不斷生產自己的影像，也不斷地消費其他人的影像——在這樣一個網路普及率甚至比美國還要高的國家，徐冰的觀察不無道理。這能解釋中國政府為何能在路口或公共廣場上設置幾百萬個監視器，卻不會被民眾抗議。然而幾個月之後，水滴直播卻陷入了一場社群媒體風暴，原因是人們對該公司違反隱私權的做法非常憤怒。不久後，這個網站就消失了。

隱私在中共處理個人資訊的方式中所扮演的角色，是國家監控體制最令人意外的其中一個面向。中文裡的「隱私」由兩個漢字組成，這兩個字的含義分別是「隱藏」和「祕密」，而「私」則帶有「個人」或「自私」的含義。然而這個詞彙一直要到一九九〇年代，才開始出現在中文辭典裡。[1]特別是在毛澤東死後的初期，集體思想的身體記憶仍根深柢固，這個詞彙經常帶有負面的含義，意指某個人想要隱藏的祕密。中共開始進入監控的新時代後，隱私作為一種需要被保護的權利的概念，基本上只存在於中國的菁英階級之中，因為他們不少人都接受過西方的教育。然而隨著時序邁向二〇二〇年，全世界都開始關注起網路巨頭所掌握的個人數據，隱私的概念也開始受到更廣泛的關注。很快地，這個概念就會變得十分流行，讓中共必須留意和有所回應。

喬治城大學法律學院教授丹尼爾・沙勒夫（Daniel Solove）曾寫過一本關於隱私的書，他在書中將隱私描述為一個「混亂的概念」，主要的原因是「沒有人可以明確闡述它到底是什麼意思」。[2]比方說，最早試圖在法律脈絡中闡述隱私概念的人，是後來成為最高法院大法官的路易斯・布蘭迪斯（Louis Brandeis），以及一位波士頓的律師山謬・華倫（Samuel Warren）；他們在一八九〇年將隱私定義為「不被打擾的權利」（the right to be left alone）。但這個解釋，無法包括那些也可以被涵蓋在「隱私權」之下的權利，比如保護自己不被搜索的權利、能匿名說話的自由，以及對個人資訊的掌控等。

綜觀歷史，隱私概念之所以會出現變化，經常是監控技術進展所造成的結果。布蘭迪斯和華倫之所以會捍衛不被打擾的權利，有部分也是為了回應當時伊士曼・柯達（Eastman Kodak）剛發明不久的照相機。這種照相機既便宜又方便攜帶，因此他們兩人都擔心，相機會讓記者更能記錄他人的私事。「媒體正在以各個方式踐踏合宜與得體的明顯邊界。」[3] 華倫和布蘭迪斯如此寫道。

一百多年過後，網際網路、線上廣告和社群媒體的崛起，則讓沙勒夫認為，公共數據的收集也應該被納入隱私權所涵蓋的範圍。「這些收集而來的數據一旦經過分析，便可以呈現出關於一

---

1 請參見 Yang Wang, Huichuan Xia, and Yun Huang, "Examining American and Chinese Internet Users' Contextual Privacy Preferences of Behavioral Advertising," Proceedings of the 19th ACM Conference on Computer-Supported Cooperative Work and Social Computing, Feb. 2016。

2 Daniel J. Solove, *Understanding Privacy* (Cambridge, MA: Harvard University Press, 2008), 1.

3 Louis Brandeis and Samuel Warren, "The Right to Privacy," *Harvard Law Review*, Dec. 15, 1890. In *Understanding Privacy* (Cambridge, MA: Harvard University Press, 2008)，沙勒夫寫道，「幾百年來，新科技的發展一直都在讓人們對隱私感到憂心，但二十世紀新的資訊科技的深遠擴散，尤其是電腦的崛起，才讓隱私在世界各地都成為一個需要直面的問題。」(4)

個人的新資訊，這些新資訊是原本孤立存在的數據所無法揭示的。[4]」他寫道。將資訊集結起來當然不是什麼新鮮事，但科技卻讓這種做法變得更加強大，而且也可能會造成傷害。

在中國，這種數據收集也帶來了出人意料的反彈，可能在監控政策加速發展的時候，也危及到監控本身的施展。然而事後證明，中國領導人很快就能掌握隱私的多變涵義，並靈巧地將其用來服務自己的目的。

對徐冰來說，隱私這個概念的彈性之處，讓它成了一個很理想的創作主題。曾獲麥克阿瑟基金會（MacArthur Foundation）「天才獎」的他，靠著探索形變（metamorphosis）和誤導（misdirection）這些概念建立了自己的藝術家事業。他曾創作過一個知名的作品，將數十萬支香煙組合成一張虎皮地毯。此外，他也曾使用九一一恐怖攻擊後下曼哈頓區的塵土，排出禪宗關於虛空的詩句。

我們於二〇一七年初次拜訪徐冰的工作室時，他已經花了兩年的時間，透過水滴直播和幾個模仿水滴直播的網站來窺看人們的生活。徐冰在一九九〇年移居紐約，最後歸化成為美國公民，並於二〇〇八年回到中國長居；為了解釋這個窺看的經驗，他用一部好萊塢電影來進行類比。

「你看過《楚門的世界》（*The Truman Show*）嗎？」他問。

這部於一九九八年上映，由金凱瑞（Jim Carrey）主演的科幻電影，講述一個被娛樂公司領養，並在一個到處都有攝影機的布景世界中成長的男人的故事。這部電影曾在二〇〇〇年代初的中國，以盜版VCD的形式在全國廣泛流傳，很受歡迎。二十年過後，這部電影在豆瓣（類似於「爛番茄」電影評分平台的中國網站）上的評分高達九．三分（滿分十分），而且有將近一百萬人給予五顆星的評價。徐冰說，科技公司已經將整個社會打造成了某個版本的《楚門的世界》。「這個世界成了一個巨大的電影攝影棚。到處都有監視攝影機，二十四小時不斷在進行直播，」他如此說道。「人們在這些畫面裡的表演是無可比擬的，比任何一個演員的表演都還要有說服力。」[4]

考量到監視器畫面素材的複雜度，徐冰和他的編劇團隊決定將這部片剪成一個典型的愛情故事，好讓觀眾容易跟上敘事。這部電影有兩位主角：一位是在乳製品牧場工作的技工，名叫柯凡；另一位則是曾在佛寺出家過的女子，名叫蜻蜓（她的名字「蜻蜓」，這種昆蟲擁有複眼，每個眼睛都有數千個晶體），她和柯凡在同個牧場裡工作。柯凡不斷透過農場的監視攝影機窺看蜻蜓，並逐漸愛上了她。他們兩人於是開啟了一段戲劇性的戀情，最後導致柯凡鋃鐺入獄。當他出

4 Solove, *Understanding Privacy*, 118.

獄時，柯凡得知蜻蜓做了整形手術，並成為一個網路聊天室的明星。心碎的他拚命想找到她，於是開始搜索有她出現的監視器畫面。

《蜻蜓之眼》於二〇一七年八月在盧卡諾影展（Locarno Film Festival）首映後，水滴直播仍持續營運了好幾個月。網站上每週都會放上新的監視器畫面，並帶來新的觀賞者。接著到了十二月，一位名叫陳菲菲的年輕作者在微信上寫了一篇貼文，公開對奇虎三六〇（也就是營運水滴直播的公司）的執行長喊話。這篇貼文的標題是「別再盯著我們看了」。

陳菲菲的貼文起初口吻還算客氣，不只稱呼奇虎的執行長周鴻禕為「叔叔」，還對奇虎的網路安全產品讚揚了一番，但很快就開始尖銳地批評該平台「令人眼花撩亂」、侵犯隱私的內容。她的貼文還附上一個從水滴直播截取的截圖，畫面中是北京的健身房裡，一位女性正在粉紅色的軟墊上做瑜伽。陳菲菲寫道，她後來去了那個健身房，將這個畫面拿給那位女性看，對方看了之後「怒氣沖沖」。

另外一張截圖，則是一位年輕女性正悠閒地和一個年紀比她大的男子坐在餐廳裡。陳菲菲寫道，當她在那間餐廳裡時，她看到網友在監視錄影的評論區說那個女人可能是男人的情婦。於是她將那段影片拿給他們兩人看，他們看了之後便把店經理找來問話。經理請求他們原諒，還說他只是想透過直播打廣告，讓網友看到餐廳裡生意興隆。

陳菲菲在另一篇貼文裡則回憶道，她有次造訪了一個為兒童開設的舞蹈教室，那些兒童的家長並不知道他們孩子正在被線上直播。她還看到了另一段影片，畫面中是一位六歲大的女孩半裸地走來走去。陳菲菲以請求周鴻禕的語氣寫道，「你真的不管了嗎？」

陳菲菲的貼文受到廣泛流傳，並引發了大量的媒體報導。周鴻禕起初予以回擊，指控是對手公司付錢請陳菲菲來詆毀他的產品，但陳菲菲堅稱她是出於自己的意志寫下該文章的。奇虎稱他們鼓勵所有的監視器擁有者，在公開直播畫面前都要取得顧客的同意，但爭議在一週之後仍持續延燒，於是該公司決定關閉平台。奇虎在一份聲明中指出，針對將監控和直播結合在同一個產品裡所造成的「社會大眾的誤會」，他們感到非常抱歉。

在接下來的幾個月裡，其他的平台也陸續關閉，而且是靜悄悄地關閉。當徐冰帶著《蜻蜓之眼》參加其他影展時，這個他曾經使用過、國家規模的攝影棚也終止了營運。

一如柯達照相機於十九世紀末為美國人帶來的影響，數位監控的爆炸增長，也提升了隱私在中國人心裡的重要性。到了隔年，也就是二〇一八年，百度執行長李彥宏在北京一場邀請制的科技業主管和官員聚會中提到，中國人對於分享個人資訊這件事的態度「相對開放」。「如果可以用隱私換取便利、安全或者效率，在很多的情況下，他們就願意這麼做。」他如此說道，並形容這種寬鬆的態度，就是中國科技公司的一個優勢。[5]隔天，李彥宏的說法在網路上引起了一陣

5 本書寫作時，李彥宏的這段說法，可以在騰訊視頻的網站上看到影片：https://v.qq.com/x/page/w0614r4qgvo.html。

熱議。

雖然有些人支持李彥宏的說法，但也有不少人感到非常憤怒，認為李彥宏「無恥」、「卑鄙」。就在百度重申會保護用戶的數據之後，網友也注意到百度在當年稍早，其實也曾被一個消費者團體提告——他們指控百度非法收集用戶數據，比如訊息內容和通訊錄等。

奇虎和百度的事件，讓中國境內四散各地，但醞釀已久的不滿情緒終於凝聚成形。多年以來，以個人資訊這種商品來說，中國都是個不受拘束的黑市，其中有不少資訊似乎就是從政府和企業的數據庫竊取出來的。二〇一六年五月，一位中國人權運動人士在推特上公布阿里巴巴創辦人馬雲和騰訊創辦人馬化騰的身分證字號、生日和住址，試圖藉此引起人們的關注。他在一次採訪中指出，他是在騰訊的通訊服務QQ上花費不到一百美元的價格，從一個掮客那裡購買到這些資訊的。「你不需要很好的駭客技巧，就能獲取很多東西，」他說。「你只需要花一點錢就夠了。」[6]有些網友將生活在這樣的環境之中稱為「裸奔」。[7]

到了二〇二〇年，根據一份廣州的報紙所進行的調查，有超過百分之六十的中國人認為中國的臉部辨識科技正在遭到濫用。[8]接受調查的兩萬人裡，有大約三分之一認為自己的隱私和財產，正在因為臉部數據的外洩和濫用而受損。這個結果，和前一年由北京一個團體進行的另一份規模較小的調查很不一樣——根據北京那份調查，有百分之六十至七十的中國人認為，臉部辨識技術讓他們的生活變得更安全、也更便利。[9]

若說中國隱私意識的崛起是出人意料的發展，那麼中國共產黨的回應也頗令人意外。雖然中共屏蔽了一些討論，但中國的領導階層並沒有使用過去他們面對公民運動的方式，來鎮壓這次關於隱私的討論，反而似乎還默許了這波浪潮。

過去每次爆發隱私爭議，中共控制的媒體都會進行反擊。然而當李彥宏關於中國網路用戶願意提供數據的評論在社群媒體上引起熱議時，國營的中央電視台也用嚴厲的語氣加入了論戰。「演算法和大數據就像水銀一般，正在流入每個領域，」中央電視台如此評論，並指出由於新聞應用程式和線上商店不斷追蹤每個人閱讀、購買的東西，用戶的隱私已遭到了侵害。「數據巨擘是否會吸光消費者的最後一點剩餘價值呢？」

就連臉部辨識技術也開始遭到猛烈的攻擊——至少在某些情況下確實如此。二〇二〇年底，一位杭州市民在法庭上告贏了杭州動物園，他提告的原因是動物園要求票券持有者提供臉部的生物識別掃描數據，而這場訴訟的結果，也獲得了國營媒體的廣泛報導。隔年三月，中央電視台在

---

6 Josh Chin, "Chinese Data Leaker Seeks to Expose Personal- Information Trade," *The Wall Street Journal*, May 13, 2016.

7 Li Yuan, "No Privacy: Chinese Feel They're 'Running Naked' Online," *The Wall Street Journal*, Mar. 10, 2017.

8 "Many Think Facial Recognition Technologies Are Being Abused: Survey," *Global Times*, Oct. 19, 2020.

9 〈人臉識別落地場景觀察報告（2019）〉，南都個人信息保護研究中心，二〇一九年十二月五日。截圖可在以下連結取得：http://www.cbdio.com/BigData/2020-01/07/content_6154002.htm。

一個收視率很高的消費者權益日特別節目中，點名並羞辱了美國的衛浴用品製造商「Kohler」和德國汽車製造商BMW，批評他們在展示間安裝了監視攝影機，並可能在沒有獲得訪客同意的情況下收集他們的臉部數據。

隨著臉部辨識科技持續受到批評，政府機關也開始採取行動。二〇二〇年末，杭州市政府起草了一份規章，禁止住宅區要求任何人在進入公共空間之前進行臉部掃描。隔年夏天，中國的最高法院公布了一份司法解釋，明定臉部資訊是個人資訊的一部分。最高人民法院指出，飯店、購物中心和其他商業設施在使用臉部識別技術之前，必須先取得顧客的同意，使用方式也有所限制。「要求強化對臉部資訊保護的呼聲不斷升高。」最高人民法院的副院長在發布規章的記者會上如此說道。[10]

這是怎麼一回事呢？中共雖然擁有至高權力，卻仍必須回應公眾輿論的變化，也愈來愈關切自己和中國科技巨頭之間的關係。這個回應過程起初來自立法部門。中國的立法者和法律學者於二〇〇三年開始討論國家層級的隱私法，不過這個倡議多年來一直沒有進展，中共領導階層對這個議題也不感興趣。然而這個倡議的進程卻在此時突然加速。二〇二二年習近平準備結束第二個五年任期時，中國已經擁有不只一部處理數據收集和數據安全的法律。

其中最重要的一部法律於二〇二一年秋季通過，內容是關於個人資訊的保護。這部法律借鑑了世界上最嚴格的數位隱私法律：歐盟的《一般資料保護規則》（General Data Protection Regulation）。該法規於二〇一六年通過時，引起矽谷公司的強烈反對，因為擔心法規可能會威脅到他們對大眾的資料收集。該法規要求網路公司，必須取得用戶對公司收集資訊行為的明確同意，而且也只能收集確實有需要的數據，並限制企業儲存個人資訊的時間，同時允許用戶查看、修正和刪除這些資訊。

中國版的隱私法也含有這些條款，但有個重要的面向和歐盟法規不同：他們對於國家可以查看的數據並沒有設下太多限制。中國的隱私法要求國家機關在收集數據時必須通知個人，並對數據的分享和使用設下限制，但政府機關為了回應緊急狀況、「或為了公共利益而採取其他行動」時所需的數據卻不受此限。中國的隱私法也明定，在有必要祕密行動的情況之下（這個範疇涵蓋的情況在中國包山包海），政府無須取得使用者同意，也無須遵循公開透明的原則。如果政府機關不當處理個人數據，該法律也允許公民控告政府機關，但在法院被執政黨控制的中國，這個限

10 Eva Dou, "China Built the World's Largest Facial Recognition System. Now, It's Getting Camera-Shy," *The Washington Post*, July 30, 2021.

制沒有太大的意義。

「說穿了，這部法律並不會改變中國的政治動態，」耶魯大學法律學院的中國法律專家潔米・賀詩禮（Jamie Horsley）說道。「他們想建立這些護欄，確認官員的行為合宜有效，並在這麼做的同時取得人民支持。但如果是和國家安全有關的議題，那麼狀況基本沒有改變。」

早在隱私法通過之前，中國政府便已實施了一系列法律，來確保網路巨頭會和中國共產黨共享訊息。關於反恐和網路安全的法律，要求企業必須主動協助警方，其中包括在任何可能「傷害國家安全」的情況下移交用戶數據，然而不論是在電子商務網站上購買炸彈原料，還是在社群媒體上批評政府、引起廣泛轉發，都適用於「傷害國家安全」這個刻意模糊的範疇。另一部同樣在二〇二一年通過的新的數據安全法律，則是根據顧客數據對國家利益的重要性來對其分類，任何洩露「核心」數據，或其他危害中國國家安全、主權或發展的數據的行為，都可能會面臨巨額罰款或刑事懲罰。

面對隱私保護的需求，中國的領導人採取了新的措施。他們會選擇性詮釋隱私的概念，並對其重新定義：它不再是一個抽象的個人權利，轉而和國家安全（以及中共本身的安全）的集體概念鍛接在一起。

這個策略對中國的領導階層來說並非沒有代價。限縮企業可以收集的數據量，終究也會限制政府可以取得的資料量。然而美國的安全分析師薩曼莎・霍夫曼指出，更嚴密的管控依然利大於弊。「私人企業現在掌握數據的方式，其實非常地不安全，」她說。「就隱私的角度來看，那除了讓個人蒙受風險之外，也讓國家暴露在風險之中。」她繼續分析，隱私法是在「解決真正的經濟問題，解決真正的科技問題，也在解決真正的治理問題，但這麼做最後也會帶來更多的控制。」

二〇一九年二月，一位網路安全的研究者也以醒目的方式，展示了中國共產黨的安全風險。這位研究者的名字是維克多．吉佛斯（Victor Gevers），他負責營運一個非營利組織，目的是幫助其他組織更妥善地保護數據。他的其中一個作法，是在網路上掃描搜尋未受保護的數據庫。吉佛斯在二〇一九年二月的一次掃描中，發現了一個屬於「深網視界」未受保護的中文數據庫。深網視界是一個由商湯科技和東方網力合資成立的公司，業務內容包括臉部辨識和群眾分析。

根據吉佛斯公開的截圖，深網視界的數據庫含有超過兩百五十萬人的詳細紀錄，比如姓名、地址、身分證字號、相片、出生日期，以及雇主的詳細資訊，而且記錄對象從九十五歲的老人，到只有九天大的嬰兒都有。他們幾乎所有人都住在新疆。[11]後來吉佛斯更深入地挖掘，發現那些數據還包含數百萬筆全球定位系統的座標，追蹤每個人過去二十四小時以來的移動軌跡，還附有

11 Victor Gevers (@0xDUDE), "Inside China's 'thought transformation' camps by @TheJohnSudworth of the @BBCNews," Twitter, June 21, 2019, 6:58 a.m., https://twitter.com/0xDUDE/status/1142024106109558784.

諸如「網咖」、「清真寺」這樣的地點標籤。[12]

他也發現該公司的網頁工程師，在很受歡迎的程式碼庫「GitHub」裡公開了程式碼，裡頭含有他們的電郵地址、證件和密碼，讓任何人都可以輕易控制該公司的監視攝影機。運作該系統的操作指南，也可以在GitHub上看到。「只要有那些被公開的機密資訊，你不需要任何技術上的知識，就能控制這些攝影機。」他如此寫道。深網視界後來悄悄地加強了數據庫的安全措施。雖然中共在新疆監控的內部詳細資料（這也是中國最機密的維安計畫之一）被呈現在世人眼前，但中國政府依然不置一詞。

除了改善治安之外，支持隱私權也給了中共一個重要的武器，來制衡中國網路巨頭的權力。雖然中共和阿里巴巴、騰訊這樣的企業緊密合作，但他們之間的關係卻愈來愈緊張。這些公司通常可以獲得赦免，逕自開啟新的事業（比如政府認為風險很大的借貸事業），而不用理會監管者。更重要的是，這些公司擁有的大量數據，也讓他們在許多社會和經濟的領域裡更能洞察時勢，但這種權力的不對等，卻讓北京的領導層內部非常不安。

即使二〇一八年發生了一次和信用數據有關的攤牌事件（本書曾在第五章討論過），這些公司也依然不願依照政府想要的方式共享數據，讓政府更感焦慮。中國警方和國家安全機構可以要求個人或小型團體提供數據，但這些公司不願讓政府大規模取得那些數據，然而這些數據對於中共想進行的全面分析和社會打造卻又非常重要。

他們之間的衝突在二〇二〇年十一月浮上檯面：當時螞蟻集團正準備在美國上市，預計將會成為史上規模最大的首次公開發行（IPO）。投資人當時已承購了該公司價值三百四十億美元的股份。然而習近平後來卻命令螞蟻集團取消上市，驚詫了所有人。這個取消的命令，除了有部分是因為馬雲當時曾在一場演講中表示自己並不在乎監管者之外，還有另一個原因：中國監管單位不久過後便開始施壓，要求阿里巴巴提供消費者的信用數據。[13]中國政府後來又對馬雲釋放了一個訊息要求他就範：他們破紀錄地對阿里巴巴開出了相當於二十八億美元的天價罰單，理由是該公司「濫用在市場上的支配地位」。

對螞蟻集團和阿里巴巴的攻擊，只是中國政府全面鎮壓科技產業的第一步而已。中共使用了反壟斷和隱私權的法規，對中國最強大的公司進行支配。Covid-19疫情重創全球商貿的一年過後，中國經濟也陷入了危機。但這並沒有阻止習近平繼續行動。儘管叫車服務、外送服務和社群媒體巨頭都是消費和就業的重要動力來源，但這些行業的商業行為（包括處理用戶數據的方式）卻開始受到嚴厲的監管。這些整改行動讓投資人陷入恐慌，導致中國科技行業的股票市值蒸發了

---

12 Zak Doffman, "Interview — Meet Victor Gevers, the Ethical Hacker Who Exposed 'BreedReady' and 'SenseNets,'" Forbes, Mar. 13, 2019.

13 Lingling Wei, "China Blocked Jack Ma's Ant IPO After Investigation Revealed Likely Beneficiaries," *The Wall Street Journal*, Feb. 16, 2021.

數千億美元，但中共的領導人仍面不改色。到了二〇二一年底，誰握有對中國數據的最終掌控權已經是個毫無懸念的問題。

👁

中國政府通過隱私法的當時，徐冰已經帶著《蜻蜓之眼》去過四十多場國際藝術節和影展，並獲得幾個獎項，比如盧卡諾影展的國際影評人協會獎。儘管做了些嘗試，徐冰並沒有從審查部門那邊取得在中國戲院公映這部電影的許可，但他依然在中國的幾個博物館或藝廊放映了這部片。

二〇二一年夏季，徐冰接受了我們的微信通話採訪，他在採訪中提到這部電影完成後不久，水滴直播和其他監控網站就遭到了關閉，同時也讚嘆自己的團隊非常幸運，「我們遇上了三年的空窗期，讓這樣的一部電影可以完成，我們碰巧抓住了這個機會。」

徐冰和中國的很多人一樣，都不太確定該如何理解中國這波對隱私權的爆炸性關注。他認為，儘管中共的審查制度非常嚴格，但這個現象有部分或許仍可以歸因於西方思想的影響。但他不認為中國人會改變想法，也不認為中國人會集結起來反抗數據收集的行為。

其中一個原因非常實際。「如果你不願意讓自己的數據被收集，那基本上你也沒法生活了，」

他說。「有些人在放映會上問我，『中國有什麼地方是我們的數據不會被收集的嗎？』我想過這個問題，結果還真的沒有，除非你願意躲進一個大桶子，把自己埋在接收不到手機訊號的地底深處。」

另一個原因則來自社會經濟層面。他依然認為，中國基本上只有受過良好教育的群體才會在乎隱私。「一、二線城市看待隱私的態度，和三、四線城市很不一樣，」他說。「中國有很多三線城市、四線城市。非常多。」關於隱私的討論，可能聽起來好像已經是個全國性的現象，但那只是因為第一線的中國城市對社群媒體上的辯論有更多影響力。這並不是說住在三、四線城市的中國人就不理解或不重視隱私，但經濟壓力會迫使那些人將注意力放在其他地方。

徐冰說，就算隱私的意識真的有擴散到全國各地，他認為那和西方的隱私概念依然很不一樣。在他看來，集體主義思想在中國的持續影響，會帶來一個很不一樣的隱私概念。他以跳舞和唱歌這類團體活動為例：他在美國期間很少看到這類活動出現在公眾視野裡，但在中國每座城市的幾乎每個公園裡，這些活動都是日常生活的一部分。「美國人基本上不太喜歡這樣的活動，」他說。「人們理解隱私的方式，無可避免會受到文化因素的影響。」

如果徐冰的說法正確，而近期發生的事件也能給我們一些指引，那麼中國人對隱私的概念，可能在一個面向上逐漸演變得和西方不太一樣——那便是隱私和政府之間的關係。在美國（整體來說整個西方世界也是如此），國家通常作為一個最主要的反派角色，在關於隱私保護的討論背景中若隱若現；而且西方人在面對政府這個壞蛋的質問時，一般也會直接拋出隱私權來回應，彷彿在對政府伸出言語上的中指一般。在中國，幾乎一切事物都能看見國家的影子，但中國人關於隱私的討論卻很少直接針對政府。不論是出於屈從、默許還是同意，多數中國人都不會否認政府對個人數據的所有權，儘管有些人可能會對於政府以外的行為者對自身隱私的侵犯感到憤怒。不過有鑑於隱私的可塑性，這種情形也可能會出現變化。不過以目前來說，中共已經找到了方法，讓中國版的隱私概念可以和監控行為相容不悖。

十一 全景監獄和波坦金式AI[1]

開啟中國的監控國家體制的其中一個關鍵概念，誕生在一七八四年的克里切夫（Krichev，位於今日的白俄羅斯東部）的一個農莊裡。這座農莊的主人是一位俄羅斯總督，名叫格里高利・波坦金（Grigory Potemkin），他在那一年雇用了一位善於發明的英國機械工程師，幫他管理他的

1 關於社會信用體系的背景資訊，我們主要仰賴參考的資料如下：一份與林鈞躍的長時間訪談；來自中國經濟信息網的國家規畫部門的資料；其他的外部研究，比如Martin Chorzempa, Paul Triolo, and Samm Sacks, "China's Social Credit System: A Mark of Progress or a Threat to Privacy?" Peterson Institute of International Economics, June 2018; Rogier Creemers, "China's Social Credit System: An Evolving Practice of Control," Institute for Area Studies, Leiden University, May 2018; "Understanding China's Social Credit System," Trivium China, Sept. 2019; Xin Dai, "Toward a Reputation State: The Social Credit System Project of China," Peking University Law School, June 2018; work by Samantha Hoffman at the Australian Strategic Policy Institute; and work by Yale University's Jeremy Daum。

工坊和船塢，這位工程師的名字是山繆・邊沁（Samuel Bentham）。由於凱薩琳大帝（Catherine the Great）當時正計劃巡視該地區，坡坦金給了山繆一筆無上限的預算，命令他改造農莊，讓農莊看起來像是一個高生產力的模範單位。

當山繆在思考如何實現波坦金異想天開的計畫時，他發展出了一個建築概念，可以改善工坊的管理，而這種管理方式本身便建立在欺騙之上。[2]這個建築計畫由一個環形建築物組成，圍繞著被稱為「督察員室」（Inspector's Lodge）的工作站，讓工人感覺自己隨時都在被監視著。後來山繆的哥哥傑瑞米（Jeremy Bentham）偷走了山繆的這個發明——作為一位社會理論家的傑瑞米，後來挪用了這個概念，設計出一種新的環狀監獄，帶有隱藏的監控走廊，可以讓三名警衛監視整整六層樓的囚犯。[3]他把這種設計稱為「全景監獄」（Panopticon）。

在關於監控的研究中，傑瑞米・邊沁的環狀監獄就是最重要的隱喻。全景監獄的意象，在俄羅斯作家薩米爾欽（Zamyatin）的著作《我們》，以及喬治・歐威爾的《一九八四》的電影版之中，都占有非常核心的地位。這個概念，為都市計畫、大眾媒體和工人剝削等議題，都提供了批判的框架。這個概念也有助於解釋中國的監控國家如何奏效，儘管中國的監控國家在很大程度上都是個目標宏大，有時甚至有點虛幻的計畫。

「全景監獄」這個字源自希臘文的「*panoptes*」，也就是「看得見一切」（all-seeing）的意思。不過監獄裡的警衛，其實不會看到（也無法看到）他們被分配到的兩層樓裡的所有動態。但這便是這個設計的一部分。「不論在什麼時候，囚犯都不能知道自己是否正在被監視，但他必須確信自己可能隨時都在被監視。」法國哲學家傅柯（Michel Foucault）如此解釋——他曾知名地引用邊沁的設計，來解釋規訓和懲罰在維持社會秩序中的角色。在傅柯看來，這種不斷覺得被監視的感受，就是一種「心靈訓練」的形式，可以很有效率地塑造人們的行為。

中國的數位監視網絡本身也經常被形容成「看得見一切」。毫無疑問地，和此前曾經存在的任何國家監控網絡相比，中國的網絡確實看得到更多東西。然而這個網絡依然布滿盲點。絕大多數的中國人仍可以在自己的家裡，找到中共無法看到的地方，即使是那些曾短暫將個人監視器畫面放到水滴直播上的人也是如此。廣闊的公共空間，同樣也落在政府的視野之外，不論是出於遺漏、政府不感興趣，抑或只是因為監視器壞掉了。中國的網路空間裡也存在這種缺口，原因可能來自資料遺失或損壞，以及資料庫的混亂和無法相容。

如果中國真有一個地方，是幾乎可以用「看得見一切」這種說法來形容的話，那絕對非新

---

2 Philip Steadman, "Samuel Bentham's Panopticon," *Journal of Bentham Studies* 14, no. 1 (2012): 1–30.

3 完整的描述如下：「邊沁建立了一個原則，亦即權力應該是可見，但無法證實是否存在的。可見的意思是：囚犯會不斷看到中央高塔的輪廓，而警衛就會在高塔裡監視他們。無法證實是否存在的意思則是：囚犯無法知道此時此刻自己是否真的在被監視著，但必須讓囚犯相信，他可能一直都在被監視著。」Michel Foucault, *Discipline and Punish: The Birth of the Prison*, trans. Alan Sheridan (New York: Vintage, 1977), 195。

疆莫屬。那裡的維安單位具備歷練許久的能力，可以窺看維吾爾人生活的方方面面——中國共產黨甚至宣稱，他們能窺看維吾爾人的未來。但從我們二〇一七、一八年的採訪之旅來看，即使是在新疆，中共也仍未達到全知狀態。那裡就像一艘在淺水翻覆的小船一樣，船身還藏著一丁點空氣，能讓人逃離國家窒人的監控措施，儘管只是偶爾如此。自用小客車、偏遠的沙漠，以及擁擠的市場裡，某種程度上都提供了些許空間，能讓人們坦誠直言，交換一些政府不希望流通的訊息。就算使用中國最好的監控系統，要不斷追蹤散布各地的一千五百萬少數民族人口終究是非常困難的。

在新疆，監控系統至少還是能運作的。但中國的其他地方就沒這麼容易了，維安單位必須追蹤的人口數更多，而居民的分布範圍也更廣。我們有幾次在國營媒體上讀到一些沉悶的報導，講述監控系統的過人事蹟，但我們去到了現場才發現，那些報導的細節或者經過了美化誇大，或者根本就是杜撰出來的。

這種令人失望的表現並不讓人意外，這就是中國政治體系常見的結果。早在毛澤東的年代，中國的領導階層就會將珍貴資源，投入有如波坦金村一般的建設，比如在塵土漫天的內陸省分山西，就有大寨的公社——這些樣板被用來呈現出北京希望達成的政策成果，但那些政策未必真的實現。在改革的年代裡，中共則採用了相對自下而上的決策過程，但從未完全放棄對中央計畫的喜好。由此，對於任何一個官員來說，通往升遷的最安全途徑，就是極度熱心地回應來自北京的命令。當北京的命令，是不計一切代價追求GDP成長時，地方政府就會前仆後繼地興建那些倉促規劃的大橋和住宅大樓——這些建設後來有些也失敗了。當習近平下令擁抱大數據和人工智慧，來改善管理中國的方式時，基層官員無可避免也會跳入數位監控的計畫之中，不斷熱中於造假，直到把東西真的做出來為止。

提到數位監控，中國官員已經能在美國矽谷找到效法的對象。美國科技公司非常流行使用演算法的花招，許多公司都是透過畫出技術大餅來獲取第一筆創投資金，而這些技術在提出的當時幾乎都還只存在於概念上。研究科技的賈譚・薩多夫斯基（Jathan Sadowski）仿效那些奉承凱薩琳大帝的人，創造了「波坦金式AI」這種說法，用來形容那些狡詐的產品。他以臉書於二〇一五年短暫引入的虛擬助理「M」為例，這個虛擬助理程式，看起來似乎比競爭對手蘋果的Siri還更加好用，但後來人們發現，M在人工智慧無法解決的問題時，依然需要大量的人力才能運作。薩多夫斯基寫道，波坦金建造的是虛有其表的建築外牆，而矽谷的行銷人員用的則是一些科技業的行話，「彷彿它們是魔術師的咒語：智能！智慧！自動化！認知運算！深度學習！唵嘛呢叭咪吽！霹靂卡霹靂拉拉！」[4]被行話魅惑的觀眾們，則是聽得一頭霧水。

在某個意義上，對中國的領導階層來說，國家監控的數位化是個很好的嘗試。北京的社會工

4 Jathan Sadowski, "Potemkin AI," *Real Life*, Aug. 6, 2018.

程師可以推銷詳盡的計畫，使用最先進的技術讓中共對國家的掌控做到盡善盡美，而不需擔心失敗。因為監控國家除了是個基礎設施計畫之外，也是一場政治宣傳的運動——假造就是這個計畫的其中一個特徵。監獄裡的囚犯，只要相信自己正在被監視就可以了。

這個動態對於理解中國的監控國家體制非常重要，也有助於我們解開，中國其中一個罕見廣受西方好評的監控計畫的謎團。

二〇一五年秋季，美國公民自由聯盟（American Civil Liberties Union）發布了一篇網誌提醒，中國這個世界上人口最多的國家，正在出現一個可怕的現象。「中國似乎正在利用資訊時代的所有工具，比如電子購物數據、社群網路、演算法排序，來打造一個對社會進行控制的終極工具。」這篇貼文如此說道。這個工具就是「社會信用體系」。這篇貼文還說，和美國特別關注財務資訊的信用體系不同，中國的社會信用體系有部分會根據某個人順從政府的程度、嗜好、生活方式，以及朋友的行為，來計算某個人的信用分數。[5]

外國媒體開始大量報導這個制度，而這個很少有人預料到的歐威爾式新發展，令全球各地驚嘆不已。很多初期的報導後來都被證實存在錯誤，但在某個意義上也很具啟發性。

社會信用體系的根源，可以追溯到中國政府於二〇〇〇年代初進行的一些計畫，當時他們正在仿效西方國家的消費者信用體系。這個計畫由時任總理朱鎔基推動。根據國營媒體的說法，深圳一個益智玩具工廠的老闆，當時為了對付仿冒者而焦頭爛額，於是他寫了一封信給朱鎔基，而朱鎔基在收到信之後便對信用體系愈來愈感興趣。據說這個玩具廠商在寫下這封信之前曾去過美國，他告訴朱鎔基，如果中國能打造美式的體制來保護智慧財產權，並對信用進行評分的話，「它可對我國的實業界能否形成新的經濟成長點起不可估量的作用。」[6]朱鎔基於是立刻召集了一群專家，派他們到國外考察，學習世界各地的信用體系。

朱鎔基初期找來帶領這個計畫的其中一位專家名叫林鈞躍，他曾在美國受過教育，是中國社會科學院一位研究信用體系的專家。林鈞躍在獲得朱鎔基同意後便飛往美國，與加州、馬里蘭州和紐約州的財務信用評級公司會面。然而他回到中國後，卻不太確定可以怎麼做。「美國花了一百五十年才建立起信用體系，」接受我們採訪時，他如此回憶道。「我們卻打算在很短的時間之內想出一個計畫，打造出一樣的體系。」

收集數據最古老的其中一個功能，就是以此判斷一個人或一個組織的財務信用狀況：它根據

5 Jay Stanley, "China's Nightmarish Citizen Scores Are a Warning for Americans," *American Civil Liberties Union*, Oct. 5, 2015.

6 〈中國信用體系建設第一人〉，《深圳特區報》，二〇一二年九月九日。

信用狀況，將社會上的每個人分為幾個類別。研究監控的學者將這個過程稱為「分類」（sorting）。在資本主義國家裡，擁有資本的人有強烈的誘因去根據潛在借貸者的還債能力，來對人們進行分類。在一九五〇年代，美國專門進行信用評級的機構會大量爬梳報紙，藉此將「生活方式」的資訊納入個人的信用檔案裡，比如飲酒習慣和性取向，而這也喚醒了沉寂已久的隱私維護運動。[7]費埃哲公司（Fair Isaac Corporation）於一九八〇年代創建的費埃哲分數制度（FICO score），則將分類的效率提升到了全新高度，讓美國人的財務狀況開始被化約成一個三位數的數字。

模仿美國的系統已經夠不容易了，但林鈞躍接下的任務很快就會變得更加困難。二〇一一年十月，也就是習近平預定掌權的一年前，中共的高級官員在北京開會討論國家的發展方向。他們判斷，當前的情勢並不樂觀。歷經數十年的高速成長之後，中國社會開始出現對政府的譏諷和不滿情緒。在這場會議的幾年前，中國才發生了一系列毒奶粉事件，遭到工業用三聚氰胺污染的奶粉一共造成六名孩童死亡，並導致多達三十萬名孩童生病。那年夏天也剛發生了溫州動車事故，許多人都指控政府試圖掩蓋事故，而這起事件也成為一個隱喻，反映了中國不計人命成本、只求發展的狀況。

面對這一系列道德和政治危機，中共領導人決定擴張社會信用體系。根據該會議的官方紀錄，新的目標是「建立並完善能覆蓋整個社會的信用體系」。[8]

根據林鈞躍的說法，中共依然想要一個可以刺激經濟增長的財務信用體系，但他們加上了另一個更具野心的目標：重建毛澤東死後崩潰的道德體系。「中國沒有教會體系可以維繫道德。光靠教育是不夠的。光是教育人民，說『你應該這樣做』，或說『這樣是不道德的』，不可能會有什麼成效，」他如此說道。使用社會信用這種機制，可以實際對個人進行獎賞和懲罰，「讓道德體系的建構過程變得更有效率。」這等於是用商業領域的方法來管理社會，畢竟賺錢已經成為最後一個能將所有人結合起來的目標。

在毛澤東掌權的時代裡，中國共產黨彙編居民的個人祕密檔案，迫使城鎮地區的居民聽話行事。這些檔案包含每個人的家庭背景、教育程度、政治活動、工作履歷，以及個人的功過紀錄。在改革開放前的年代裡，住房和工作是由國家分配的，因此檔案擁有非常可怕的力量，可以決定一個人一生的道路。（一位知名的西藏詩人曾回憶，她覺得自己的檔案是「某個看不見的怪獸，正在悄悄跟蹤你」。[9]）隨著毛澤東過世、中國的經濟逐漸開放，大多數中國人也不再依賴

---

7 Malgorzata Wozniacka and Snigdha Sen, "Credit Scores — What You Should Know About Your Own," *Frontline*, PBS, Nov. 23, 2004.

8 關於該會議的決議，英文版的完整紀錄可參見"Central Committee of the Chinese Communist Party Decision Concerning Deepening Cultural Structural Reform," *China Copyright and Media* blog, Oct. 18, 2011, updated Feb. 26, 2014, https://chinacopyrightandmedia.wordpress.com/2011/10/18 /central-committee-of-the-chinese-communist-party-decision-concerning-deepening-cultural-structural-reform/.

9 Andrew Jacobs, "A Rare Look into One's Life on File in China," *The New York Times*, Mar. 15, 2015.

政府提供糧食和住房，檔案系統便失去了原有的力量。但中共想透過社會信用來重振這個制度。

中國的國務院於二〇一四年六月十四日公布社會信用體系的發展藍圖。一如大多數中國政府的計畫，這份文件非常厚重。但如果你願意花好幾個小時閱讀那些晦澀難懂的公文用語，這份文件其實揭示了一個宏大的願景，沒有哪個國家的政府曾經做過類似的嘗試。

令人有些意外的是，這份文件的開頭頗為坦率，直白地指出中國經濟和社會缺乏誠信，並警告如果不妥善處理這個問題，可能會為中國的前景帶來不良的影響。該計畫稱，為了提供大量誘因，引導人們誠信行事，社會信用體系有必要觸及各個領域。這份文件提供了一長串的名單，舉凡出口貿易、展覽、醫療、文化、教育、體育、科學研究和股票交易、刑事起訴和法律辯護、污染管控、公共安全、智慧財產權保護、觀光、媒體、保險銷售，甚至還有動物醫療，都在社會信用體系觸及的範圍內。根據該計畫，社會信用體系的目的是「讓有信用的人暢行無阻，讓沒信用的人寸步難行。」

為了達到這個目的，政府需要收集、組織並分析規模空前的數據。就此而言，這個計畫的野心非常大，企圖創造一個可以「涵蓋所有資訊主題、所有信用資訊類別，和全國所有地區」的網絡，而初階的基礎設施將在二〇二〇年之前建置到位。

這個計畫迎來了第一波西方媒體的大量報導，而中國的國營媒體也為這個話題添加了薪柴。從二〇一六至二〇一七年間，中國各大城市由中共控制的報紙，都刊出了幾篇描述社會不良趨勢的報導，比如不良的駕駛行為和違反計劃生育政策等，而在每個案例裡，他們都會用社會信用紀錄扣分的方式來恐嚇違規者。杭州的地鐵單位便曾警告乘客，逃票會對個人的社會信用造成負面的影響。國營的中國國際廣播電台也曾在二〇一六年製作關於建置社會信用體系的報導，並在網站刊登了一張照片，照片裡的背景是位於內陸的太原市，一個電子看板上正展示著某個信用紀錄不良者的照片和資訊。

對林鈞躍來說，他將社會信用制度定調為一個由科技驅動的替代方案，用來取代中國積病沉痾的法律體系。他說，法院程序又慢又麻煩，導致人們不喜歡走訴訟途徑。「有了社會信用體系之後，這個制度就能在每個公司或家戶的任何角落持續記錄數據，」他在二〇一六年如此告訴我們。「如果你表現良好，就會獲得獎賞。但如果你做了壞事，就算沒有違法，也都還是會收到警告……這是個很好的服務。」

然而隨著研究者和記者深入挖掘，人們也開始發現，社會信用體系並沒有像一開始的報導那樣成為演算法控管的巔峰。美國公民自由聯盟和幾個媒體，曾將它和芝麻信用（也就是馬雲的螞蟻集團所創造的純商用、由人工智慧驅動的系統，會根據使用者在阿里巴巴電子商務平台上的行為來打分數）混淆在了一起。儘管中國的媒體曾經如此暗示，而外國專家也有過類似的猜測，但中國政府的系統並沒有試圖打造出一個統一的、全國性的分數體系，將所有國民都含括進去。地方政府的計畫，則經常遇到法律和技術上的障礙，人們甚至會懷疑，這些計畫是否真的是用演算法來運作的。我們也試圖研究社會信用體系究竟是如何運作的，最後卻發現這個體系反映出中共打造社會的能力其實相當有限，但他們非常善於使用政治宣傳來掩蓋國家機器的無能顢頇。

我們於二〇一六年的春末，拜訪了法律學者莊道鶴位於杭州市區凌亂的辦公室，就此踏上探索社會信用體系的旅程。我們那時去了幾個位於中國東部的城市，這些城市當時都在宣傳自己推出的社會信用體系，而杭州就是其中之一。我們想知道，這些城市的居民是否真的像某些報導所說的那樣，會因為政治活動而受到懲罰、信用評級遭到扣分。

莊道鶴是個虔誠的基督徒，他念大學的時候參與過一九八九年的民主運動；他大部分的職涯都在浙江大學教法律，期間一直對人權議題很感興趣。他曾參與《零八憲章》的連署，這個爆炸性的宣言要求獨立的司法體系、結社自由，以及一個多黨制的政治體系。中國政府拒絕對他發放律師執照，但他仍以法律「顧問」為副業，為客戶提供法律諮詢。我們認為他應該會知道哪裡可以找到信用紀錄不良、對體制不滿的地方人士。

莊道鶴來應門時，脖子上戴著一個項鍊，上頭掛著一個十字架形狀的紅色USB裝置。他的身材有些粗壯、生性好客，髮線偏高的額頭上留著向後梳的黑髮，讓他看起來和毛澤東有些神似。他說他沒有聽過社會信用，但聽完我們的描述之後，便走到辦公室角落裡的一個檔案櫃裡翻找資料。幾分鐘過後，他拿來一疊影印的法律文件，放在會議桌上。「我不知道這是不是你在找的東西，」莊道鶴說道。「但似乎有些關聯。」

這份文件裡的案件，是當地一個被法院認定違約、被列入「失信者」名單的旅行社業者。根據莊道鶴的說法，這名業者和他的妻子，幾年前曾在一個住商混合建築物裡租用一個小型的零售空間，後來卻和房東發生糾紛。這對夫妻將空間轉租給一個朋友，而那個朋友又將空間轉租給了一個外地人經營麵店。然而一旁的住戶對麵店的噪音和氣味怨聲載道，房東也收到了大量投訴，於是便對這個旅行社業者提告，指控他們違反租約。旅行社業者同意終止租約，並支付租約到期前的應付租金，但那名麵店老闆卻不願搬離。幾個月過後，這名旅行社業者得知自己被出現在黑名單上，理由是他沒有履行法院的裁決結果。

這個黑名單制度，是中國最高法院於二〇一三年創建的，目的是為了協助基層法院執行判決結果。未履行法院判決的當事人除了名字會被公布在法院網站上，財產也會遭到凍結，並被禁止貸款。一段時間過後，懲罰方式又增加了禁止乘坐飛機、高鐵和下榻高級旅館。

事後證明，這個黑名單制度雖然存在缺陷，但仍為社會信用體系的一個核心問題提供了重要的解決方案——這個問題便是，我們該如何以經得起質疑的方式，對不良的行為進行測量和懲罰呢？換作財務信用體系，事情倒還相對單純，因為不論是行為、獎賞和懲罰，一切都是由數字定義的。如果數字顯示你有延遲還款的不良紀錄，那麼你的信用分數便會下降，借貸的利率也會上升。然而如果當事人的行為和懲罰不再只屬於數字的範疇，那麼這種計算就會變得複雜許多。溫州市社會信用辦公室的一名官員也曾誇耀他們建立的系統，能讓所有人查詢自己的商業合作伙伴是否擁有財務警訊，但他們擱置了追蹤其他類型的行為的計畫，也沒有開發出評分系統。「那太複雜了，風險很大。」這位官員說道。

這個風險來自法律層面。由於中國至今仍未制定專法來授權這種作法，因此沒有人想要冒險創造評級系統來懲罰不良行為。江蘇省睢寧縣曾在二〇一〇年進行過一場實驗，以一個滿分為一千分的評分系統對居民進行評級，分數較高的人可以獲得一些優惠（比如更好的工作機會），而分數較低的人在申請社會福利和營業執照時，則必須通過更嚴格的審查。這個措施引來了公眾和國營媒體的猛烈批評，很快就不再執行。針對社會信用體系為政府提供諮詢的數據科學家和法律專家，則是對評分機制提出了質疑，認為就算有新科技和政府已經掌握的數據，要公平計算分數依然非常困難。

這些黑名單的目的是懲罰違反現存法規的人，並提供一個替代途徑，讓政府可以塑造居民的行為（不過中國政府原本就有其他的政策，可以用來塑造居民的行為，而且那些政策都已經有法律基礎，因此也比可能引發社會批評的評分系統更容易實施）。在社會信用的計畫下，其他政府部門也被鼓勵模仿法院的做法。生態環境部便為製造污染的企業製作了一份黑名單。國家互聯網信息辦公室則針對在網上張貼違反「社會風俗、商業道德、誠信和正直」的訊息的網民，建立了另一份黑名單。騷擾空服員或嘗試打開逃生門（這種事件在中國不算罕見）的飛機乘客，則會被民航監管單位列入拒載名單。

這些黑名單會在一個「統一獎懲」系統之中相互連結，出現在某個名單裡的名字也會被列入其他名單。這代表在網路上滋事的人，不只會被網路監管單位限制上網，還可能會被金融監管單位禁止借貸。羞辱也是這個制度的一部分。某些城市的電信業者甚至還有這樣的做法：如果你撥了電話給黑名單裡的人，便會在接通前聽到警告訊息，告訴你即將通話的對象不值得信任。

黑名單也在商業領域被廣泛應用，而這也可能是社會信用體系運作最成功的領域。中國的公司和其他地方一樣，都受到鬆緊不一的大量法規監管。被列入黑名單的風險，已被證明是最有效的工具，可以讓企業遵守他們過去忽視、連看都不看一眼的法律條文。

不過黑名單制度應用在個人身上的成效就沒那麼明確了。由於黑名單建立在法律系統之上，因此無法像林鈞躍預期的那樣能快速做出回應。一如那名旅行社業者的發現，被列入黑名單的過程也可能是反覆多變的：二〇一五年，他在訂購一張前往廣州的機票時遭到了拒絕。此外，他也被禁止購買高鐵車票，同時也不能陪著自己的旅行團上郵輪。「這個人經營的是旅行社耶。現在他不能上飛機，也不能搭高鐵。這不荒謬極了嗎？」莊道鶴說道。後來他們發現，他的當事人之所以會出現在黑名單上，是因為那名房東對法院提出申訴，要求旅行社業者除了必須支付剩餘的租金之外，還必須趕走那名麵店老闆。莊道鶴認為，將麵店老闆趕走應該是房東自己的責任，但他的說法並沒有獲得採納。

我們到訪幾個月後，杭州舉辦了G20的高峰會——這是一個每年都會舉辦的聚會，由世界上最大經濟體的領袖出席參加。出於維安考量，警察趕走了在杭州做生意的外地人，而那名麵店老闆也因此被迫離開，不過在此之後，那位旅行社業者的名字便突然從黑名單中消失了。可惜這個改變依然來得太遲：那位旅行社業者因為這個禁令，終究無法搭上前往美國的班機，因而錯過了女兒的大學畢業典禮。

出人意料的是，莊道鶴自己在幾年過後，也成了中國變幻無常的社會信用體系的受害者。他的經歷彰顯了社會信用體系的另外兩個巨大缺陷：這些系統的數據存儲非常破碎，運作過程也不甚透明，讓人很難提出申訴。

二〇一九年，杭州明暘機械公司（Hangzhou Mingyang Steel Machine Co.）這個專營液壓打樁錘的公司告訴莊道鶴，他們希望聘請他為法務主管。多年以來，莊道鶴都為該公司提供法律諮詢，但由於他沒有律師執照，因此無法在法庭上為他們辯護。但如果他能成為公司的法務主管，至少就能以公司法務代表的身分出現在法庭裡。

莊道鶴接下了這個邀約，然而當明暘在當地的市場監管單位網站上，準備登記莊道鶴的新職稱時，一個警告視窗卻突然彈了出來：「莊道鶴有信用問題！」於是明暘打了通電話給監管單位，得知莊道鶴被列入了不得擔任法務代表的黑名單裡，因為他之前曾為當地另一個公司擔任代表，但該公司已在二〇一一年被吊銷營業執照。

莊道鶴不知道監管單位說的是哪一家公司。他後來接觸的監管單位職員，也無法在紀錄中找到那間公司的名字，更無法解釋為何八年過去了，他依然在黑名單上（依照規定，個人被列入黑名單三年之後就會除名）。

莊道鶴想知道自己的信用紀錄為何出現瑕疵，於是對市場監管機關的多個單位提出了政府公開信息的申請。那些單位告訴他，他確實被列入了黑名單裡，但沒有人知道那家營業執照被吊銷的公司到底叫什麼名字。有名官員甚至曾打電話給莊道鶴，問他知不知道那間公司的名字。

莊道鶴的處境凸顯了一個讓中國官僚體系非常頭痛的問題。中國共產黨或許控制了大量關於社會和經濟的資訊，但似乎地方官員通常無法獲取這些資訊。這個問題，有很大一部分源於組織架構：大多數政府資料都散布在數以千計的政府單位裡，各個單位的官員和電腦系統未必會和彼此連結——工程師一般會把這種現象稱為「數據孤島」（data islands）。

社會信用計畫的其中一個優先目標，就是要解決這個問題。中央和地方政府開始將這些孤島連結起來，並將散布各處的數據送到單一的信用平台。理論上，地方的警察、法院、稅務單位、公民事務辦公室、衛生和計劃生育局和其他機構，都會將地方居民的紀錄傳到主資料庫裡。那些資料接著會被放入每個公民的社會信用檔案裡，讓需要看見這些資料的官員（比如杭州的市場監管局）可以取用。然而一直到這個計畫公布五年之後（也就是距離國家級社會信用平台原訂建置完成的時間只剩下一年時），光是想取得最基本的資訊都依然困難重重。

失望的莊道鶴決定控告監管單位，要求政府承認他被列入黑名單一事純屬烏龍，並向他道歉。幾天過後，監管單位的區級辦公室寄來了一封信，告訴他監管單位已經提出了申請，準備清除他不良的信用紀錄。幾天過後，莊道鶴就可以親自申請加入明暘、成為該公司的法務主管。市級辦公室的官員還帶了一籃水果登門道歉，請求他撤回訴訟，而他後來也欣然答應。但他依然不知道自己的名字為何會出現在黑名單上。

除了社會信用體系之外，中國還有其他的例子，可以反映出中國監控國家體制的「重看不重用」。

二〇一七年，《華爾街日報》派了幾位記者前去楓橋——這座位於浙江省的小鎮，當時被指定為「平安浙江」的試點區域。「平安浙江」是一款手機應用程式，居民可以透過這款程式，將地方上的疑難雜症通報給省級單位，藉此換取一些獎勵，比如當地商店的優惠券等。楓橋之所以會被選為試點區域，和那裡的政治史有些關係。這個小鎮曾在一九六〇年代聲名大噪——那裡的官員當時動員居民，剷除、「教化」了當地地主和其他階級敵人，因而獲得了毛澤東的讚賞。二〇〇三年，習近平在還是省級官員的時候，曾表達自己非常欣賞「楓橋的經驗」。習近平成為全國的領導人之後，政府也開始嘗試以數位的形式重建「楓橋經驗」。

儘管「平安浙江」在媒體上熱議了好幾個月，但《華爾街日報》的記者發現，楓橋當地幾乎沒有人聽過這款應用程式。不過這個現象，看起來至少有部分是地方官僚刻意造成的結果。楓橋附近一個村子的黨書記透露，他告訴村民不要使用這款應用程式，而是直接將問題通報給他，好讓他可以決定向上匯報哪些問題。這名黨書記王海軍（音譯）解釋道，每年年底省級單位都會根據地方官員解決的問題數量，來評斷地方官員的工作表現。「如果我們幾乎每天都在通報問題，那就達不到上面要求的標準了。[10]」他說。

我們也曾在二〇一九年夏季遇過類似的情況：當時我們去了一趟金岫，那裡由幾個住宅區組

---

10 Jeremy Page and Eva Dou, "In Sign of Resistance, Chinese Balk at Using Apps to Snitch on Neighbors," *The Wall Street Journal*, Dec. 29, 2017.

成，周圍是一派鄉村風光，距離杭州大約一小時的車程。當地媒體形容那裡是「智能維安」的模範：臉部辨識系統在一年之內，就協助找到了十多個走失兒童和老年人。[11] AI技術被用來尋找失蹤或被拐兒童的故事，在當時經常是中國科技新聞的報導主題。雖然中國於二〇一五年放寬了一胎化政策，但人們對誘拐孩童的恐懼並沒有消失。可以用來找尋失蹤兒女的科技（有時甚至是在失蹤幾十年之後找到）確實是個非常吸睛的報導主題，可以引來大量的流量。

我們抵達金岫後，在村子的主要入口處發現了一個看起來有點恐怖的監視系統。任何人想進出村子，就必須先經過好幾個監視器，和一排臉部掃描機器。然而我們在村裡採訪到的居民，卻沒人聽說過攝影機可以被用來追蹤失蹤人口。在金岫居委會工作的職員告訴我們，他的一個同事曾經假扮成一位母親，對外宣稱自己走失的孩子是透過臉部辨識系統找到的。「但那只是為了拍一部宣傳影片而已。」該名主管說道。這部影片後來在村裡警察局的大螢幕上不斷播放。當我們拜訪負責管轄金岫地區的警察局、詢問關於那篇報導的問題時，一位高階警官堅稱那篇報導的內容是真的，卻不願多做說明。

和楓橋、金岫的計畫相比，社會信用體系則似乎更加真實。國務院原訂在二〇二〇年完成初階的社會信用基礎設施，而在這個期限的一年過後，從中國中央銀行的資料來看，該系統已涵蓋了十一億人和超過六千萬個企業及組織。其對企業行為的規範效果，已經具體到足夠催生出「社會信用顧問」這個新興產業，協助企業將自己從各個監管單位的黑名單中剔除。

然而這個體系對個人的影響則不那麼明確。二〇一九年，中國政府宣布他們已阻擋信用不良者購買機票、高鐵票超過三千萬次，而被列入黑名單的壓力，也讓超過四百萬人「主動」完成法律義務。[12]然而更新的資料太過分散，很難進行分析。政府研究人員於二〇二〇年底公布的一份評估便抱怨，地方政府在社會信用體系的建構上各自為政，有些使用字母級別來評斷個人行為，有些使用數字，有些則是根本沒有評分。該研究亦提及，各地區用來鼓勵社會信用、懲罰不良行為，甚至評斷行為好壞的方式，也都各不相同。「建立一個成功的社會信用體系，並非一蹴可幾的事情。」他們黯淡地如此作結。

被中國共產黨控制的媒體則給出了一個比較明確的展望。雖然官方報紙和電視台有時會承認這個體系的缺陷，但基本上仍持續在為社會信用進行宣傳，不斷報導哪些新的不良行為被納入了社會信用體系。到了二〇二一年，這些不良行為包括闖紅燈、逃地鐵票、超額生育、詐取社會福利、考試作弊、學術剽竊、不讓孩子上學、不願當兵、在體育賽事中使用禁藥、治療結束後拒絕離院、在高鐵上占用他人座位，以及不夠孝順等。這些報導提供了一個有趣的視角，能讓我們窺見中共心目中最困擾中國社會的問題有哪些，同時也反映了中共如何想透過該體系給人一種全能

11　其中一個例子可參見〈餘杭公安融合智慧平台實現社區警務新突破〉，《餘杭晨報》，二〇一九年三月十九日。

12　劉園園，〈2682萬人次因失信被限制乘機〉，《科技日報》，二〇一九年七月十七日。

的印象，儘管這種印象未必是事實。

林鈞躍曾在二〇二〇年一部關於監控的法國紀錄片中接受採訪，他在採訪中便再次強調了這種訊息。他將社會信用體系形容為一個「既成事實」（fait accompli），並宣稱想將這種體系推廣到資本主義國家。「我認為法國應該趕快採用我們的社會信用體系，來處理出現在法國的社會運動，」在此，他指的是二〇一八年至一九年間，席捲巴黎和法國其他城市、帶有民粹色彩的黃背心運動（Yellow Vest protests）。「如果你們有社會信用體系，黃背心運動根本就不會出現。你早在他們行動之前就會偵測到了。你可以預知、預防這些事件。」[13]

但社會信用體系最終能否克服技術、官僚和法律上的障礙，取得林鈞躍所稱的強大力量，可能並不是那麼重要。對中國共產黨來說，更重要的是能否說服人民，讓人民相信政府已經擁有這個力量了。如果他們能做到這點，社會信用體系就能成為傅柯所說的「心靈訓練招數」的完美版本。這個完美的版本，不同於監視攝影機、智慧型手機掃描器或監獄建築，不會受到實體的限制，而會是一個更強大的東西：不論人們去到哪裡，這個監控的**概念**都將隨時潛伏在人們的心裡，迫使他們按照規矩行事，彷彿隨時都有人在監視、評斷他們一般。

林鈞躍接受採訪的當時，中國共產黨是否能透過社會信用體系把整個中國打造成一個全景監獄，還是個很難判斷的問題。根據我們於二〇一八年進行的調查，大多數中國人都聽過螞蟻金融的芝麻信用，但不見得聽過政府的社會信用體系。[14]這份調查也發現，少數知道政府信用體系的人，多數都對其表達支持。中國政府一直要到二〇一九年，才開始認真宣傳社會信用體系。不幸的是，我們至今仍幾乎沒有可信賴的調查數據，能讓我們判斷社會信用體系在中國是否真的深入人心。

時序進入二〇二〇年之後，中國共產黨仍在不斷宣傳這個體系，顯示他們決意要持續嘗試下去，但當時中國的國營媒體，很快就要開始忙於另一個對監控國家體制具有深刻意義的事件。

---

13 *Tous Surveillés: 7 Milliards de Suspects*, directed by Ludovic Gaillard and Sylvain Louvet, CAPA Presse, 2020, https://www.youtube.com/watch?v=jPDoi6U4vwU&t=5s.

14 Genia Kostka, "China's Social Credit Systems and Public Opinion: Explaining High Levels of Approval." New Media and Society 21, no. 7 (2019): 1565–93.

十二 傳染

當公衛專家團隊聚集在武漢，研究一個新型冠狀病毒在當地居民之間傳播的報告時，薇薇安・徐（Vivian Xu，音譯）正在以時速一百九十多公里的速度向東，離開了這座城市。

第一通電話在兩週之後打來。

當時的薇薇安在武漢以東八百多公里的港口城市溫州近郊探望她母親，春節假期即將結束。前一晚，她和母親蜷在沙發上追一部台灣的愛情連續劇。她的電話鈴聲在早上九點響了起來，當時二十七歲的薇薇安才剛入睡不到幾小時。因為沒戴隱形眼鏡，薇薇安看不太清楚手機螢幕上的來電號碼，但她瞇起眼睛後，看出那是來自溫州的一個市話號碼。

電話另一端的男子聽起來很有禮貌，但語氣非常堅定。他問她當時人在哪裡，到溫州多長時間了，打算待多久。接著他問她最近是否去過武漢。

最後一個問題讓薇薇安猶豫了一下。他怎麼知道她去過哪裡？還沒完全醒來的她，含糊地回答說去過。

接下來又是一連串問題：她是什麼時候去武漢的？什麼時候離開？現在感覺如何？有發燒嗎？有咳嗽嗎？

等她清醒得差不多後，她終於想起要問對方是誰。對方說他在她母親住的小區的街道辦事處（譯按：中國市轄區或市政府派出的基層行政機關，行政層級屬「鄉級行政區」）工作。他的主管給了他一個名單和問題清單，要他打電話一一詢問。他也不知道為什麼要做這件事。那名男子（他沒有講出自己的名字）在那通電話最後，要薇薇安在母親的家裡進行隔離。

被困在公寓二十樓的薇薇安，很快就會接到更多來電。首先是文成縣的衛生單位，接著是杭州警察（她在杭州一個直播公司擔任製作助理）。接下來的六天裡，還有其他單位的來電，至少一天一通，有時甚至兩通，全都問了一樣的問題。

薇薇安的工作是網路影片製作，這個工作很少需要和政府人員接觸。她試著保持禮貌，但有一天，甌口鎮（一個位於溫州西南方的小鎮，她已經很多年沒有去過）的官員打來第二通電話，讓她的惱怒情緒終於超越了恐懼。她要求他們告訴她，為什麼他們會一直打電話過來，以及他們怎麼找到她的。

「可能是因為你經過了這裡，電信公司給我們發送了警示，」那名官員說道。

這個說法讓她非常不安。電信公司？她開始回想近期去過的地方。和許多中國人一樣，她已經記不清春節前的幾個星期裡自己做了什麼。薇薇安在直播公司的老闆，先是在十二月底要她前去武漢，拍攝當地一位書法家的素材。這種短影音當時已經在中國流行開來，就算只是冷門的內容，需求也都非常大。她在完成工作、前來探望母親之前，來來回回去了武漢兩次。

她第一次去武漢途中，曾在手機上看到一則新聞，內容是和武漢海鮮市場有關的一連串神祕肺炎病例。國營媒體當時的報導指出，沒有證據顯示這種疾病會人傳人，所以她決定繼續出差行程。當她抵達武漢車站時，她發現這座城市一樣車水馬龍，彷彿一切如常。

擁有一千一百萬人口的武漢，是一個位於華中地區的製造和交通樞紐，市區橫跨長江兩岸。外國的新聞報導經常將武漢稱為中國的芝加哥。在中國，武漢最為人所知的莫過於「熱乾麵」，武漢人通常會在早餐時間大聲地吃這種麵條，搭配大量的酸菜。當地人告訴薇薇安這個病毒不會人傳人，還說只要不去市場就沒問題了。於是她放心地花了幾天的時間拍攝那名書法家，接著又在兩週之後回去補拍第一次漏掉的畫面。當她於一月十八日搭上回杭州的高鐵時，她和所有人一樣，都沒有預料到接下來即將發生的事情。

當火車穿過皺褶般的丘陵地帶，進入安徽中部的平原地帶時，薇薇安正在二等座車廂裡的座位上蜷起雙腳，使用她的新款 iPhone。她用這支手機來打發時間、和朋友聊天，不斷瀏覽一輪又一輪的網路影片（這幾乎已經成了一種職業傷害）。她使用的電信業者——「中國移動」，此時也正在悄悄記錄下她的移動足跡。

在整趟旅途之中，那支iPhone不斷將帶有她SIM卡獨特識別標記的電波，傳送到她經過的一個個手機基地台。她的手機每次和新的基地台連上線，電信網絡就會對訊號的相對強度進行比較，藉此產生出關於她所在位置的數據。中國移動會將這些數據，和手機裡全球定位系統（GPS）接受器所提供的位置資訊打包，一起傳送到一個電腦伺服器裡，這個伺服器正在同步追蹤數億個用戶的即時移動路徑。這個數據能幫助商家將廣告推送給在附近的人，也讓政府可以傳送警示訊息，提醒手機用戶當地的緊急狀況——但對於包括薇薇安在內的多數用戶來說，這是一個看不見的過程。

基地台追蹤了她回家的整趟旅程。兩天過後，武漢的專家團隊主持人在國營電視台上宣布，肺炎群聚病例的病原體是一種冠狀病毒，和近二十年前爆發的SARS病原體很類似，而且可以人傳人。此時的基地台依然在追蹤薇薇安在杭州的位置。兩天過後，當她人在杭州和溫州之間的某處時，她得知了武漢封城的消息，而基地台也仍在記錄她的位置。

封城的消息開始在中國各地爆發。在此之前，從來沒有哪個政府為了阻止疾病散播，而嘗試過對這種規模的城市進行隔離。政府做出這個決策時，因肺炎而死亡的人數還只有十七人。封城或許可以解決一個問題，但也會製造出另一個問題：人們相信實際情況一定比地方政府披露的還要嚴重，所以大量人潮開始外逃，希望趕在隔天早晨十點警察切斷出城交通之前離開武漢。離開武漢之後，他們許多人便和其他數以億計的中國人一起搭車返鄉過節，而這也正是醞釀公衛災難的絕佳條件。

由於多年以來，中國政府一直在建置數位監控系統，因此當時的中國也比其他國家擁有更好的系統，可以應對這種規模的危機。由於國營電信業者可以無限取得ＳＩＭ卡的位置資料，而且中國法律也要求每個ＳＩＭ卡都必須連結上用戶的身分證，因此中國政府可以找到境內任何一個手機用戶在某個時間的位置。[1]很快地，中國移動和其他信業者便開始彙整去過武漢的用戶的報告、追蹤他們去過的地方，並將名單交給地方政府。他們將這些資訊，和航空公司、國營鐵路局和旅行社篩選出來的資料進行比對後，便能進一步縮小目標範圍。[2]

但在實際執行時，這個過程有時非常混亂，而且通常十分冗長，因此薇薇安才會不斷接到電話。我們從薇薇安的朋友那邊聽說她去過武漢，所以在她回到文成的不久之後，便透過電話聯絡上了她。自從那通來自嶨口的電話之後，她就一直非常好奇：到底有多少地方政府的官員知道她去過哪裡？

她告訴朋友自己對此感到很不舒服，卻沒什麼人同情她。「我當時處在一個頗為特殊的情況

1 陸柯言，〈發短信可查自己的行蹤軌跡，是什麼技術在幫忙？〉，《界面新聞》，二〇二〇年二月十九日，https://tech.sina.cn/2020-02-19/detail-iimxyqvz4130813.d.html。

2 〈工信部：電信大數據可統計分析人員流動情況助力疫情防控〉，《人民日報》，二〇二〇年二月十五日，http://tc.people.com.cn/n1/2020/0215/c183008-31588491.html。

裡，因為我是少數從武漢回來的人。所以我只能用說笑的方式，和他們表達我不舒服的感受。」但他們無法理解。薇薇安曾在西班牙留學一年，由於西方人一般更為重視個人的權利，因此她對西方人看待言論和隱私的想法也愈來愈感興趣。她說，這個經歷讓她在中國成了「一個外人」。「我的大多數朋友都還抱持著集體主義的心態。」這種差異，也讓她和朋友起了爭執：有次她看到一個朋友在手機聊天群組裡，散播某個不遵守防疫規定的一家六口人的名字，並對那一家人進行羞辱和評斷。薇薇安對朋友說，也許是地方政府沒有把規定解釋清楚，未必是那個家庭的錯。「我認為那是不對的，所以開始爭論，說他不該公布他們的名字，但群組裡似乎沒人理解我的觀點，」她說。他們的回應是：「我們在面對的是特殊緊急狀況，你為什麼要跟我們談個人隱私？」

薇薇安最後也開始問自己一樣的問題。我們於二〇二〇年春天第一次通話時，肺炎的死亡人數正在逼近兩千大關。其他地方也開始宣布封城。中國（以及世界上的其他地方）很快就要面臨一場災難。她想，也許現在不是爭辯這些的時候。

傅柯在《監視與懲罰：監獄的誕生》（*Discipline and Punish: The Birth of the Prison*）這本書中介紹了全景監獄，並將它引用為現代監控技術的一個隱喻；他在介紹邊沁的環形監獄之前，先帶著讀者遊覽了十七世紀歐洲爆發瘟疫時的隔離地景。在他的描述裡，被傳染病襲擊的城鎮裡的每條街道上，都有一名官員在負責監視，他從外面將每個家戶都鎖在自家屋內，不時還會命令屋內居民出現在窗前讓他點名。民兵鎮守著小鎮入口，哨兵則在社區裡來回巡邏。不論是居民還是官員，任何藐視規定的人都會遭到處死。

傅柯對隔離期間的資訊管理特別感興趣。他寫道，他們會製作一份清單，列出每位居民的姓名、性別和年齡，並記錄下每個死亡、生病的案例，以及任何不尋常的地方。這種不斷觀察、記錄和監督的行為，代表著社會施加規訓的力量巔峰：「秩序借助一種無所不在、無所不知的權力，確定了每個人的位置、肉體、病情、死亡和幸福。」這位哲學家如此寫道。「瘟疫是一種混合，規訓是一種解析。規訓施展自己的權力來對付瘟疫。」[3]他認為邊沁的監獄設計也是同樣的概念，只是用建築的方式呈現出來而已。

在中國，這個後來被稱為「Covid-19」的新型冠狀病毒，則提供了一個前所未見的機會，能讓我們檢驗中國共產黨的監控國家體制。在許多意義上，中國之所以會打造新的監控機器，就是為了打敗像疫情這樣的危機。然而起初的結果，比如對疫情的掩蓋、以及阻止病毒擴散的失敗，卻彰顯了用演算法進行社會控制會遇到的諸多限制。但隨著疫情持續升溫，抗疫的經驗也將會讓

3 Michel Foucault, *Discipline and Punish: The Birth of the Prison*, trans. Alan Sheridan (New York: Vintage, 1977), 197.

中國共產黨和許多中國人，對於大規模數位追蹤的價值更具信心。

對於民主國家來說，傳染病則為他們帶來了一個難題：國家究竟應該多積極地使用科技工具，來保護自己的國民？一些比較小的民主國家（其中有些曾在十七年前的SARS疫情期間受創）向中國的模式靠攏，也實施了嚴格的隔離措施，並採用數位系統來追蹤違反規定的人。

和九一一攻擊事件一樣，Covid-19也將成為一個催化劑，迫使世界各國去重新思考，隱私和自由，以及公共安全和個人安全該如何取捨的問題。在過去，許多政府都會引用國家安全的考量，來合理化大規模收集和使用數據的行為。時至今日，使用這種科技的理由則來自公衛考量。疫情沒有國界、對所有人一視同仁的特性，也意味著沒有任何人能逃離病毒的威脅。對於國家濫用監控的疑慮，不再只是某個遙遠的陌生國家，或看似偏遠的都市社區裡的少數群體的模糊隱憂。它們現在成了每個家戶都要面對的問題。

到了二〇二〇年二月，薇薇安開始看到各種跡象，證明之前追蹤她的數位監控機制愈來愈無力招架這場疫情。病毒在溫州四處流竄，病例數上升到五百大關——這是除了武漢所在的湖北以外，全中國最高的數字。文成和其他幾個溫州下轄的區域都被下令進行封城，只有持有通行證的居民，才能外出進行購買食物這類必要活動。以往的過年期間，居民都會湧入當地的購物中心、卡拉OK和網咖，但此時的溫州卻成了一座鬼城。

當病毒在全國各地傳播時，中國共產黨借鑑了毛澤東時代的做法，派出數千名人員監視社區。在毛澤東的時代裡，他們的任務是執行共產黨的命令、解決糾紛，並維持基層社會的秩序；到了今日，他們則在家家戶戶檢查居民、量體溫，然後強制執行封城政策。在新疆磨練出來的控制手段也開始出現在那裡：城市開始封閉小巷弄和公寓大樓的側門，要求居民走主要的幹道和大門，好方便社區的監視人員追蹤居民行蹤。在文成周遭的一些村子裡，村領導則在各個道路入口設置了路障，阻止人員出入。志工和村裡的官員則拿著紅外線體溫計，駐守在新設置的檢查哨裡，對經過的人進行盤問、核實他們的外出許可證。在高峰時期，至少有二十個省分和區域同時實施了封城隔離政策。《華爾街日報》保守估計，二〇二〇年一月和二月期間，一度有超過五億名未被感染的中國人被政府關在家裡。[4]

中國的大規模動員既令人驚嘆，又非常高效，但中國共產黨必須回過頭去使用二十世紀的方法，也讓人不禁懷疑其由數據驅動、屬於二十一世紀的社會控制模式，是否真的已經準備好在關鍵時刻發揮作用。理論上來說，這個系統不只應該可以快速追蹤感染者，藉此限制疫情在武漢以

4　Liza Lin, "How China Slowed Coronavirus: Lockdowns, Surveillance, Enforcers," *The Wall Street Journal*, Mar. 10, 2020.

外的地方擴散，也應該要能更早發現威脅，讓病毒打從一開始就無法離開武漢。

這個系統的一些缺陷來自技術層面：由於位置追蹤系統過度依賴監視器，各區域的監視器資料又沒有妥善整合，因此政府難以快速追蹤感染者的去向，而病毒也沒有可見的蹤跡能讓監視器追蹤。中國共產黨擔憂的「意識形態病毒」，在新疆需要一些時間才能擴散，但這種真正的病毒的傳染力更加強大，可以在資料被收集、分析之前，就在不同群體之間傳播。薇薇安的經驗就是很好的例子。政府花了將近兩週的時間，才在文成找到了她。如果她當時已經感染，那麼她可能早就已經將病毒傳染給好幾十個人，甚至好幾百人了。

政治和人性的弱點也扮演了關鍵角色——薇薇安一月底返鄉探望母親時，《北京青年報》刊出了對武漢一名叫做李文亮的年輕眼科醫師的採訪，這篇採訪也能證明這點。李文亮在接受採訪時提到，他記得自己曾在十二月底看過一份關於不正常肺炎群集案例的報告，這些案例和武漢一個動物市場有關。他告訴《北京青年報》，他在一個由老同學組成的微信群組裡發了訊息，提醒大家注意這個現象，卻在那之後被共產黨的紀律官員和醫院管理階層約談，並被他們強迫寫下聲明，批評自己散播謠言的行為。李文亮後來在治療一位病患時感染了病毒（這是病毒能人傳人的明確證據，但地方政府的衛生單位當時一直不願承認），並在二月七日因肺炎病逝。他過世的新聞在網路上引發了爆炸性的回應，憤怒的人們要求政府為醫生受到的處置正式道歉。

事後證明，地方政府禁止李文亮，以及其他嘗試對新型病毒提出警訊的人發聲，只是地方政府試圖阻止病毒影響政治的其中一個做法罷了。當武漢的最高領導階層正在為北京一年一度的全國人民代表大會做準備時，這個新病毒早就已經開始擴散。為武漢政府提供諮詢的一位顧問對《華爾街日報》表示，雖然有些官員私下對政府的回應方式表達了擔憂，但病毒並沒有出現在政府政策會議的議程裡。「每個人都盲目地過度樂觀。」這位顧問說，政府的首要任務仍是對外呈現出一幅穩定的景象。[5]

政府試圖阻止李文亮發聲的行為被揭發這件事，也指出了中共科技極權主義的反饋迴圈的一個重要瑕疵。在習近平以強硬路線統治的中國裡，害怕北京不滿的地方官員經常會嘗試掩蓋負面消息，希望事過境遷。在關鍵的疫情初期，武漢原本可以像中國共產黨預期的那樣，用中國新的數位工具來圍堵、消滅一個重大威脅，然而黨內政治的實際情況卻讓官員擁有誘因袖手旁觀。

雖然遭遇挫敗，但中國共產黨並沒有放棄使用數位監控工具來解決這場危機，而他們的第二次嘗試也相對成功。二〇二〇年二月中，當文成和其他村鎮準備逐步鬆綁防疫措施時，政府和阿里巴巴、騰訊和幾個國營企業合作，引入了能相容於智慧型手機的健康護照。薇薇安希望可以趕快回去的杭州，則是在二〇二〇年二月成為首先要求市民下載健康碼的城市之一，外地人必須取

---

5 Lingling Wei and Chao Deng, "China's Coronavirus Response Is Questioned: 'Everyone Was Blindly Optimistic,'" *The Wall Street Journal*, Jan. 24, 2020.

得許可之後才能回去工作。

早期版本的健康碼要求使用者自行回報身體狀況（有乾咳、發燒和無症狀等選項），並詢問使用者過去十四天裡去過哪裡。這個系統接著會分析數據，評估某個使用者的健康風險，然後給出紅色、黃色或綠色的二維碼。紅碼代表使用者可能會出現症狀，或可能是潛在的病毒宿主，應該隔離兩週。黃碼代表使用者可能接觸過受感染者，必須隔離七天。綠碼則是一種身體健康證明，讓使用者可以自由進出地鐵、商店、辦公室和餐廳。居民必須在地鐵站門口、路邊檢查哨和購物中心裡刷健康碼才能通行。從技術上來說，政府並沒有強迫人民取得健康碼，但如果沒有健康碼的話基本上只能待在家裡，哪裡都去不了。中國政府後續又推出了全國版的健康碼，使用三個國營電信公司的數據，來查看用戶過去十四天裡的移動紀錄，讓政府能知道某個人是否去過病毒熱點。

薇薇安於三月五日返回杭州，並在出發前就下載了健康碼的應用程式。她的健康碼是綠色的。她對政府監控的疑慮很快就開始消退。她告訴我們，雖然她在杭州每天都要刷好幾次健康碼，讓她覺得有些厭煩，但這個制度也讓她感到很安心。一想到她之前在武漢時沒有人在試圖控制病毒傳染，她就覺得非常害怕。「嚴格的檢查讓我覺得安全多了。」她說。許多其他杭州人似乎也都認為，健康碼就是安全的代價。

人們對健康碼的默許，或許也鼓勵了杭州市政府邁出下一步。引入健康碼系統的三個月之後，杭州市宣布了一個永久版本的計畫。升級後的新版健康碼，將把居民區分為幾種不同的顏色，並根據他們的醫療紀錄、身體檢查結果和生活習慣（比如吸菸和飲酒）給出健康分數。這就是原本被用在正面用途的監控工具，後來被擴大濫用的一個教科書等級案例。

位於杭州附近的台州市甚至引入了另一個系統，對共產黨黨員的政治「健康狀況」進行排名。綠碼表示某個人盡忠職守、體現了黨的價值觀，而黃碼和紅碼的人則會收到告誡，甚至被開除黨籍。當地媒體曾刊出一篇報導，講述一位名叫許緒嬌的村幹部，被發現違規使用一筆提供給當地老人協會的經費，於是「清廉健康碼」被轉為黃碼。這起事件發生後，他便努力在抗疫行動中做出「模範表現」，希望藉此彌補過失，後來他的清廉健康碼果真轉成了綠色。[6]

並不是每個健康碼系統的擴張案例都一帆風順。特別是杭州的計畫，就在社群媒體上遭遇到強烈的反抗。一份在微博平台上進行的民意調查顯示，在大約七千個投票的人裡頭，有百分之八十六反對這個計畫。我們很難說這個調查結果符合科學標準，但憤怒的留言依然加強了這個調查的可信度。一個問答平台的使用者推測，雇主未來有天也可能會根據二維碼，來拒絕雇用健康狀

6 〈綠碼，祝賀你通過政治體檢〉，《澎湃新聞》，二〇二〇年五月二日，https://mp.weixin.qq.com/s/cFnp_5cgYnQHfYyXeqG0cQ。

況可能無法承受中國加班文化的員工。[7]這是政府監控措施罕見成為公眾憤怒和揶揄對象的案例。

不過事後證明，這場疫情依然有利於中國的監控產業。能「偵測發燒」的攝影機銷量暴增，儘管研究指出這些攝影機其實並不可靠。臉部辨識公司則開始生產可以掃描人群的產品，快速辨識出沒有配戴口罩的人。他們還銷售一些演算法，據說就算對方戴了口罩也能辨識出身分——這種說法非常可疑，但隨著口罩令逐漸擴大，這類產品對於警察部門來說仍非常吸引人。

總部位於中國南部的深圳智航無人機有限公司，則開始對當地警察供應高端的溫度偵測無人機。該公司的副總經理謝凱倫（Kellen Tse，音譯）告訴我們，這種無人機原本被用來偵測森林大火，現在則被警察用來飛在人群上空，偵測發燒的人。謝凱倫坦承，這些無人機的成效未必總能符合預期。「每一種科技都要從某個地方開始。如果你不嘗試，就永遠不會成功。」他說。

由於監控手段和疾病管控的策略（比如大量在各地進行封城和大規模篩檢），中國的Covid-19新病例數從二〇二〇年二月初的高峰，亦即每天超過一萬五千例，下降到三月的每天不到一百例。到了四月底，官方宣布武漢達成清零。

武漢封城的新聞占據全球媒體版面的大約七個月後，這座城市再次成為全球矚目的焦點，而這一次的原因，是一場泳池派對。

二〇二〇年八月十五日星期六，武漢瑪雅海灘水公園舉辦了一個電子音樂節，為女性來客提供半價的門票優惠。一共有數千人參加了這場活動。當時的歐美居民，正一邊苦於長達數週的社交距離政策，一邊爭論配戴口罩的道德責任，因此看到武漢這場音樂節的照片時都非常驚訝。在照片裡，DJ正在擠得水洩不通、穿著清涼的觀眾前播放音樂，而觀眾則在游泳圈上跟著音樂搖擺身體，沒有配戴口罩的臉上洋溢著無憂無慮的笑容。這場派對人潮的驚人密度，不論如何都非常引人注目——這幅來自疫情爆發原點的景象，對於居住在西方民主國家的人來說就像一記耳光，因為直到當時為止，這些民主國家在疫情的應對上幾乎全軍覆沒。根據預測，中國將會成為二〇二〇年全世界少數仍能維持成長的主要經濟體，而這個消息也讓民主國家更感失落。

當時的習近平，很可能也在共產黨位於北京的隱密總部裡開心慶祝。當疫情爆發時，有些專家認為Covid-19就是習近平的車諾比事件，期待這場災難和官方的掩蓋措施，會讓中國共產黨失去民心。[8]然而這場疫情不只改善了中共的名聲，還讓中國境內的人民更加支持監控國家體制。

7　Ye Ruolin, "City's Plan for Permanent 'Health Codes' Sparks Online Backlash," *Sixth Tone*, May 25, 2020.

8　其中一個例子可參見Abraham Denmark, "Will the Coronavirus Be Xi's Chernobyl?" *Asia Dispatches* (Wilson Center), Mar. 10, 2020。

加州大學聖地牙哥分校（University of California, San Diego）的學者劉春成曾在學術期刊《監控與社會》（*Surveillance and Society*）中，描述中國人民對疫情監控政策的支持，如何隨著時間出現演變。劉春成檢視了社群媒體，並和住在中國境內的三十多人進行訪談（他承認這個數字並不多），最後嘗試做出一個結論：西方媒體關於中國在疫情初期的應對措施的報導，最後反而製造了「反向的心理效果」，讓人們轉而團結起來支持政府。[9]劉春成發現，隨著疫情開始在西方國家肆虐，而中國則強勢地走向復原，中國社會也出現了第二波民意浪潮，認為民主制度存在根本缺陷，無法解決公衛危機。

習近平在二〇二〇年底也表達了這種自信。習近平在該年十一月的G20高峰會上發表一場演說（該年為線上舉行），並在演說推動一個體系，希望讓人們恢復國際旅行，好讓全球經濟開始復甦。他的方案對任何一個杭州人來說可能都似曾相識。「中國提出一個全球性的機制，相互承認根據核酸檢測結果所發放的健康證明，這個證明的形式是國際通用的二維碼，」他說。根據中國的統計，當時的中國只有不到八萬七千個確診病例，死亡人數則只有四千六百多人。至於當時正深陷新一波疫情的美國，則已經錄得一千兩百萬個確診病例，死亡人數達二十五萬人。

雖然川普政府憤怒地發出聲明，指出要控制疫情根本是不可能的事，並指控中國共產黨蓄意讓疫情爆發，藉此重創美國經濟，但其他民主國家很快就採用了最新的數位魔法，試圖控制病毒的擴散。有些國家取得了感染者的手機數據，並將他們的足跡公布在網路上。南韓政府則是使用信用卡的消費資料，來找出潛在的感染者。在以色列，政府通過了一項緊急法令，允許情報機構「辛貝特」（**Shin Bet**）動用監控權限來控制疫情。政府機關會監控確診病患的手機訊號，並要求過去兩週與確診者密切接觸的人進行隔離。這些政策消息一出，質疑聲浪很快便排山倒海而來：將這種一般只針對罪犯的電子監控用在普通人身上，到底適不適當呢？政府應該公布人們的行動足跡嗎？

隨著歐美的感染和死亡人數不斷升高，即使是最堅定支持公民權利的人，也開始不再這麼反對政府以數位形式對個人的權利進行侵犯。非營利組織「電子前沿基金會」（**Electronic Frontier Foundation**）以強烈反對監控措施而著稱，但就連該組織的資深律師亞當・施瓦茲（**Adam Schwartz**）也認為，疫情「讓一些針對數位自由的暫時性調整變得有其必要。」[10]在西澳大利亞，立法人員則通過了一部法案，允許州政府在居民家中安裝電子監控設備，監視那些正在隔離的人們。至於在非常重視隱私的德國，衛生部長則試圖在增修一部和抗疫有關的法律時，加入一個追蹤位置的條款，不過最後並未成功。

9　Chuncheng Liu, “Chinese Public’s Support for COVID-19 Surveillance,” *Surveillance and Society* 19, no. 1 (2021), https://papers.ssrn.com/sol3/papers.cfm?abstract_id=3799322.

10　Kristen Grind, Robert McMillan, and Anna Wilde Mathews, “To Track Virus, Governments Weigh Surveillance Tools That Push Privacy Limits,” *The Wall Street Journal*, Mar. 17, 2020.

在立場保守的哈德遜研究所（Hudson Institute）擔任資深研究員，過去也曾代表葡萄牙擔任歐盟官員的布魯諾．瑪薩艾斯（Bruno Maçães）認為，這場疫情的爆發將會迫使人們重新思考隱私的意義。「截至目前為止，西方國家對抗疫情的方式都仍驚人地原始，」瑪薩艾斯在為《外交政策》（*Foreign Policy*）撰寫的一篇文章中如此寫道，悲嘆西方國家的衛生部門仍在用手動的方式追蹤疑似感染者的密切接觸者。「隱私的鷹派支持者可能不會同意，但監控系統也可以是個讓人們不受打擾的方法，」他寫道。「如果好好設計，這個系統將會成為某種安全邊界，這個邊界基本上是虛擬的，只要你不超過邊界，生活就不會受到打擾。」他亦指，大數據和預測用的演算法，也已經被廣泛用在對抗犯罪、恐怖主義等範疇中。面對病毒這種比任何一個恐怖分子都還致命的敵人，瑪薩艾斯認為，將這些工具運用在公衛領域終究是無可避免的。[11]

愈來愈多的民主國家也開始同意這種觀點，而他們的第一步通常就是採用數位追蹤接觸者的應用程式。這些手機應用程式的目的，是快速縮小曾接觸感染者的對象範圍，讓衛生部門可以採取措施，在病毒的擴散失控之前阻斷傳播鏈。中心化的數位追蹤應用程式（比如新加坡所使用的版本）成效最好。它們可以從各種不同的來源汲取數據，並傳送到單一伺服器裡快速進行分析。然而歐美主張保護隱私的人卻痛恨這種模式，因為他們認為，那會讓政府掌握太多個人資料，卻很少有安全機制能保障資料被使用的方式。另一個替代選擇，則是使用去中心化的應用程式，這種程式採用藍牙技術和匿名代碼，來判斷某個人和處於關鍵傳染期的感染者距離有多近，並將感染風險通知給使用者知道，而無須在單一的大型政府數據庫裡儲存和收集資料。其中一個知名的案例，就是蘋果和谷歌罕見的合作計畫：他們將使用者的和感染者的接觸史直接儲存在個人的裝置裡，而不會傳送給伺服器。

然而這個模式執行起來依然非常困難：必須要有高比例的人口下載程式，這個模式才能有效運作。就這種模式而言，大多數國家的使用率都不夠高，有些是因為隱私方面的疑慮，有些則是因為居民認為沒有必要。雖然這些應用程式的使用一開始都是自願性質的，但有些國家也開始要求國民必須下載，或是攜帶具有類似功能的藍牙標記（**Bluetooth tokens**）。

在所有試圖以民主方式在隱私和安全之間取得平衡的案例之中，最具啟發性的其中一個案例，就發生在中國東南邊的一個小島上——中共一直宣稱這座島嶼是中國的一部分，卻從未實際控制過那裡。

一九四九年國共內戰結束後，台灣和中國便進入了分治的階段。當毛澤東正準備在北京宣布成立中華人民共和國時，戰敗的國民黨殘餘部隊則是逃去了台灣，打算在那裡整裝集結。雖然國民黨宣稱代表中華民國，卻從來沒有實現反攻大陸的承諾。到了最後，包括美國在內的大多數國家都轉向承認北京，讓台灣逐漸發展成一個實質獨立的國家，雖然擁有蓬勃的民主制度，卻不太

11 Bruno Maçães, "Only Surveillance Can Save Us from Coronavirus," *Foreign Policy*, Apr. 10, 2020.

有國際影響力。

台灣擁有和中國交手的豐富經驗，比如SARS爆發期間，中國官員便曾蓄意掩蓋資訊，阻止資訊流向周邊國家，最後SARS在台灣造成將近兩百人死亡。所以當新型冠狀病毒的消息於二〇一九年十二月從中國洩露出來時，台灣的官員便快速進行了應對。早在二〇二〇年初，他們基本上便對中國關閉了邊界，也在很早的時候，就開始要求所有入境者進行嚴格的檢疫隔離，並對口罩執行配給制度，同時強制規定配戴口罩。台灣也是全世界最先實施數位接觸追蹤系統的國家之一。

雖然中國和台灣都快速建立了監控機制，藉此阻止病毒擴散，但和中國相比，台灣採用的方法可說是另一個極端。中國共產黨收集了大量的個人資訊，而台灣則是盡可能減少收集的資訊量，起初只要求店家和社區管理人員要求訪客留下電郵地址和手機號碼，讓政府在有需要的時候進行聯絡。中國政府會儲存收集到的所有資訊，而台灣一開始則是讓收集資料的店家自行保管資訊，並要求店家在四個星期之後銷毀資料。針對那些需要隱私的酒店（亦即男性付錢請女性陪酒的夜總會，顧客通常會購買高價的飲料）顧客，台灣政府也允許他們使用匿名、加密的「ProtonMail」作為聯繫方式。

在隔離檢疫的執行上，台灣也試圖在個人隱私和追蹤行蹤之間取得平衡。包括南韓在內的一些國家都開發了應用程式，能透過智慧型手機的GPS追蹤正在隔離檢疫的人所在的位置，並提醒他們定時輸入體溫和其他健康資訊。但台灣並沒有採取這樣的措施，因為他們擔心這些倉促開發的應用程式難免會出現漏洞，導致敏感的個人資料外洩。台灣的做法則是對個人裝置進行三角定位，這種方法沒那麼精確，卻更加安全，而公衛機構的工作人員則會每天撥打電話，確認隔離者的健康狀況。「台灣的案例證明，我們不一定要被困在一個困境裡，彷彿一邊是公共衛生，另一邊是人權、隱私和民主制度，兩者不能兼得似的。」台灣數位發展部部長唐鳳曾於二〇二〇年八月在美國國家亞洲研究局（National Bureau of Asian Research）主辦的一場線上研討會中如此說道。[12]該說法也獲得了數據的支持：當美國的病例數於該年年底來到兩千萬大關之際，人口大約兩千四百萬的台灣卻只有不到一千個病例數，而且連續兩百五十三天沒有新增本土案例。

看著西方國家也開始採用監控措施，而且似乎又成效不彰，許多中國人開始更加感覺到西方國家的偽善，並認為中國的體制更加優越。劉春成發現，認為中國在應對Covid-19上更加成功的看法，也在中國境內助長了另一波民族主義情緒。他指出，許多身在中國的評論者似乎沒有意識到，西方的監控體系並不具有強制性，但這種細微差異很難在社群媒體上慷慨激昂的自誇氛圍中被呈現出來。就在美國死亡人數持續攀升之際，駐北京的美國大使館於二〇二〇年十二月十日發布了一則貼文紀念世界人權日，卻引來一波波的嘲諷。「〔死於Covid-19的〕三十萬個美國

12 *Priv8: Digital Summit on the Future of Privacy*, March 25, 2021, https://www.youtube.com/watch?v=jxDoZ_Z4TwE.

人的人權在哪裡？」其中一則留言如此寫道。在短短幾個小時內，這則留言便有超過兩千個網友點讚。

在美國西東大學（Seton Hall University）擔任教授，同時也在美國外交關係協會（Council on Foreign Relations）研究全球公衛議題的資深研究員黃嚴忠則認為，新型的冠狀病毒對中國來說是個振奮人心的勝利。黃嚴忠以往並不吝於批評中國的缺點，但他也指出，中國之所以能成功應對疫情，是因為他們採用了嚴格、中心化的限制性措施，許多這些措施在西方民主國家裡是無法做到的。他亦指出，這讓中國得以在二〇二〇年四月之前就控制疫情，並持續壓低感染人數。「如果應對疫情的成績，是用能否阻斷本土傳播鏈來衡量，那麼中國無疑是個成功的案例。」他在二〇二一年六月的《中國領導人觀察》（*China Leadership Monitor*）中的一篇評論文章中寫道。[13]

雖然二〇二〇年武漢的疫情爆發後，薇薇安曾被迫進行隔離，但到了二〇二一年二月，薇薇安過了一個和前一年很不一樣的農曆新年。她在假期即將開始的時候，再次帶著行李前往杭州車站，準備搭高鐵回溫州探望母親和其他親戚。雖然中國政府不斷宣傳，呼籲人民避免長途旅行，但火車站裡依然擠滿了旅客，和以往的春節假期沒什麼差別。只不過今年的旅客在進入車站之前，必須先對車站入口的工作人員出示綠色健康碼。薇薇安一邊走向進站的排隊人龍，一邊急忙將手機從外套裡拿出，打開應用程式。「有時你會完全忘記要出示健康碼，因為一切都這麼正常，幾乎和疫情前沒什麼兩樣。」她後來如此告訴我們。

雖然薇薇安依照政府的規定，在火車上戴好了口罩，但平時的她只會把口罩放在包包裡。疫情的其他跡象也開始慢慢消失。二〇二〇年初設置在她辦公室大樓門口的體溫感測計，到了秋天就被撤走了。原本隨處可見的手部消毒液和放在電梯裡的紙巾盒，也不知道在什麼時候消失了。二〇二一年初，薇薇安的公司開始詢問有沒有同事自願接種中國開發的疫苗，但幾乎沒有人報名。這場疫情感覺已經結束了。薇薇安告訴我們，她幾乎沒想過自己可能會感染病毒。「就算只有一個可能的感染者，政府也會採取強烈措施，」她說。「我有信心一切都已經被他們控制住了，我身邊的人不會有病毒。」

薇薇安回到文成度過了七天的假期，一切都感覺非常正常，讓她幾乎忘了一年前的經歷。根據習俗，大年初一是拜訪年長親戚的日子，薇薇安和母親前往祖母的公寓一起午餐。她的親戚也全都到場了：阿姨、叔叔、表兄弟姊妹和他們的配偶，全部加起來有十來個人。他們圍著餐桌，

13 Huang Yanzhong, "The Myth of Authoritarian Superiority: China's Response to Covid-19 Revisited," *China Leadership Monitor*, June 1, 2021.

一起享用桌上的蔬菜炒粉絲、水餃和當地特有的燉鴨舌，空氣中充滿他們興奮的說笑聲。兩天過後，薇薇安和其他九個親戚開著兩輛車，一起到一百公里以外的泰順的國家公園一日遊。這個公園是個平庸的旅遊區，布滿品味低俗的人造景點，但那天依然遊客如織。

新華社在假期結束後報導，二〇二一年春節期間，儘管政府對跨省旅遊進行了限制，但全中國依然有超過兩億五千六百萬人出遊。提到那段假期，薇薇安的感受和很多中國人一樣。「客觀來說，中國的疫情管控是全世界做得最好的。」她說，中國很多引發批評的對策（比如封城和強制隔離），事後回看都是正確的選擇。「疫情管控這件事正好很適合獨裁政府。」

不過這種看法忽略了台灣的案例。雖然台灣曾在二〇二一年春季短暫出現過一波本土疫情，但到了當年年底，台灣的病例數仍少於一萬七千例，死亡人數不到九百人——以人均計算，這個表現在全球範圍裡只比中國遜色。然而薇薇安不太可能聽過台灣的成功案例，因為中國的國營媒體會刻意避免進行這樣的報導。

中國政府持續對病毒的成功控制，也消滅了人們對於政府過度收集數據原本正要萌生的抵抗情緒。很多人都和薇薇安一樣，很難反對這種以公共衛生為名義的侵害。這個技術的成功，也向中國共產黨和地方政府證明了一件事：在緊急情況下，這種規模的監控措施是可行而且有效的。

在中國以外的地方，監控的影響或許就更大了。中國人早已適應了中國共產黨多年來悄悄擴張的監控國家體制，但其他地方的民眾卻是因為疫情，才突然被迫在最嚴峻的情況下面對國家監控的力量。這種監控帶來的影響，不只是針對病毒而已。封城措施和不得外出的命令，迫使全世界的人們幾乎將一切生活都移到了網路上，但網路世界也讓數位監控更容易發生。有些人以往認為，無孔不入的監控只是遙遠的問題，只會發生在獨裁國家裡，此時卻發現，不論是健康狀況、工作還是孩子的教育，他們生活的方方面面也全都開始受到了影響。

十三 嶄新的秩序？

若說全球的反恐戰爭，為數位的國家監控體制播下了種子，那麼這場疫情，就是讓這個體制得以爆炸式擴張的超強肥料。這種體制或許已在後九一一的時代裡扎根，而Covid-19的疫情，則讓根除這種體制的希望蕩然無存。

在這個新世界裡，數據收集和人工智慧簡化（有時甚至能拯救）人類生命的強大力量，都透過中國的監控國家體制而得以被具體地呈現出來。這也為支撐民主制度的自由意志和個人自由等概念，帶來了前所未見的挑戰。中國共展黨開啟了一個社會控制的嶄新時代，牢牢掌握了歷史的方向盤。我們很難預測，歷史接下來會將我們帶往何方。

中國自己的道路倒似乎頗為明確，至少眼下看來確實如此。就在我們準備完成本書的二〇二二年初，習近平和共產黨對國家的控制已來到歷史高峰。關於數據安全、隱私和反壟斷的新法律，都讓共產黨得以鞏固對中國大量數據的掌控。對網路產業的全面打擊，則向中國強大的科技公司發送了明確的訊號，告訴他們誰才是老大。與此同時，中國也在加速啟動價值上兆美元的計畫，為那些有助於改善數位反饋迴圈的產業打造更多基礎設施，因為共產黨需要這種反饋迴圈來管理國內的問題。這些基礎設施包括：資料中心、人工智慧研究中心、手機訊號基地台，以及半導體產業。[1]

中國共產黨也在為新創公司賦予空間，針對更極端、更有問題的監控形式進行實驗，比如「數位顱相」（digital phrenology）這種感覺注定會引發不良後果的技術。其中最令人感到不安的，或許是情緒辨識技術。雖然已有大量研究顯示，臉部表情在不同文化裡可能具有不同意義，而且也不是用來評斷情緒狀態的適當依據，但一些公司仍在進行嘗試，有些甚至宣稱準確率高達百分之八十。這些公司和中國的公安部門合作，使用警察偵訊嫌犯的錄影片段，來訓練演算法偵測出細微的表情變化，希望藉此辨識出沒有前科的「危險人物」和「高風險群體」。至少有一間公司曾向學校推銷過這種審訊技術，據說能幫助老師辨別不同種類的學生，比如「認真聽講〔但〕成績不好」的「假裝認真類型」。[2]

在新疆的監控熱潮的刺激之下，中國最大的人工智慧新創公司都在忙著精進自己根據種族進行數位建檔的能力。警察則在杭州、溫州和位於黃河一個知名水壩附近的三門峽市，使用他們的系統在人群中搜尋維吾爾人。[3]公安部則對警察局採購的臉部辨識系統進行規範，要求系統必須能辨識出某個人的種族背景。安全分析師薩曼莎・霍夫曼告訴我們，像海康威視和大華這種維安領域的大型公司，很可能會將這些系統外銷到世界各地，導致針對特定種族的監控行為成為一種常態。[4]

已經有愈來愈多的政府都在跟隨中共的腳步，使用數位監控技術來解決社會和政治上的難題。印度這個世界上最大的民主國家，便於二〇二〇年採用了當地新創公司所開發的臉部辨識系統，辨識那些在首都新德里（New Delhi）遊行、反對新國籍法的抗議人士。作為亞洲最富裕的國家之一，同時也是美國區域伙伴的新加坡，則是宣布希望在二〇三〇年之前安裝超過二十萬部警用監視器，儘管當地的犯罪率並不高，土地面積也比紐約市還要小。暴動人士於二〇二一年出衝入美國國會山莊時，美國的執法機構也很快就部署了一整套監控工具，回應這場暴動。

中國的方案已經證明，它可以挑戰、破壞自由民主體制的秩序。就算其他國家無法完美複製中國的體系，這些技術也為全世界的獨裁領導人帶來了新的工具，可以用來鎮壓異議分子，保護自己的統治根基。

1 請參見Liza Lin, "China's Trillion-Dollar Campaign Fuels a Tech Race with the U.S.," *The Wall Street Journal*, June 11, 2020。
2 Vidushi Marda and Shazeda Ahmed, "Emotional Entanglement: China's Emotion Recognition Market and Its Implications for Human Rights," *Article 19*, Jan. 2021.
3 Paul Mozur, "One Month, 500,000 Face Scans: How China Is Using A.I. to Profile a Minority," *The New York Times*, Apr. 14, 2019.
4 請參見"Dahua and Hikvision Co-author Racial and Ethnic PRC Police Standards," *IPVM*, Mar. 30, 2021。

中國擁抱這種數位打造的社會，也不是沒有潛在的成本。共產黨希望中國成為全球科技創新的領導者，但國家在減少選擇、加強控制的同時，也消除了衝突、不確定性和自由，而這些元素對創造力來說都至關重要。中國許多頂尖的年輕科學家和工程師，都會選擇到海外留學。雖然政府挹注了好幾億美元提供薪資、獎金和研究經費，希望吸引他們回到中國，但研究顯示，如果情況允許，他們大多數人仍寧願留在海外工作生活。中國共產黨只差沒有關閉國境，但我們很難想像他們可以如何阻止人才外流。與此同時，中國共產黨對科技產業的控制持續加劇，也導致許多最優秀的企業家（比如馬雲）決定辭去職位——這些企業家就是近年中國企業能表現出色的原因，然而這些模範人物現在卻被迫消失。

儘管存在這些問題，中國共產黨依然自信滿滿地認為自己可以干擾並重塑國際秩序。九月底《人民日報》頭版上的一篇社論，就處處洋溢著這種信心：這篇文章歡欣鼓舞地頌揚著中共幾個月前在天安門廣場上舉行的建黨一百週年紀念活動。「當今世界正經歷百年未有之大變局，」這篇文章如此寫道。「這一大變局的一個鮮明特徵，就是東升西降的趨勢不可逆轉。」[5]中國的領導人認為，他們已經迎來了人類文明的嶄新形式，這個模式建立在一個以監控為核心的強大國家之上，比民主制度更有效率、更加穩定，同時也更能回應問題。他們也意識到，是時候對外推銷他們的優點了。

民主國家應該如何回應呢？各個民主政府最後一次根據原則、團結起來反對中國共產黨，已經是一九八九年發生天安門廣場屠殺事件之後：美國當時暫時取消了軍事交流和軍售，而歐洲的好幾個國家則是凍結了與中國的外交關係。然而由於中國市場的吸引力，這種團結幾乎在形成的同時就已經開始消退，隨後被數十年的交往政策取而代之，背後的信念就是市場力量、商貿活動以及對西方文化的接觸，可能會帶來一個自由，甚至民主的中國——現在回看，這個夢想就算還沒死透，至少也是處於靠維生系統續命的昏迷狀態。

川普執政期間，美國採取了新的政策，選擇直接和中國進行對抗。二〇一九年，白宮開始將參與國家監控體制的中國公司納入美國商務部的實體清單（Entity List），讓美國停止供應美國設計的先進晶片給這些企業，比如高端臉部辨識系統運作所需的圖形處理器，就是中國還沒有能力複製的產品。國務院則對新疆的高階官員（比如新疆黨委書記陳全國）進行制裁，禁止他們進入美國或使用美國的金融體系。華府也制裁了大規模掌控新疆經濟的準軍事組織——生產建設兵團。

拜登上台之後，美國則進一步增加了對中國的壓力，帶領這個世界回到某種類似天安門事件發生後的氛圍。二〇二一年，美國創立了一個包含加拿大、英國和歐盟在內的聯盟，聯手對生產建設兵團和新疆官員實施更多的制裁——這是英國和歐盟三十二年來首次對中國實施制裁。

5　宣言，〈我們為什麼能夠成功〉，《人民日報》，二〇二一年九月二十七日，http://paper.people.com.cn/rmrb/html/2021-09/27/nw.D110000renmrb_20210927_9-01.htm。

針對中國監控產業的制裁也獲得了一些預期的效果。二〇二〇至二〇二一年間，華為營收下滑的百分比突破了二位數，主要原因就是美國制裁，以及華府說服盟友不要採購華為的5G行動網路設備。來自公眾的壓力，也讓華為決定撤回一個他們和中科院聯手申請、可以辨識維吾爾人的臉部辨識演算法專利。為了取得美國的科技，有些公司成功找到了漏洞，而中國龐大的國內市場也讓他們不愁沒有客戶，但經濟的高速成長已不復見。二〇二一年冬季，商湯科技宣布將在香港首次公開發行股票，規模達七百七十億美元，而中國的國有企業和資金則申購了百分之六十的股份——然而在美國提出制裁之前，許多人原本預期商湯科技可以在紐約上市、募得好幾十億美元，相較之下，香港上市的結果當然遜色許多。幾天過後，美國財政部也將商湯科技列入黑名單（該名單裡都是美國認為正在支持中國軍事發展的個體），禁止美國人購買商湯科技的股票。這件事導致商湯科技立即暫緩上市，後來只能在排除美國投資人的情況下進行上市。

監控體制在新疆的影響則很難確定。致力於研究政府文件的德國數據科學家亞德良．岑茨，為關於新疆的報導提供了許多證據；二〇一九年，岑茨修訂了他於二〇一七年對新疆的「再教育」計畫規模的估算。根據哈薩克一個非營利組織收集到的證詞、描寫穆斯林區街道和市集空蕩蕩的媒體報導，再加上集中營的不斷擴建，岑茨認為已經有多達一百五十萬人曾在某個集中營裡被拘留過——也就是大約每六個突厥裔穆斯林成人裡，就有一個人有過這個經歷。

陳全國持續擴張的監控網，讓這些集中營總是人滿為患。幾乎所有公共場所裡都能看見多半配有臉部辨識儀器的安檢門，比如市集和銀行門口、清真寺、旅館、觀光景點、客運站、火車站、高檔的購物中心，以及廉價的百貨公司。警察採購的無人機同樣搭載了臉部辨識技術，被用來在普通監視器拍不到的偏遠地區裡追蹤人們的足跡。

到了二〇一九年底，也就是美國實施第一輪制裁的幾個月之後，陳全國開始釋放被拘留在集中營裡的人。新疆城市的街道上開始出現一些恢復正常的跡象，巡邏的警察和蛇籠鐵絲網也比之前少見。二〇二一年底，陳全國從黨委書記的職位上被撤換下來，可能是正在準備二〇二二年被拔擢到北京，擔任更高的職位。但情況基本上沒有什麼變化。清真寺不是依然緊閉，就是遭到密切監視，呼叫人們做禮拜的喚拜聲也依然不復存在。維吾爾人和其他突厥裔少數族群仍然住在一個無法逃離的監控網之中，總在擔心自己可能隨時會被帶走。雖然一部分的集中營已經關閉，但剩下的集中營有許多都進行了擴建，或被改建成監獄。《Buzzfeed News》曾於二〇二一年根據衛星影像和中國的監獄建造標準，計算了大約三百五十個監獄和拘留營的樓地板面積；他們最後總結，二〇二一年的新疆仍有能力拘禁至少一百萬人——這個數字比美國刑事拘留的能量還要高出七倍。[6]

這些複雜的結果，無可避免地引發了一個問題：美國和其他理念相近的國家需要調整他們的

6 Megha Rajagopalan and Alison Killing, “China Can Lock Up a Million Muslims in Xinjiang at Once,” Buzzfeed News, July 21, 2021.

回應方式嗎？限制對中國監控公司銷售科技產品，無疑也會傷害到美國公司。這或許是個值得的犧牲，然而這些限制截至目前為止，並沒有真正延緩中國實施監控國家體制，也無法阻止中國的監控體系向全球擴散。這些限制也激發中國自行開發先進的核心技術，而長期來看，也會讓中國可以完全將外國技術拒於門外，並將他們的系統變成一個真正的黑箱。換言之，我們並不清楚美國現在的做法是否利大於弊。

理論上來說，中國的監控國家體制也可能會自行瓦解。作家王力雄曾在二〇一七年於台灣出版的反烏托邦小說《大典》中，將維吾爾人的困境和巴勒斯坦人進行對照，並探討這種內爆發生的可能性。這本書的場景設定在不遠的將來，故事裡中國國安機構的領導人為了政治利益，允許一名下屬維持流感疫情的假象，但他擔心這件事會讓他成為代罪羔羊，因此使用大量蜜蜂形狀的微型無人機，刺殺了一位和習近平有點像的領導人，從而顛覆了中國的監控國家體制。王力雄和其他中國作家曾在討論這本小說時解釋道，科技極權國家的領導人之所以脆弱，是因為他們被迫依賴一些他們並不理解的工具和系統。一般人可能無法，或不願反抗，但知道如何控制科技的官僚人員，卻有能力造成大量的傷害。「要從內部顛覆一個獨裁機器，有時候你需要的只是一個節點的控制權。」他說。[7]

然而對於任何期待中共自行瓦解的人來說，有件事非常值得注意：過去對中國共產黨瓦解的預測，最後都沒有實現。王力雄的預測或許比大多數人還要更有洞見，但在很多意義上，也比大多數人帶有更多的不確定性。這種情況對中國或整個世界來說究竟是不是好事，也是個仍待解答的問題。一如王力雄自己的觀察，就算中國的監控國家體制突然瓦解，也很難保證一個強健、民主的中國就會從中誕生。中國很有可能只會出現另一個新的獨裁政權，或者四分五裂、陷入長期的內部衝突，並為全球經濟帶來可怕的後果。

如果民主國家想多做些什麼來遏制中國的監控國家體制，人權運動人士和美國華府的一些議員認為有條路徑是可行的：堵上出口限制的漏洞並調整這些限制，讓它們可以更精準地針對審查和監控行為來進行制裁。對那些供應技術給中國的美國公司來說，這麼做雖然會讓他們更加痛苦，但也能確保每一分的犧牲都是有目的的。

另一條路徑，則是用更策略性的方法，來對抗北京將中國方案當作民主制度的替代方案、出口到其他國家的行為。一些研究中國監控體制的學者主張，若想這麼做，就必須先理解為何有些政府會被中國的監控體制吸引。「很多國家認為這些平台，可以提供一個真正的解方，或許可以用來解決人民正在面對的重要問題。」曾調查中國監控出口的政治學者錢喜娜寫道。[8]有些國家

---

7 Zeng Jingyan and Wang Lixiong, "Imagining the Digitalisation of Politics: A Conversation with Wang Lixiong," *Made in China Journal*, July–Sept. 2018.

8 Sheena Chestnut Greitens, "Dealing with the Demand for China's Global Surveillance Exports," Global China: Assessing China's Growing Role in the World, Brookings Institution, Apr. 2020.

為了打擊犯罪，因而轉向中國的科技尋求協助。有些國家則是把這些科技用來控制交通或鎮壓政敵。如果美國和其他先進民主國家想要對抗中國共產黨的影響力，就必須找出各種不同的方式，來應對這些各不相同的問題。

然而在民主國家可以向世界推銷替代方案之前，他們必須先決定自己到底相信什麼。美國和其他地方（包括中國）的學者都曾指出，就在由科技驅動的獨裁體制崛起的同時，那些原本應該要能體現民主政府好處的國家，也正好處在衰弱、困惑和麻痺的狀況之中。在中國，人們愈來愈常將美國稱為「燈塔國」，以此挖苦美國代表自由和良好治理能力的標竿地位正在逐漸消失。英國的名聲在脫歐之後，也出現了類似的惡化現象。富裕的民主國家（尤其是西方的民主國家）其中一個最失敗的地方，就是未能讓監控科技的使用，相容於隱私、選擇及言論自由這些個人價值，然而這些價值對民主社會的運作非常重要。

歷史學家安·艾普邦姆（Anne Applebaum）在她於二〇二〇年出版的《民主的暮光》（*Twilight of Democracy*）中引用了一些研究，指出每個社會都有不少懷抱「威權傾向」的人，這些人討厭多樣性，也厭惡失序。「對無法容忍複雜性的人來說，威權主義就是很吸引人。」她寫道。[9]艾普邦姆很擔心，有些學者會以誤導人的簡化方式描繪這個世界，從而侵蝕民主制度，但監控科技帶來的也是一樣的東西：它承諾一個可預測的世界，一切混亂的問題都能被快速簡化，而多元選擇則遭到了限制，甚至遭到消除。

二〇二一年的頭幾個星期裡，美國都在努力應對一月六日國會山莊遭襲擊的事件——這起事件，讓演算法簡化一切的誘惑，以及它為民主國家帶來的挑戰的複雜性，都變得更加顯著。我們很難消化這幅景象：有超過一萬人在看到臉書和推特上瘋傳的關於選舉舞弊的假訊息後湧向了國會山莊，企圖阻止國會認證拜登贏得去年十一月的這場選舉。美國社會接連遇上了好幾個「第一次」：自從英軍在一八一二年的美英戰爭中放火焚燒國會大廈和白宮以來，國會大廈第一次遭到外人闖入；國會大廈裡第一次出現美利堅聯盟國的軍旗（譯按：亦即美國南北戰爭期間，主張蓄奴的南方邦聯所使用的軍旗，今日有些立場較保守的個人或團體仍會使用，尤以南方州較為常見）；第一次有現任總統煽動支持者推翻一場合法的選舉、造成警察受傷，甚至還呼籲吊死副總統。

在攻擊事件發生的那幾天裡，阿拉巴馬和佛羅里達的警察部門都使用了「Clearview AI」臉部辨識系統，來辨識暴動的參與者，並將可能符合的個人檔案送交聯邦調查局。Clearview AI 的執行長宦孫至（Hoan Ton-That）接受《紐約時報》採訪時自豪地說，暴動發生後他們的搜尋量便

---

9 Anne Applebaum, *Twilight of Democracy: The Seductive Allure of Authoritarianism* (New York: Knopf Doubleday, 2020), 16.

立刻竄升了百分之二十六。[10]根據後來的起訴書，聯邦調查局也仰賴各種監控工具，比如車牌辨讀器和手機數據，來追蹤可能參與這場暴動的人士。

這起針對國會大廈的攻擊事件，也彰顯出關於國家監控的討論有多麼令人擔憂。使用臉部辨識技術來確認政治抗議活動參與者的身分，很明顯違反了言論自由。但萬一這場抗議跨越了底線、開始攻擊民主的核心精神，我們又該如何是好呢？這條底線，究竟要畫在哪裡呢？

Clearview AI的法務團隊抓住了這個機會，在《華爾街日報》的評論欄目中宣稱，這項保衛民主制度的科技獲得了勝利。「臉部辨識科技將會持續發揮作用，」他們寫道。「雖然中國展現了這種技術的危險之處，但國會山莊的暴動也證明這項技術大有可為。」[11]話鋒一轉，他們也引用了言論自由的論點，來批評那些試圖限制使用生物識別特徵的地方法律，並說在美國憲法的保障之下，他們擁有創造、散播臉部圖像等資訊的權利。

隔天，中國一份帶有民族主義色彩的國營小報刊出了一份英文社論文章，猛烈批評西方的雙重標準。「美國政府經常批評中國使用科技來維護公共安全，但國會暴動發生後，他們還不是一樣使用了Clearview AI來監控自己的人民？」這篇文章如此寫道，並提及美國對中國ＡＩ公司的制裁。「這和那些不斷攻擊中國ＡＩ公司、指控他們違反人權和侵害隱私的美國政治人物，形成了鮮明的對比。」

這篇社論猶如某種高級版本的酸民言論，但也凸顯出一個苦澀的現實。雖然《愛國者法案》

通過已經二十年，愛德華・斯諾登揭露美國國安局的事件也已經過了八年，但美國社會並沒有像很多人以為（或至少是希望）的那樣，生成對抗數位監控的抗體。

生活在威權國家的人民就算能表達反對意見，也只能用小小的抗議行為來發聲，而美國人和其他先進民主國家的國民，則有更多的力量去選擇如何回應國家監控體制的擴張——但他們必須明智地使用這個力量。

在精神的深處，美國人始終相信科技創新的固有價值。隨著演算法監控技術的出現，科技創新也創造了一個極有價值，但也非常不民主的科技。被投餵大量個人資料的ＡＩ雖然能進行預測，卻無法提供解釋，只能要求人們屈服於它的結論。演算法這個黑箱就像獨裁者宮殿裡的神祕房間，不接受任何人的監管。「我們不需要，也無從得知那些關聯性是如何推導出來的，也不知道可以用什麼因果關係來進行解釋，」研究科技的學者馬克・安德烈耶維奇（Mark Andrejevic）和凱莉・蓋茨（Kelly Gates）如此寫道。「我們只能接受這個說法：數據科學無所不知。」一如安德烈耶維奇和蓋茨的觀察，演算法威權主義也會不斷自我延續。公司和政府收集到的數據愈多，一

10　Kashmir Hill, "The Facial-Recognition App Clearview Sees a Spike in Use After Capitol Attack," *The New York Times*, live briefing, Jan. 9, 2021.

11　Floyd Abrams and Lee Wolosky, "The Promise and Peril of Facial Recognition," *The Wall Street Journal*, Jan. 13, 2021.

個社會對未來風險的想像和預期也會變得愈大，於是便會需要收集更多的數據來防範風險。[12]

國家監控體制和所有威權主義的力量一樣，在本質上都希望維持現狀——而這也是演算法造成的結果，因為演算法無可避免地會反映當下的偏見。於是優勢族群裡的有錢人，幾乎都會認為國家監控體制可以提供安全和便利，沒有理由去想像它對社會邊緣成員造成的副作用，除非有天他們自己也成了邊緣群體（不論是自己選擇，還是情勢所逼）。

隨著數位監控科技潛藏的壓迫性變得愈來愈明顯，人們也開始想要直接禁止這種科技。二〇二〇年因為被臉部辨識系統誤認，而在自己女兒面前被逮捕的底特律男子羅伯特．威廉斯，就在二〇二一年七月於眾議院司法委員會舉行的一場聽證會上，為禁止這種科技的呼聲提供了很有力的論點。「就算這種科技真的可以變準確（而像我這樣的人就是這個過程的代價），我也不希望我女兒的臉出現在某個政府資料庫裡，」他在聲明中如此寫道。「我不希望她們因為在某個政府不喜歡的抗議活動中被錄到，就有警察出現在家門口。我不希望這種科技自動執行種族歧視的政策，並讓這個政策更加惡化，而這也很有可能就是她們會去抗議的政策。」[13]那些抗議「黑人的命也是命」運動的極右翼人士，可能也會有（過去也確實有過）相同的感受。

尤其是在臉部辨識的案例裡，會排斥這種技術是既自然又合理的事情。臉部圖像比指紋還要切身許多，在那些本來可以賦予匿名自由的地方，作為一種追蹤人們足跡的工具，也比指紋還要有效很多。世界上很少有政府機構能證明，他們可以克制自己，不去濫用如此強大的科技。

然而針對這種科技的禁用規定，依然只在某些情況之下可行，很難全面實施。完全禁止政府使用監控技術，在政治上和實務上都不太可能實現。數位追蹤已經嵌入了每個現代國家的國家機器裡。就算我們有可能完全禁止，這麼做也依然太過短視，忽略了這種技術可以帶來的好處，就像中國一直忽略使用這個技術要付出的代價。

若想在北京不受任何限制的監控體制，和柏克萊等地對數位工具的束縛之間尋找平衡點，其中一個實際的解方，可能就藏在歐洲的隱私法之中。這部法律根源於國際人權法，主張數位監控應該只在必要的時候使用，而且使用的程度，也應該被限制在為了達到目的所需的最低限度。就實務上來說，這意味著警察部門必須提出合理的證據，證明某個可能存在的犯罪事件，並證明已經試過所有其他不那麼具侵入性的手段來追蹤嫌犯，才能獲准使用先進的監控技術。

必要性和比例原則為我們提供了一個角度，能讓我們思考在什麼情況之下，使用數位監控技術是合理的行為。使用臉部辨識系統來追蹤一個謀殺犯很合理。但處理在馬科斯百貨公司偷襪子的小偷呢？好像就沒那麼合理了。類似的防護機制，也適用於那些有各自目標要追求的政府部

---

12 Mark Andrejevic and Kelly Gates, "Big Data Surveillance: Introduction," *Surveillance and Society* 12, no. 2 (2014): 185–96.

13 羅伯特．威廉斯的證詞，可在以下連結取用："Facial RecognitionTechnology: Examining its Use by Law Enforcement," July 13, 2020, https://docs.house.gov/meetings/JU/JU08/20210713/113906/HMTG-117-JU08-Wstate-WilliamsR-20210713.pdf。

門，不論是要改善醫療體系，還是要查緝逃漏稅，都應該只在真正需要的時候，依據需要的程度來使用監控技術。

不論民主國家選擇哪個方法，公開透明都是絕不可少的條件。數位監控技術偏好在人們看不見的地方偷偷運作。若要盡可能降低傷害，就必須把監控攤在陽光下。「這是公民學的第一課，」任職於亞伯達大學（University of Alberta）、研究警方監控行為的社會學家凱文・哈格蒂（Kevin Haggerty），在我們寫作本書的初期如此告訴我們。「你可以推行任何架構，但如果你沒有獨立新聞，沒有公民參與的活躍傳統，那麼這些架構都不會有意義。」

當然，公開透明終究也有限度。就算把國家監控體制的真實狀況，完全攤開在解剖台、放在手術燈的刺眼光線之下檢視，我們依然要進行艱難的抉擇。用來尋找失蹤兒童的臉部辨識攝影機，或在下一場疫情中追蹤感染者的手機應用程式，看起來或許都是合理的，但萬一這些監控措施會悄悄擴大的話，我們又該怎麼辦呢？如果大家都不再關切，那麼這樣的系統可能會被掌權者擴大運用在哪些地方呢？

這個問題沒有簡單的答案，但若要對抗中國共產黨以數字統治社會的夢想，那麼理解和接受不存在簡單答案這點，並去學習擁抱複雜性和不便，終究會是最佳的解方。

尾聲　流亡

塔依爾、瑪爾哈芭和女兒們在維吉尼亞州的一間「美國長住旅館」（Extended Stay America）度過了他們在美國的第一晚。隔天早上，阿瑟娜醒來後到用餐區吃早餐，興奮的她不斷對每個在走廊上遇到的人道早安。讓她很高興的是，他們也都對她回道早安。吃過早餐、和更多人道了早安之後，她逛到了旅館外頭的草地上，在一塊寫著「留在美國」（譯按：「美國長住旅館」的英文名字最後兩字正好是「Stay America」，意思近似於「留在美國」）的豎形石板前自拍，然後選了最好的一張上傳到微信朋友圈裡。留言很快便湧入照片下方。

「你跑去美國了？」一個老師問道。

阿瑟娜打字回覆：「對，我要留在美國！」

就在更多親友按讚和留言的同時，她也第一次用網路連上谷歌和臉書。她很快便意識到一件事：她可以搜尋任何想看的東西。她輸入「習近平」，然後驚訝地發現一個又一個公開咒罵習近平和中國共產黨的網站。她從小到大一直都聽說牆外的網路有多麼自由和寬闊，但實際體驗這件事的感受還是超出了她的想像。她腦中原本的疆界馬上就被推翻了。

女兒們似乎輕易就適應了美國的新生活，但塔依爾就沒那麼好過了。從他在二〇一七年八月抵美的那一天起，一直到秋天結束，他幾乎每晚都在做噩夢。他有時會夢到自己在烏魯木齊的街上被警察追捕，有時則夢到瑪爾哈芭和女兒們回去探親，護照卻再次遭到沒收。他每天早上都會心驚膽跳地醒來，接著環顧房間四周，才想起自己身在何處。

他不斷看電視上播放的電影，試著讓自己保持清醒，這樣他就能一直記得自己身在美國，但最後還是會精疲力竭地睡著，然後在睡夢中回到新疆。由於缺乏睡眠，他在英文課堂上就像行屍走肉一般，靈肉分離。

幸好他的潛意識最後還是跟了上來。他開始夢到自己和在維吉尼亞州及華府認識的維吾爾人一起吃飯。有時候他在烏魯木齊的朋友也會在夢裡客串。塔依爾終於可以好好睡覺了。然而新疆此時發生的事情，卻也開始讓他心神不寧。

當塔依爾、瑪爾哈芭和他們的女兒抵達美國時，他們還感覺不太到新疆正在發生的事情。被國家控制的中國媒體，會使用反極端分子標語和政治術語等難以穿透的語句來掩飾一切，導致他們必須用和其他人的談話，以及在街上的觀察等資訊碎片拼湊圖像。華府近郊有個地方叫做費爾法克斯（Fairfax），那裡有個不小的維吾爾社群，而塔依爾一家人也是在那裡第一次接觸到未經審查的新聞。他們在美國看到的新聞，將令人不安的黯淡色彩，填入了他們原本隱約察覺到的輪廓之中。

他們一家人抵美的兩週過後，西方的新聞機構和人權團體發布了第一波關於新疆新的「政治教育」中心的報導，證實了塔依爾和瑪爾哈芭在烏魯木齊聽到的傳聞。有些報導揭發了新疆警方使用臉部和聲音辨識系統，來為某些人創建「3D」生物識別肖像的做法——這個報導，也解釋了他們在警察局地下室的那個詭異經歷。[1]還有些報導，則描述了根據行為和個人背景所建立的維吾爾人分類系統，證實了塔依爾當時對數據收集表的臆測。

那年十月，有個朋友請塔依爾幫忙剪接一部影片。塔依爾的一個表弟之前曾在他烏魯木齊的工作室裡處理剪片和其他技術性的工作，於是他沒有多想，就打了通電話回去請教一些使用剪片軟體的技巧。然而電話沒有人接。塔依爾後來又試了兩次，最後只能放棄。幾天過後他們從一個親戚那邊得知，那位表親已經被送去「學習」了。那位親戚在想，會不會是塔依爾打電話過去造成的。於是一股罪惡感湧向了塔依爾。他們最害怕的事情終於還是發生了，而且居然是因為剪片這種再普通不過的事情。他為什麼要打這通電話呢？於是塔依爾和瑪爾哈芭馬上斷絕了和親戚間的所有聯繫。

1 其中一個例子可參見：“China: Voice Biometric Collection Threatens Privacy,” Human Rights Watch, Oct. 22, 2017。

在此之前，塔依爾從沒想過要成為一位社運人士。在長達兩年多的時間，塔依爾都在忙著確保家人能安全無虞。他們抵達維吉尼亞之後，他一方面要忙著讓全家人在美國安頓下來，另一方面也要張羅流亡生活的各種現實問題，比如尋找住處、交通、孩子的學校、自己的語言課程、銀行和財務問題、購買清真食物的地方，以及申請政治庇護的資料。他自己幾十年前在勞改營的經驗讓他相信，對抗中國共產黨在新疆勢力的最好方式，就是培育維吾爾人的文化，而不是直接硬碰硬。然而隨著新疆發生的事情逐漸曝光，他也愈來愈覺得有必要正面對抗中共，一如他學生時期在北京所做的那樣。不少流亡海外的維吾爾人，最終也會走上這條路線。

塔依爾走回對抗道路的第一步，大約發生在二〇一七年十月底，當時我們透過一位維吾爾社運人士聯絡上他，詢問他是否願意接受《華爾街日報》的採訪，談談他逃離中國的過程。後來他同意受訪，但不太確定是否應該讓報紙具名引述他的說法。塔依爾知道，如果在報導裡附上他的名字，就能讓報導變得更加可信。但他也知道，那可能會為新疆的親友帶來麻煩。

塔依爾和瑪爾哈芭對於具名受訪這件事進行了討論，不確定應該優先保護親戚的人身自由，還是應該引發更多人的關注。然而一想到他們的選擇可能會讓親戚處境變糟，他們就覺得非常痛苦。不過由於從新疆傳出來的報導實在太過荒謬，讓很多人覺得那些都是假新聞。為了避免讓人覺得是假新聞，盡可能公開受訪者的身分就非常重要。經過幾天的來回討論之後，他們認為塔依爾應該要公開自己的身分。

就在塔依爾接受了採訪，但報導尚未刊出之際，他們便聽說瑪爾哈芭的弟弟和塔依爾的其中一位弟弟都被帶走了。這個消息讓他們心如刀割，卻也讓他們決定豁出去——反正不管塔依爾和瑪爾哈芭是否發聲，他們的親戚都要受苦，那還不如放手一搏。

這篇報導於二〇一七年十二月十九日在《華爾街日報》刊出。[2]幾天過後，塔依爾接到消息，他失蹤的弟弟已經被送到了一個集中營裡，還有兩位女性親戚被警方叫去問話，不過警方最後允許她們離開。《環球郵報》（*The Globe and Mail*）和《金融時報》（*Financial Times*）都打了電話給他，希望能進行採訪。隔年夏天，他為了搭配《華爾街日報》那篇報導而做的錄影訪談，在喜劇演員約翰・奧利佛（John Oliver）的《上週今夜秀》（*Last Week Tonight*）一個關於新疆的節目之中播出。

大約就在《上週今夜秀》播出的那個時候，塔依爾也接到了一通來自美國國務院的電話，對方邀請他在華府一場為期三天的高峰會中演說；這場高峰會由時任副總統彭斯（Mike Pence）主持，主題和宗教自由有關。起初他有些猶豫，因為他並不覺得自己在宗教上特別虔誠。但這是另一個可以引起人們關注維吾爾人處境的機會。高峰會那天到來時，他穿上了一套深藍色的新西裝

---

2 Josh Chin and Clément Bürge, "Twelve Days in Xinjiang: How China's Surveillance State Overwhelms Daily Life," *The Wall Street Journal*, Dec. 19, 2017.

前往華府。「維吾爾人的宗教生活被強加了前所未見的限制，」在翻譯的幫助之下，他提出了自己的證詞。「中國政府沒收、焚毀了宗教書籍，並拆除了清真寺。」這場聽證會結束後，媒體上又出現了新一波的報導。

塔依爾希望其他維吾爾人能像他一樣，公開談論新疆正在發生的事情。但很少人願意這麼做——至少一開始確實如此。被問及為何不願公開發聲時，最常見的一個理由是他們無法確定新疆的真實狀況。大多數海外的維吾爾人和塔依爾不同，他們都是在這波新政策展開之前就離開新疆了，對新疆的狀況沒有第一手的資訊，只能仰賴還在新疆的親人了解現狀。然而這些溝通管道卻在逐漸消失，導致資訊出現真空，而中國政府也開始把這種資訊真空當作一種武器來對付他們。

和所有仍有親人住在中國的人一樣，海外的維吾爾人也是透過微信和家鄉的親人聯繫。有些海外維吾爾人於二〇一七年初（也就是陳全國開始抓人的時候）開始注意到，親人會突然毫無緣由地從微信上消失。到了該年底，外國媒體開始揭露陳全國發動的政策規模有多大，而與此同時，也有更多的維吾爾人在新疆銷聲匿跡。有些人甚至還發了訊息給海外的親戚，要他們不要再聯絡自己。到了隔年，新疆維吾爾人消失的現象開始在全世界引起大量關注。

就在他們和親戚失去聯繫的大約同個時間點，流亡海外的維吾爾人也開始收到新疆一些不明人士的訊息，對方會宣稱是警察或地方政府官員。這些陌生人想知道住在其他國家的維吾爾社群發生了哪些事情。他們會提供獎賞引誘那些願意報告其他流亡維吾爾人動態的人；至於不願配合的人，他們則會出言威脅。有表哥在集中營裡嗎？或許他可以早一點被放出來唷。有姊姊被抓到在聽土耳其音樂，但還沒被帶走嗎？那她可能也會被送去再教育喔。這些陌生人會用類似的方式恩威並施，藉此要求海外的維吾爾人三緘其口，不要對外講述關於新疆的資訊。

然而中國共產黨的做法最後還是失敗了。不論是出於憤怒，還是因為他們決定豁出去（也可能這兩個因素都有），海外的維吾爾人開始對媒體大量發聲。他們說得愈多，就有愈多流亡維吾爾人站出來發聲。很快地，海外的新聞網站上開始充滿維吾爾家庭被中共同化政策撕裂的故事。西方政府起初對新疆報導的可信度還有點懷疑，此時也開始對中國提出質疑。

二〇一八年八月，也就是塔依爾和家人逃出中國的一年過後，被派去新疆協助執行中共的新民族政策的反恐專家胡聯合，在聯合國位於日內瓦的一場關於種族歧視的專題討論中承認，這些集中營確實存在。但針對「多達一百萬人被關在集中營」這個外界廣泛流傳的預估，他則是極力否認，並指該預估「完全不正確」。他也駁斥媒體對大規模洗腦的報導，並指那些集中營是一種職業學校，目的是幫助那些「只犯了輕罪的罪犯」在社會上成為有生產力的一員。[3]不過在好幾個月的否認之後，他的說法至少承認了集中營的存在——雖然只是個小小的勝利，卻非常重要。

3 Eva Dou and Josh Chin, “China: Xinjiang Camps Are Actually Vocational Schools for Criminals,” *The Wall Street Journal*, Aug. 13, 2018.

在接下來的幾個月裡，流亡海外的維吾爾人、學者和記者都在討論，習近平是否有可能達成他在新疆的終極目標。他真的能重塑維吾爾人的認同嗎？有些人主張，大規模洗腦是不可能成功的，就算是像中共這樣強大的組織亦然。亞德良．岑茨認為，強迫人們學習漢語、詆毀伊斯蘭教，並表達對習近平的感恩，並不會帶來中共想要的那種忠誠，而這也正是大多數人的看法。身為福音教派基督徒的岑茨指出，人的信念不會因為蠻橫的外力而改變：「如果真有什麼影響，那也只是讓維吾爾人更加痛恨中共而已。」塔依爾則比較悲觀。他認為，就算中國共產黨永遠無法完全把維吾爾人變成中國人，我們也不知道這種嘗試會帶來什麼傷害。

中國共產黨當時不斷在對維吾爾人的知識體系和傳統進行破壞。知名的維吾爾學者和藝術家紛紛消失在集中營裡——他們都是文化的守護者，有些人甚至曾和塔依爾共事，或一起吃過飯。知名的維吾爾民俗學教授熱依拉．達吾提（Rahile Dawut），於二〇一七年底在前往北京參加會議的途中失蹤。被一些人稱為「新疆的鮑伯．迪倫（Bob Dylan）」的都塔爾（*dutar*）二絃琴大師阿不都日衣木．艾衣提（Abdurehim Heyit），也在二〇一七年遭到拘捕；關於他已身亡的傳言曾在土耳其語世界引起一波憤慨情緒，但後來中國國營媒體播出了一段有點像人質錄影的影片，消瘦的艾衣提在影片裡宣稱自己健康無恙。根據家人的說法，曾任新疆大學校長，同時也是地理學家和中共黨員的塔西甫拉提・特依拜（Tashpolat Tiyip），則在祕密審判之後被判處死刑，緩刑兩年，原因是煽動分離主義。警方也開始將書店裡被中共認為太過提倡維吾爾認同的維文書籍下架，就算是之前能通過審查的書籍也沒有放過。

與此同時，中國政府也開始在烏魯木齊和其他地方創造出一個迪士尼版本的維吾爾文化，並將其包裝成漢族遊客可以安心消費的形式。政府出動的推土機夷平了清真寺和維吾爾人的墓園，並剷除了中共宣稱正在孕育分離主義者的移民聚落。建築工程人員改造了二道橋——那裡位於烏魯木齊的天山區，曾是維吾爾人的商業中心，此時卻成了某種贗品，有濃妝豔抹、穿著傳統服飾的維吾爾兒童在舞台上跳舞，還有紀念品店出售鑲狀握把的開瓶器。

隨著大量維吾爾文化遭到掃除、監禁和淨化，塔依爾覺得自己有責任讓僅存的文化延續下去。但與此同時，他也在掙扎著自己的自我認同。美國是個天堂，但身處其中的他卻感到非常迷失。幾乎不會英語的他，在維吉尼亞的第一年裡很難找到工作——對一個詩人來說，一旦語言不通，基本上便意味著失業。等他的英語提升到一定程度之後，他便用家裡不斷減少的積蓄買了一部油電混合的本田雅哥汽車，開始當起Lyft（譯按：一個類似於Uber的叫車平台）司機。他工作的頭一天賺了五十六美元。偶爾有些友善的乘客會問他是從哪裡來的，而他則會嘗試對他們解釋新疆正在發生的事情。言詞表達對他來說並不容易，但他有時能成功拼出一些句子。有些客人在聽了他的故事之後會多給他一些錢。他雖然覺得這種舉動有點奇怪，但也非常感動。

為了適應一個陌生國家和陌生文化的日常奮鬥，以及他愈來愈投入的維吾爾人權利倡議運動，都讓塔依爾和原本定義了他的職業漸行漸遠。他嘗試繼續書寫，卻感到非常艱難。拍片也不可能了——他沒有攝影機、沒有拍片團隊，也不知道怎麼處理複雜的後勤問題。以前的他還會參加聚會，在眾人的簇擁之下挖掘維吾爾歷史和傳統文化，但這樣的聚會在美國也不復存在了。現在的他，只是另一個掙扎求生的移民，每天坐在駕駛座上載送著陌生人。

他的家裡，瀰漫著某種被困在兩個相距遙遠的地方之間、被困在受創的過去和充滿不確定性的未來之間的錯位感。他們住在費爾法克斯一棟鑲白邊的淡灰色雙併別墅，那個社區以學區優良著稱。他們在家門前的地上放了一面寫著「擦乾淨你的爪子」的除泥墊，雖然他們並沒有養狗。客廳的壁爐架上掛著好幾個裱框，分別是皺巴巴的複印版美國憲法、新疆地圖、家庭照，以及塔依爾舉辦過的讀詩會海報。鄰近的牆上還有來自那場國務院宗教自由活動的三幅照片，分別是塔依爾和副總統彭斯、國務卿龐培歐（Mike Pompeo），以及當時的美國駐聯合國大使妮基．海莉（Nikki Haley）的合照。

廚房裡還有更多蛛絲馬跡，反映出他們揮別了過去的生活：瑪爾哈芭一直在和不合適的廚具奮戰，嘗試用它們煮出能和過去的生活保持連結的食物。角落裡的一個架子上堆著幾個燒焦的美式平底鍋和炒菜鍋，猶如一個鍋子的臨時墓園，擺放著無法招架維吾爾烹調方式的廚具。對瑪爾哈芭來說，對流烤箱（譯按：convection oven，一種帶有風扇的烤箱，能促進對流、讓食物均勻受熱）則是還算堪用，烤出來的饢品質不算太差，但和他們在烏魯木齊用土窯爐烤出來的饢還是不太一樣。

二〇一九年二月，瑪爾哈芭發現自己懷孕了，這件事再次擾動了他們的世界。由於生活實在太過動盪，塔依爾和瑪爾哈芭原本沒有打算再生另一個孩子。這個消息讓塔依爾開始更急切地搜尋新工作——而且最好是一個可以提供醫療保險的工作。後來他找到了一個兼職的差事，負責剪接攝影棚裡的訪談影片，偶爾也為自由亞洲電台（Radio Free Asia）在華府地區四處拍攝（自由亞洲電台是一個由美國出資成立的新聞機構，用包括維吾爾語在內的多個語言進行報導）。他從九月開始在那裡全職工作，但依然只是約聘員工，所以沒有員工福利。

這個新的困境，讓塔依爾變得更加不像原本的自己。他開始在自由亞洲電台全職工作後沒多久，有一天和大女兒阿瑟娜坐在一起。阿瑟娜比他還要更快適應在美國的新生活。在某個談話的空檔裡，阿瑟娜突然直直地看著他，然後用美國青少年常見的那種不太禮貌的語氣對他說：「你已經變成一個庸俗的人了。」這句話像一把利刀，刺進了他的心裡。

二〇一九年秋天，塔依爾和阿瑟娜坐上他們家的本田汽車，沿著五十號公路向東南方行駛，前往費爾法克斯的市區參加當地維吾爾社群的一場聚會。在全國步槍協會（National Rifle Association）的槍械博物館旁的辦公園區裡，塔依爾和阿瑟娜走進一個擠滿數百人的房間。這個場地的一部分擺放了圓桌，每張圓桌上都鋪著亮藍色的桌布，以及裝有果乾的紙盤。

裡頭的氣氛非常熱鬧，卻又帶點不安的情緒。當年稍早，外界發現中國共產黨在新疆的「再教育」計畫並不只是針對成人而已。維吾爾兒童也成了習近平和陳全國的目標，他們將被關押在集中營裡的人的子女也帶往寄宿學校，讓他們在那裡接受和父母類似的課程教育。有一位住在土耳其的維吾爾人，自從妻子在幾年前被關進集中營之後，就再也聯絡不上四歲大的兒子和三歲大的女兒，後來卻偶然在一部宣傳影片之中，看到自己的兒子在用漢語回答老師的問題。[4] 一些研究人員後來在教育部的網站上找到一份政策文件，裡頭指出有將近五十萬名孩童（亦即新疆所有大專階段以下的學生人數的百分之四十）在寄宿學校裡上課。這份文件還呼籲擴大這個寄宿學校的體系，好讓教育部門的官員可以「盡可能避免孩童在家中受到宗教氛圍的影響。」[5] 這個世代的維吾爾人或許還可以抵抗這種洗腦活動，但孩童終究很容易受到影響。中國共產黨的同化計畫突然開始變得更加真實了。

與此同時，北京政府也發起了一場大膽的宣傳活動，將其新疆政策描述成一種值得仿效，而非應該被譴責的措施。中國的國務院新聞辦公室發布了一份一萬六千字的白皮書，標題為《新疆的反恐、去極端化鬥爭與人權保障》；他們在白皮書中主張，政府在新疆實施的「預防性」措施，已經讓各族人民之間的互動和溝通變得「更加親密」。一則跟著白皮書一起刊登的新華社報導，則將這個新疆政策連結上全球的反恐戰爭。[6]中國政府還邀請了友好國家的媒體，在嚴格控管的行程裡參訪了幾個經過挑選的集中營，彷彿和納粹德國在大屠殺初期的作法如出一轍。被關押的維吾爾人在管理人員的監視之下接受採訪，大力稱讚他們在集中營裡所受到的教育。一位獲准參加行程的路透社記者寫道，他們當時被帶進一個教室裡，裡頭的維吾爾學生被要求站著對來客演唱「如果你感到幸福你就拍拍手」（譯按：一首知名英語兒歌）。

但在這一連串的怪現象之中，我們還是能看到一絲希望。美國已經開始對在新疆涉入監控活動的中國公司進行制裁，這是西方政府支持維吾爾人的一個重要里程碑。雖然沒有人能確定原因，有些被關押的維吾爾人開始從集中營裡被釋放出來。雖然很多人以為關於中共在新疆行動的

4 Alexandra Ma, "This Man's Family Vanished in China's Most Oppressed Region. The Next Time He Saw His Son Was 2 Years Later, in a Chinese Propaganda Video," *Business Insider*, Feb. 6, 2019.

5 "Quanguo tongchou xianyu nei chengxiang yiwu jiaoyu yitihua gaige fazhan xianchang tuijinhui: jiaoliu cailiao," Jiaoyubu Jichu Jiaoyuci, Dec. 2017, http://www.moe.gov.cn/jyb_xwfb/xw_zt/moe_357/jyzt_2016nztzl/ztzl_xyncs/ztzl_xy_dxjy/201801/W020180109353888301306.pdf.

6 "China Issues White Paper on Anti-Terrorism, Human Rights Protection in Xinjiang," Xinhua, Mar. 18, 2019, http://www.xinhuanet.com/english /2019–03/18/c_137904167.htm.

報導會逐漸變少，但新的報導卻變得愈來愈多。[7]

當晚聚會上的講者則選擇突出正向的一面，驚嘆維吾爾人的運動如何從原本默默無聞的狀態發展至今。一位年長的流亡社群領袖戴著維吾爾人的傳統四角朵帕花帽（*doppa*），充滿活力和反抗精神地對著麥克風說話。「我們在這裡聚會，就是在對中國共產黨進行對抗。誰能想到我們居然可以獲得這麼多支持？」

塔依爾報以熱烈的掌聲，儘管他和阿瑟娜在接下來的活動裡都坐立難安。看到這麼多維吾爾人聚集在同個地方，輕鬆而開心地舉辦他們在中國無法進行的慶祝活動，確實讓他們感到非常振奮。然而其他的演講和音樂表演，卻有許多都是由在美國出生的第二代維吾爾移民進行，他們雖然非常認真，卻也顯得有些笨拙——而這也提醒了塔依爾和阿瑟娜他們距離新疆有多遙遠，而且很有可能再也回不去了。

不到一個月過後，美國眾議院於二〇一九年十二月三日以四百〇七票贊成、一票反對的懸殊差距，通過了《維吾爾人權政策法案》（Uyghur Human Rights Policy Act），讓美國可以制裁涉入壓迫新疆的官員。這個法案通過的前不久，也有個類似的法案在參議院獲得全體一致通過。

在幾天之內，新疆人民政府主席雪克來提・札克爾（Shohrat Zakir）便在北京的一場記者會上，發布了令人驚訝的消息。他說，所有被送往集中營（他依然將這些集中營稱為職業訓練中心）的人都已經「畢業」了，並指「在政府的幫助之下，他們獲得了穩定的工作，生活品質也獲得了改善。」他說那些設施將會持續運作，但參與訓練的人可以「自由選擇去留」。[8]

札克爾的說法並不準確。集中營裡依然有大量的維吾爾人，他們沒有離開的自由。但確實有愈來愈多的流亡維吾爾人，開始聽說被長期關押的親戚被釋放出來了。在中國政府語調軟化的激勵下，有些海外維吾爾人因為實在太想念家人，於是便冒著風險飛回新疆進行短期訪問。

瑪迪納（Madina）就是其中一個勇敢回到新疆的維吾爾人。她在二〇一六年從新疆前往德國攻讀碩士課程；她從親戚那邊聽說自己的母親生了重病，連走路和說話都有困難。她在二〇一九年十二月飛往喀什，先是被警方訊問了三個小時，才被允許繼續前往父母的家裡。警察要求她交出手機和密碼，然後開始瀏覽手機裡的內容。瑪迪納之前就從其他回過新疆的朋友那邊聽過這種檢查方式，因此早已做好了準備——她在出發之前，先用一百歐元買了一支便宜的手機。從警察局出來之後，瑪迪納招了一輛計程車回家，而在那趟四十分鐘的路程裡，她非常不安地看著街上

---

7 為了保護聚會參與人士的親人，我們改動了這場聚會的一些細節。

8 Ben Blanchard, "China Says Pace of Xinjiang 'Education' Will Slow, but Defends Camps," Reuters, Jan. 6, 2019.

的景象。計程車行駛在城裡的街道上時，瑪迪納馬上就注意到人行道上的人變少了；過去總有許多人在唱歌、跳舞和吃東西的公園裡，此時卻空無一人。

「我問司機街上為什麼這麼少人，」她一邊回憶當時的情景，一邊對我們這樣說。「『因為今天是星期一吧？』司機說。『所有人都在大學裡學習。』而大學的意思就是集中營。」

回到家後，她看到了剛被從集中營釋放的外甥。警察於二〇一七年發現，她外甥的妻子四年前曾在大學裡學習宗教資料，於是便將他帶往集中營。瑪迪納前往德國的時候，他才二十五歲。她記得他是個快樂的孩子，也總愛說笑。然而此時的他卻安靜地坐在家裡，不和其他人互動。瑪迪納的妹妹不想討論她兒子經歷過的事情。「最好不要討論這些事情。很可怕，」她說。他們一家人聽說，那位外甥的妻子預計隔年也會被釋放出來。他們不知道為什麼她被關的時間比較久。

自從塔依爾和瑪爾哈芭於二〇一七年逃離中國之後，他們就有五個親戚被送往集中營，而且全都在二〇一九年底獲得釋放。在照片裡，瑪爾哈芭和塔依爾的手足們既蒼白又憔悴，看起來就像日本戰俘營裡的盟軍士兵，或是被從奧斯威辛（Auschwitz）集中營解救出來的猶太人。瑪爾哈芭在看到那些照片之後哭了三天。他們五個人全都仍在不斷遭到監視。塔依爾的一些朋友告訴他，他們的親戚有些從集中營出來沒多久之後便去世了，有些則是罹患了奇怪的疾病，還有些人的精神狀況出現異常。他不知道自己的弟弟和其他四個被帶走的親戚過得如何。唯一還願意和他們聯絡的親戚總會重複同一句話：「他們過得很好。」塔依爾猜這句話的意思是他們沒有人出現嚴重的問題，為此他感到非常感恩。

札克爾宣布的「畢業」消息，似乎代表新疆政策正在進入一個新的階段。隨著時序進入二〇二〇年，警察在街上出現的頻率下降了，一些集中營也開始關閉。喀什一個被關閉的集中營後方，可以看到一堆堆宿舍床架被丟在田地上任由其生鏽，有些床架上頭還有紅色貼紙寫著「重整錯誤、承認錯誤、悔改自新」。人潮回到了市場和廣場上。有些流亡維吾爾人從親戚那邊聽到了變化，也認為這些跡象代表國外的施壓是有效的。

然而還有些變化，卻不那麼鼓舞人心。那些沒被關閉的集中營裡頭，有許多都被改成正式的拘留中心或監獄，而尚未獲釋的人，則有不少被判定犯了和國家安全相關的罪行，但他們的親人從未接到過審判通知。即使是被釋放的人，也很難說是真正重獲了自由：政府除了持續監控這些「畢業生」之外，也經常強迫他們在工廠裡從事低薪工作（有時工作地點在距離他們家人很遠的城鎮裡），否則可能就會被送回到拘留中心裡。

與此同時，中國政府對待維吾爾女性的可怕方式也開始浮現。哈薩克族的女性之前曾跨越邊界前往哈薩克，在那裡描述她們在集中營裡遇到的可怕經歷。她們說她們的頭髮會被剃光，然後和其他幾十個女人一起擠在一個布滿監視器和麥克風的牢房裡，被迫在強光之下入睡，而且不能蓋住自己的眼睛；如果在廁所裡待太久，還會遭到電擊棒的攻擊。從集中營裡出來的維吾爾女性，後來則指控在裡頭遭到了性侵和輪姦。有些女性則提到自己被強迫注射，或被迫吞下停經藥物。[9]

有些女性也揭露，新疆的計劃生育官員已經開始在維吾爾社群裡嚴格限制生育——雖然與此同時，他們也正在其他地方鼓勵漢人女性增加生育，以對抗中國的人口老化問題。生育超過兩個孩子就是維吾爾女性被送進集中營裡的常見理由，她們許多人的子宮都在那裡被迫裝入了避孕器。官員們在描述收緊生育政策時使用的語言，就和她們在提及監控措施時的那套語言一模一樣，說那是「人口優化」策略的一環。岑茨曾對實施打壓政策之前的人口預測，以及在「優化」狀況下的新預測進行比較，他預估新的政策將會在二〇四〇年之前，導致維吾爾新生兒減少兩百六十萬至四百五十萬人。[10]

若再搭配把維吾爾兒童送去寄宿學校的政策，這些做法的意義就非常明顯：中國共產黨正在對下一代的維吾爾人實施同化政策，他們不只會被教育成中國人，人數也會變得更少。

這些發現在新疆以外的地方引起了強烈的反應。龐培歐以及在拜登執政下繼任的國務卿布林肯（Antony Blinken）都指控，中國共產黨正在進行種族滅絕行動。加拿大的下議院和英國國會也都在投票之後，將這場行動認定為種族滅絕。其他國家雖然沒有使用這個詞彙，但幾乎所有西方國家都對新疆的狀況提出了譴責，指控中共的暴行。

二〇二一年六月，在世界維吾爾代表大會（World Uyghur Congress）的要求之下，一個由駐倫敦的人權律師和學者組成的專家小組，前去進行了一場獨立調查。這個專家小組自稱「維吾爾獨立法庭」（Uyghur Tribunal），聲明他們尊重中國，也尊重不同的政治體制，而且只調查那些明顯違反中國自己也認可的國際法的行為。該小組進行了一年多的聽證，並檢視了各種證據（包括一份外洩的中共機密文件，該文件顯示習近平和新疆的政策有直接關聯），最後認定中共政策可能減少的維吾爾新生兒數，加上強迫已經出生的維吾爾人接受同化的行為，已經足以符合種族滅絕的定義。「獨立法庭掌握的證據顯示，這個犯罪行為和一個國家的最高層政治人物存在關聯，而根據這些證據所認定的犯罪行為，也讓獨立法庭感到頗為不安。這樣的事情應由各國政府或國際組織來處理，似乎會更為恰當，」該小組在最後的判決中如此寫道。「然而各國政府沒有勇氣做這件事，某個強國參與其中的〔聯合國〕也是如此。」雖然該小組沒有權力制裁中國，但他們仍在結論中呼籲世界各國政府仔細思考，為何必須更有力地對此進行干預。[11]

9 其中一個例子請參見：Matthew Hill, David Campanale, and Joel Gunter, "'Their Goal Is to Destroy Everyone': Uighur Camp Detainees Allege Systematic Rape," BBC News, Feb. 2, 2021。

10 Cate Cadell, "China Policies Could Cut Millions of Uyghur Births in Xinjiang," Reuters, June 7, 2021.

11 The Uyghur Tribunal, "Uyghur Tribunal Judgment: Summary Form" (Dec. 9, 2021), 55, https://uyghurtribunal.com/wp-content/uploads/2021/12/UT-judgment-version-for-approval-by-GN-07.25–2.pdf.

塔依爾和瑪爾哈芭的兒子在二〇一九年十一月出生。他們決定將他命名為塔里木（Tarim），這個名字來自蜿蜒流過新疆中部的塔里木河。他們之所以選這個名字，是希望兒子能永遠和父母成長的那片土地、孕育了維吾爾文化的那片土地存在連結。瑪爾哈芭也希望有天能帶著兒子回到新疆，看看他名字裡的那條塔里木河。

差不多就在塔里木出生的那段時間，塔依爾聽說他的一個朋友——小說家帕爾哈提・吐爾遜（Perhat Tursun）因為不明罪名被判處十六年監禁。這件事顯示出，中國共產黨仍在試圖清除被他們視為威脅的維吾爾人。再到後來，中國政府也開始瘋狂地嘗試駁斥種族滅絕的指控；中國的外交部長甚至說，該指控是「別有用心的造謠，徹頭徹尾的謊言」[12]。中國的官員也對制裁嗤之以鼻，認為制裁的目的是為了遏制中國崛起。習近平於二〇二〇年秋天在北京一場為期兩天、關於新疆的會議上發出了明確的訊號，聲明中共管控新疆的政策「完全正確」。[13]

與此同時，監控科技和中共在新疆使用的一些技術，也正在擴散到中國其他以少數民族為主的偏遠地區。監控清真寺的系統開始出現在甘肅和寧夏，也就是中國的西北地區——那裡居住著大量回族，他們雖然是另一個穆斯林少數群體，但在文化和政治立場上比較接近漢族。至於有大量藏人分布的四川西部，政府則在七個佛寺裡設置了臉部辨識系統，以及超過一百八十部監視攝影機。政府的採購文件顯示，他們也使用無人機來繪製一些寺院的地圖，並建立了資料庫來對住在寺院裡的人進行分類。在這個資料庫裡，三角形是「愛國者」的符號，星星代表「特別關注人士」，圓圈則是「一般關注人士」。[14]

這些全都讓塔依爾不禁懷疑，瑪爾哈芭希望有天能帶兒子回到故鄉的心願能否實現。「只要中共持續掌權，這個夢想就永遠不會實現，」他告訴她。就在他逐漸接受這個現實的同時，他也開始找回一部分的自己。他開始書寫更多的文字。二〇二一年七月，塔依爾在《大西洋》雜誌（*The Atlantic*）上發表了一篇文章，記錄下自己的經歷和逃亡過程。他在文章裡回憶自己在警局地下室採集生物識別數據、他的朋友卡米爾的失蹤過程，以及他抵達波士頓之後發現自己將永遠背負著罪惡感——因為他雖然到了一個安全的地方，卻也將許多他深愛的親友留在了新疆。[15]在那篇文章的最末，他用一首自己在抵達美國後所寫的詩作結，詩名為〈別的地方〉（Somewhere Else）。

---

12 "Uighurs: Chinese Foreign Minister Says Genocide Claims 'Absurd,'" BBC News, Mar. 7, 2021.

13 Chun Han Wong, "Xi Says China Will Continue Efforts to Assimilate Muslims in Xinjiang," *The Wall Street Journal*, Sept. 26, 2020.

14 Liza Lin, Eva Xiao, and Jonathan Cheng, "China Targets Another Region in Ethnic Assimilation Campaign: Tibet," *The Wall Street Journal*, July 16, 2021.

15 Tahir Hamut Izgil, "One by One, My Friends Were Sent to the Camps," *The Atlantic*, July 14, 2021.

我被困在這些失去顏色的文字裡
困在這些失去秩序的瞬間裡
我額頭上的目標
無法讓我跪地認輸
此外
夜復一夜
又夜復一夜
我講著我認識的螞蟻的名字

我想著在路邊，或其他地方
維持完整
就算是
懸崖看著遠方也會累
但
在我的思緒裡，我用兩根手指拿剪刀
修剪你凌亂的頭髮

我用手舀水潑濕你的胸口
澆熄遠方的森林大火

當然
我也只能
看著遠方一會兒[16]

（英文版由喬舒亞·弗里曼翻譯）

當時十九歲的阿瑟娜，曾在《大西洋》雜誌的一個podcast訪談中回憶她的旅程，該訪談後來和她父親的文章一起發布。她說，在美國的頭一年半裡，她也一直有種罪惡感。「這種想法滿黑暗的，但我希望我可以用一種（能讓）所有人知道新疆正在發生的事情的方式死掉，」她說。「如果我可以回去，用我的死換來對同胞的幫助，我就會覺得不再罪惡。」

但她說，自從她知道母親懷孕之後，她的想法也開始出現了變化。起初，她反對母親生下弟弟，但塔里木的出生，也將整個家庭從瓦解的邊緣拉了回來。每個人的力氣都投注到了這個新生

16 Tahir Hamut Izgil, "Somewhere Else," trans. Joshua L. Freeman, May 28, 2018, originally published in *Asymptote*.

兒上。「可以說是他救了我們，」她說。塔里木出生的第四十天，他們家邀請了其他維吾爾孩子過來，幫塔里木進行沐浴儀式（*qiriq suyi*）；在這場儀式之中，參加者會一邊用木勺將水潑在嬰兒身上，一邊祝福孩子的未來。有些孩子也祝塔里木財運亨通，長大後找到好工作。「輪到我的時候，」阿瑟娜回憶道，「我用木勺舀了一瓢水潑在他身上，然後說『我希望你成為一個自由的人。』」

她的弟弟生在美國，所以是一位美國人。當阿瑟娜在思考弟弟的未來時，她一直在斟酌自由這個概念，以及擔在她肩上的一個責任：為維吾爾認同的未來對抗共產黨的監控機器。她不知道讓塔里木承擔一個維吾爾人的沉重壓力，對他來說是否公平。「我只希望他擁有選擇的自由，」她說。「但你不能逃避這個選擇。」[17]

17 "The Experiment Podcast: A Uyghur Teen's Life After Escaping Genocide," *The Atlantic*, Aug. 19, 2021.

逃離新疆之後，塔依爾・哈穆特和他的家人於二〇一七年在維吉尼亞州定居下來。兩年過後，塔依爾的妻子瑪爾哈芭生下一個兒子，他們將他取名為塔里木。塔里木的這張照片拍攝於二〇二〇年，一旁是他的父母，以及姊姊阿爾蜜拉（右二）和阿瑟娜（右一）。（照片由塔依爾・哈穆特提供）

致謝

我們要對所有大方和我們分享故事的人，表達我們的敬意和謝意——他們有時甚至必須冒著自己或摯愛的親友的安全風險，來接受我們的採訪。首先要感謝的是塔依爾・哈穆特和他的家人，他們決定具名分享自己在新疆的經歷，是我們能寫出這本書的關鍵所在；在漫長的訪談過程中，他們表現出來的耐心和開放態度，也讓這本書的內容變得更加豐富。我們也非常感謝博比・瓦恩，他讓我們進到他的家裡，也帶我們認識了烏干達政治的戰場前線；非常感謝薇薇安・徐、邱立群和徐冰，他們打開了我們的眼界，讓我們得以認識中國人對付監控體制的各種方式；也要感謝凱特琳・傑克遜，她幫助我們看見同樣的難題，如何也正在美國發生。

如果沒有Gillian Wong的智慧、洞見和支持，這本書就無法實現，寫出來的東西大概也很難是條理分明的。她從這本書還在發想階段時，就不斷鼓勵著我，接著又在書稿的混亂孕育過程中，完美地以鼓勵、誘導和質疑等方式，協助這本書誕生。簡言之，她真的很棒。

我們也要對我們在《華爾街日報》的同事表達無盡的謝意，他們的新聞工作技巧和慷慨大方，一直都讓我們非常驚嘆。Clément Bürge是很厲害的報導搭檔，本書一些最困難的採訪工作都有他的參與，同時他也一直是我們敘事靈感的來源。Joe Parkinson除了讓我們在調查上沾了他的光，對於我們在寫書和日常報導工作之間努力維持平衡這件事，他也非常能感同身受。John Corrigan辨認出國家監控是個很重要的故事。Nicholas Bariyo、Eva Dou、Jeremy Page、Natasha Khan、Wenxin Fan和Dan Strumpf開啟了初期的報導，形成了這個寫作計畫的基礎。Charles Hutzler、Sofia McFarland、Neil Western和Patrick Barta讓我們一直保持正確的方向。Matt Murray除了給予這本書祝福之外，也明智地勸告我們不要讓這本書太過專注只談某項技術。

我們在St. Martin's出版社的編輯Tim Bartlett，是個毅力十足的探路者，他幫助我們披荊斬棘穿越了數不盡的密林。我們尤其感謝他，在我們被中國驅逐出境，以及突如其來的全球疫情爆發後，仍像佛祖一般地對我們充滿耐心。非常感謝我們的經紀人Gail Ross，她從頭到尾都堅定地擁護我們，同時也是信念和建議的重要來源。

還有些人扮演的角色超出了預期：有時候對這個寫作計畫甚至比我們還要熱心的Andreas Weigend，源源不絕地為我們提供想法、專業知識和信心。在北京和新加坡的時候，感謝Ian Johnson一邊和我們喝比利時啤酒，一邊不斷提供各種洞見。Bryan Salvatore協助我們改善我們的文筆，並在這本書的寫作邁向終點時給了我們亟需的信心。

超級感謝Tom Wright，說服我們滿足自己遠大的企圖心。也要感謝Richard McGregor、John Pomfret、Mei Fong、Dinny McMahon和Jim McGregor，他們全都在這個寫作計畫的初期階段給了我們重要的建議和鼓勵。

任何一個像本書這種規模的報導作品，都會需要研究者和事實查核者來確保資訊正確無誤。我們非常幸運，得以和一個頂尖的團隊合作。非常感謝Rachel Zhang、Dave Yin和許多不願曝光名字的團隊成員。

我們想表達我們對Darren Byler、James Millward和Sean Roberts的無盡敬意，感謝他們和我們分享他們對新疆的深入知識；感謝Zuoyue Wang和Mara Hvistendahl在關於錢學森的故事上提供了指導；感謝Samantha Hoffman、Sheena Grietens、Steven Feldstein、Samm Sacks、Greg Walton、Peter Furhrman和Charles Rollet協助我們釐清科技和政治在中國如何匯流；感謝Jeremy Daum在我們討論社會信用體系時，幫助我們將事實和空想區分開來；感謝Lokman Tsui、Clement Chen、Jamie Horsley和Clarisse Girot挑戰我們，要求我們更加深入思考中國人對隱私的概念；感謝Susan Shirk、Helen Toner和Jessica Chen Weiss闡明了國家監控技術的地緣政治；感謝Claire Garvie、Evan Selinger、Albert Fox Cahn、Nicole Ozer和Jennifer Lynch幫助我們理解監控技術在美國脈絡中的意義；感謝David Lyon、Kevin Haggerty、Mark Andrejevic、James Rule和Oscar Gandy Jr.幫助我們對監控技術在更廣泛的社會中所扮演的角色進行更深入的思考。

我們誠摯感謝新美國（New America）智庫資助和這本書有關的研究，並邀請我們進入一個很棒的說故事社群。也要感謝《華爾街日報》不只支持我們進行採訪工作、支撐起這本書的內容，也給予我們時間寫書。

最後，我們要對所有曾經花時間閱讀初稿、提供改善建議的人致意，他們是：Matt Sheehan、Aaron Krenkel、John Delury、Jude Blanchette、Jessica Batke、Katina Michael、Ronald Kline、Keith Zhai、Felix Kapron、Daniel Tam-Claiborne、Val Chin、Steve Chin和Kristi Kramer。本書所有錯誤，不論是事實上，還是詮釋上的失誤，都只由作者兩人承擔。

精選參考資料

Applebaum, Anne. *Twilight of Democracy: The Seductive Allure of Authoritarianism.* New York: Knopf Doubleday Publishing Group, 2020.

Ball, K., K. D. Haggerty, and D. Lyon, eds. *Routledge Handbook of Surveillance Studies*. New York: Taylor and Francis, 2012.

Black, Edwin. *IBM and the Holocaust: The Strategic Alliance Between Nazi Germany and America's Most Powerful Corporation.* Washington, DC: Dialog Press, 2012.

Blanchette, Jude. *China's New Red Guards: The Return of Radicalism and the Rebirth of Mao Zedong*. New York: Oxford University Press, 2019.

Bovingdon, Gardner. *The Uyghurs: Strangers in Their Own Land.* New York: Columbia University Press, 2010.

Byler, Darren. *In the Camps: China's High-T ech Penal Colony*. New York: Columbia Global Reports, 2021.

Chang, Iris. *Thread of the Silkworm.* New York: Basic Books, 1995.

Davis, Bob, and Lingling Wei. *Superpower Showdown: How the Battle Between Trump and Xi Threatens a New Cold War.* New York: Harper Business, 2020.

Feldstein, Steven. *The Rise of Digital Repression: How Technology Is Reshaping Power, Politics and Resistance*. New York: Oxford University Press, 2021.

Foucault, Michel. *Discipline and Punish: The Birth of the Prison*. Trans. Alan Sheridan. New York: Vintage, 1977.

Frischmann, Brett, and Evan Selinger. *Re- engineering Humanity*. Cambridge: Cambridge University Press, 2018.

Funder, Anna. *Stasiland: Stories from Behind the Berlin Wall*. New York: Harper Perennial, 2002.

Griffiths, James. *The Great Firewall of China: How to Build and Control an Alternative Version of the Internet*. London: Zed Books, 2019.

Hoffman, Samantha R. "Programming China: The Communist Party's Autonomic Approach to Managing State Security." PhD thesis, University of Nottingham, 2017.

Hsien, H. S. (Qian Xuesen). *Engineering Cybernetics*. New York: McGraw- Hill, 1954.

Kline, Ronald R. *The Cybernetics Moment: Or Why We Call Our Age the Information Age.* Baltimore: Johns Hopkins University Press, 2015.

Kuhn, Philip A. *Soulstealers: The Chinese Sorcery Scare of 1768*. Cambridge, MA: Harvard University Press, 1990.

Lee, Kai- fu. *AI Superpowers: China, Silicon Valley and the New World Order*. Boston: Houghton Mifflin Harcourt, 2018.

MacKinnon, Rebecca. *Consent of the Networked: The Worldwide Struggle for Internet Freedom*. New York: Basic Books, 2012.

McGregor, Richard. *The Party: The Secret World of China's Communist Rulers*. New York: Allen Lane, 2010.

Millward, James. *Crossroads of Eurasia: A History of Xinjiang*. New York: Columbia University Press, 2009.

Minzner, Carl. *End of an Era: How China's Authoritarian Revival Is Undermining Its Rise.* New York: Oxford University Press, 2018.

O'Neil, Cathy. *Weapons of Math Destruction: How Big Data Increases Inequality and Threatens Democracy.* New York: Crown/ Archetype, 2016.

Parenti, Christian. *The Soft Cage: Surveillance in America from Slavery to the War on Terror.* New York: Basic Books, 2003.

Reid, Richard. *A History of Modern Uganda*. New York: Cambridge University Press, 2017.

Rice, Andrew. *The Teeth May Smile but the Heart Does Not Forget: Murder and Memory in Uganda.* New York: Henry Holt, 2009.

Rid, Thomas. *Rise of the Machines: A Cybernetic History.* New York: W. W. Norton, 2016.

Roberts, Sean R. *The War on the Uyghurs: China's Internal Campaign Against a Muslim Minority.* Princeton: Princeton University Press, 2020.

Schell, Orville, and John Delury. *Wealth and Power: China's Long March to the Twenty- First Century*. New York: Random House, 2013.

Schoenhals, Michael. *Spying for the People: Mao's Secret Agents, 1949–1 967*. Cambridge: Cambridge University Press, 2013.

Scott, James C. *Seeing Like a State: How Certain Schemes to Improve the Human Condition Have Failed.* New Haven: Yale University Press, 1998.

Solove, Daniel J. *Understanding Privacy.* Cambridge, MA: Harvard University Press, 2008.

Tse, Edward. *China's Disruptors: How Alibaba, Xiaomi, Tencent, and Other Companies Are Changing the Rules of Business.* New York: Portfolio, 2015.

Wang Lixiong. *Da Dian (The Ceremony).* Taipei: Locus Publishing, 2017.

Weigend, Andreas. *Data for the People: How to Make Our Post- Privacy Economy Work for You.* New York: Basic Books, 2017.

Wiener, Norbert. *Cybernetics: Or Control and Communication in the Animal and the Machine*. 2nd ed. Cambridge, MA: MIT Press, 1961.

Yang Jisheng. *Tombstone: The Great Chinese Famine, 1958– 1962*. Trans. Stacy Mosher and Guo Jian. New York: Farrar, Straus and Giroux, 2012.

Zamyatin, Yevgeny. *We.* Trans. Natasha S. Randall. New York: Random House Publishing Group, 2006.

Zuboff, Shoshana. *The Age of Surveillance Capitalism: The Fight for a Human Future at the New Frontier of Power.* New York: Public Affairs, 2019.

關於受訪者和姓名的說明

本書統整來自十四個國家、大約一百五十人的訪談內容，集結數百份研究報告、專書和中共官員的演說內容，以及數千頁的政府文件和企業文件，同時也在中國、烏干達和美國進行實地採訪。如果我們引用了不是由我們採訪的報導內容，出處都會列在每一章的註釋裡。

中國人使用多種不同的羅馬拼音系統來拼寫他們的名字。住在中國大陸的普通話使用者，幾乎全都使用漢語拼音系統，並將姓氏放在前面；如果名字有兩個字的話，轉寫成拼音時也會結合成一個單詞，不過不少有英文名字的人，倒是會把姓氏放在名字後面。我們選擇漢語拼音系統作為預設的羅馬拼音轉寫方式，除非有人向我們表達個人意願，不希望我們用漢語拼音來拼寫他們的名字。錢學森則是個特殊的難題：他在拼寫自己的名字時，曾經使用過幾種不同的方式。雖然他在美國經常被稱為「Tsien Hsue-Shen」（或H. S. Tsien），但我們依然決定要使用漢語拼音來拼寫，因為不論是在西方，還是中國的媒體報導裡，他的名字都愈來愈常以漢語拼音的規則出現。

對於書寫中國的記者和研究者來說，審查機制長期以來都是個很大的挑戰。近年來，中國共產黨愈來愈積極地在刪除被他們認定可能涉及敏感問題的資訊，做法也愈來愈有系統性。因此，我們在寫作本書時所仰賴的新聞報導、社群媒體貼文和官方文件，有些可能已經不再以數位形式存在著，或者只能在中國境內的網路上取得。已被刪除的數位形式資料來源，或是已經無法在網路上取得的資料，我們都會在註釋中註明。

在描述那些並非由我們親身採訪的事件時，我們會引用中國和其他地方的可靠報導來源。這些來源包括但不限於：《華爾街日報》、《紐約時報》、《華盛頓郵報》、美聯社、路透社、法新社、《經濟學人》、英國廣播公司、《金融時報》、《財新》、Buzzfeed News、「攔截」（The Intercept）、《南華早報》和《第六聲》（*Sixth Tone*）。如果我們引用了其他媒體的獨家報導，也會在行文處或在註釋中標明出處。

Surveillance State
Text Copyright © 2022 by Josh Chin and Liza Lin
Published by arrangement with St. Martin's Publishing Group through Andrew Nurnberg Associates International Limited.
Complex Chinese Translation copyright © 2024 by Rye Field Publications, a division of Cité Publishing Ltd.

國家圖書館出版品預行編目（CIP）資料

監控國家：中國全力打造的數位烏托邦，一座不斷進化、從上到下集體共構的全景監獄／李肇華（Josh Chin），林和（Liza Lin）著；李易安譯. -- 初版. -- 臺北市：麥田出版：英屬蓋曼群島商家庭傳媒股份有限公司城邦分公司發行, 2024.04
面；　公分. --（麥田國際；10）
譯自：Surveillance state : inside China's quest to launch a new era of social control.
ISBN 978-626-310-629-1（平裝）

1.CST: 社會控制　2.CST: 政治制度
3.CST: 政治科學　4.CST: 中國大陸研究

574.1　113000348

麥田國際 10

監控國家

中國全力打造的數位烏托邦，一座不斷進化、從上到下集體共構的全景監獄

Surveillance State: Inside China's Quest to Launch a New Era of Social Control

作者　李肇華（Josh Chin）、林和（Liza Lin）
譯者　李易安
校對　陳怡璇
責任編輯　林虹汝
主編　林怡君
封面設計　兒日設計
印刷　前進彩藝有限公司
國際版權　吳玲緯　楊靜
行銷　闕志勳　吳宇軒　余一霞
業務　李再星　陳美燕　李振東
事業群總經理　謝至平
發行人　何飛鵬
出版　麥田出版
台北市南港區昆陽街16號4樓
電話：886-2-2500-0888　傳真：886-2-2500-1951
發行　英屬蓋曼群島商家庭傳媒股份有限公司城邦分公司
台北市南港區昆陽街16號8樓
客服專線：02-25007718；02-25007719
24小時傳真專線：02-25001990；02-25001991
服務時間：週一至週五上午09:30-12:00；下午13:30-17:00
劃撥帳號：19863813　戶名：書虫股份有限公司
讀者服務信箱：service@readingclub.com.tw
城邦網址：http://www.cite.com.tw
香港發行所　城邦（香港）出版集團有限公司
香港九龍土瓜灣土瓜灣道86號順聯工業大廈6樓A室
電話：852-25086231　傳真：852-25789337
電子信箱：hkcite@biznetvigator.com
馬新發行所　城邦（馬新）出版集團
Cite（M）Sdn. Bhd.（458372U）
41, Jalan Radin Anum, Bandar Baru Seri Petaling, 57000 Kuala Lumpur, Malaysia.
電話：+6(03)-90563833　傳真：+6(03)-90576622　電子信箱：services@cite.my

一版一刷　2024年4月

ISBN 978-626-310-629-1（紙本書）　ISBN 978-626-310-636-9（EPUB）

售價：590元
（本書如有缺頁、破損、倒裝，請寄回更換）

城邦讀書花園
www.cite.com.tw
書店網址：www.cite.com.tw

cite城邦媒體 麥田出版

Rye Field Publications
A division of Cité Publishing Ltd.

廣　告　回　函
北區郵政管理局登記證
台北廣字第000791號
免　貼　郵　票

英屬蓋曼群島商
家庭傳媒股份有限公司城邦分公司
104 台北市民生東路二段141號5樓

▼

請沿虛線折下裝訂，謝謝！

文學・歷史・人文・軍事・生活

讀者回函卡

cite城邦媒體

※為提供訂購、行銷、客戶管理或其他合於營業登記項目或章程所定業務需要之目的，家庭傳媒集團（即英屬蓋曼群島商家庭傳媒股份有限公司城邦分公司、城邦文化事業股份有限公司、書虫股份有限公司、墨刻出版股份有限公司、城邦原創股份有限公司），於本集團之營運期間及地區內，將以e-mail、傳真、電話、簡訊、郵寄或其他公告方式利用您提供之資料（資料類別：C001、C002、C003、C011等）。利用對象除本集團外，亦可能包括相關服務的協力機構。如您有依個資法第三條或其他需服務之處，得致電本公司客服中心電話請求協助。相關資料如為非必填項目，不提供亦不影響您的權益。

□ 請勾選：本人已詳閱上述注意事項，並同意麥田出版使用所填資料於限定用途。

姓名：________________ 聯絡電話：________________

聯絡地址：□□□□□________________

電子信箱：________________

身分證字號：________________（此即您的讀者編號）

生日：____年____月____日 性別：□男 □女 □其他________

職業：□軍警 □公教 □學生 □傳播業 □製造業 □金融業 □資訊業 □銷售業

□其他________________

教育程度：□碩士及以上 □大學 □專科 □高中 □國中及以下

購買方式：□書店 □郵購 □其他________________

喜歡閱讀的種類：（可複選）

□文學 □商業 □軍事 □歷史 □旅遊 □藝術 □科學 □推理 □傳記 □生活、勵志

□教育、心理 □其他________________

您從何處得知本書的消息？（可複選）

□書店 □報章雜誌 □網路 □廣播 □電視 □書訊 □親友 □其他________

本書優點：（可複選）

□內容符合期待 □文筆流暢 □具實用性 □版面、圖片、字體安排適當

□其他________________

本書缺點：（可複選）

□內容不符合期待 □文筆欠佳 □內容保守 □版面、圖片、字體安排不易閱讀 □價格偏高

□其他________________

您對我們的建議：________________

____